淘宝美工从入门到精通

配色设计 图片后期 视频制作 店铺装修 广告海报

一本就够

吴佳丽 ● 编著

人民邮电出版社

北京

图书在版编目（CIP）数据

淘宝美工从入门到精通 配色设计、图片后期、视频制作、店铺装修、广告海报一本就够 / 吴佳丽编著. -- 北京：人民邮电出版社，2022.5
 ISBN 978-7-115-57854-9

Ⅰ．①淘… Ⅱ．①吴… Ⅲ．①网店－设计②图像处理软件 Ⅳ．①F713.361.2②TP391.413

中国版本图书馆CIP数据核字(2021)第229466号

内 容 提 要

本书全面、系统地介绍了淘宝美工必需的知识和技能，旨在为淘宝美工，尤其是淘宝美工的初学者提供实用的店铺装修与视觉设计指导，使其能全面学习，少走弯路。

本书紧紧围绕"装修准备→图片处理→配色、文字与版式设计→网店装修（图、文、视频）→手机端淘宝店铺装修"展开内容，涵盖了淘宝美工实际工作的方方面面。在写作时，采用图解及案例的方式详细地讲解了店铺的装修流程和具体的操作方法，以及手机端淘宝店铺的特殊装修设计要点，并汇集杰出设计师的大量实战技巧与宝贵经验，手把手教会初学者各项重要的实用技术。

本书特别适合想要快速掌握淘宝店铺装修技能的初学者学习，也适合在电商行业有一定运营经验、想进一步美化店铺的淘宝店主参考，还可作为各类院校或培训机构电子商务相关专业的辅导书。

◆ 编　著 吴佳丽
　责任编辑 牟桂玲
　责任印制 王　郁　胡　南

◆ 人民邮电出版社出版发行　北京市丰台区成寿寺路11号
　邮编 100164　电子邮件 315@ptpress.com.cn
　网址 https://www.ptpress.com.cn
　临西县阅读时光印刷有限公司印刷

◆ 开本：787×1092　1/16
　印张：17.5　　　　　　　　2022年5月第1版
　字数：390千字　　　　　　2022年5月河北第1次印刷

定价：89.90元

读者服务热线：(010)81055410　印装质量热线：(010)81055316
反盗版热线：(010)81055315
广告经营许可证：京东市监广登字 20170147 号

前言

♦ 为何要写这本书

随着互联网技术和电子商务行业的发展，网上购物已成为大多数人日常生活中的一部分，在淘宝网上开店做生意也成为越来越多人的创业选择。

为了在激烈的竞争中脱颖而出，很多淘宝网店的经营者都希望把网店设计得更加专业、美观，以吸引消费者的眼球。这对淘宝美工提出了更多、更高的要求。

对淘宝美工的初学者而言，要系统地掌握网店页面的配色、页面布局设计，以及店铺装修等操作不是一件易事。基于此，我们特地为初学者量身打造了本书，旨在为初学者提供实用、专业的淘宝美工实操指导。

♦ 本书适合哪些读者

- 淘宝美工新手：想全职或兼职从事淘宝美工工作，但缺少装修设计技能和经验。
- 在校学生：想学习一些网店装修的经验，但又不知该从何做起。
- 上班族：想利用业余时间开网店增加收入，但又没有时间系统地学习设计和装修知识。
- 自由职业者：想开网店创业，但缺乏相关的装修知识和设计技能。
- 实体店经营者：想开设网店，以扩大经营范围，寻求新的商机。
- 淘宝店新手：已经开了网店，希望进一步了解网店装修知识，把网店做得更好。

♦ 本书特色

（1）系统讲解，全面细致。

本书对淘宝店铺的装修与视觉设计的全过程进行了细致讲解，手把手教读者如何进行商品图片、短视频的拍摄与制作，如何进行PC端和手机端店铺的装修与设计，包括店招、店标、商品主图、商品详情页、直通车图、钻展图、店铺背景、轮播图、活动海报等的设计。对店铺的配色、商品主图与商品详情页设计、商品拍摄与短视频制作等众多令新手头疼的问题，都从多个角度加以讲解。

（2）实践检验，切实可用。

本书基于新版的淘宝页面进行讲解，书中所有的装修操作和技巧都在淘宝店铺中得到了实践与证实，更适合初学者学习与借鉴。

（3）图解操作，易读易学。

本书涉及操作的部分皆以详细、直观的图解方式进行讲解，让读者可按图操作，轻松上手。读者如果读懂、弄通这些操作步骤并跟着做一遍，即使是新手美工，也能做好淘宝店铺的各种设计与装修工作。

（4）技巧解答，贴心提点。

为了更好地指导读者装修网店，本书还对相关内容做了进一步解析，并将解析后的重点标记为"专家提点"。这些提点都是淘宝、天猫旺铺装修设计师在实践中总结和提炼出的宝贵经验和设计技巧，不仅能加深读者对重点内容的理解和把握，还能引导读者以一种新的思维方式去思考网店的设计与装修方法。

（5）资源丰富，互动学习。

本书配套提供了丰富的学习资源，读者可以采用图书和配套资源相结合的方式进行学习，以进一步拓展和巩固所学知识，快速成长为一名优秀的淘宝美工。

① PPT课件。

与图书内容同步的PPT课件，方便读者快速了解本书的重点内容。

② 素材文件与效果文件。

提供书中所有案例的素材文件与效果文件，方便读者边学边练，达到速学速用的学习效果。

③ 同步视频教程。

与图书内容同步的高清操作演示视频，配合语音讲解，帮助读者轻松跨越"操作"门槛，快速学会网店装修基本功。

④《网店美工必备技能》视频教程。

按软件类别收录了网店美工常用的20多个软件操作技巧视频，便于读者针对自己的实际情况有选择地学习，快速提高设计能力。

⑤《宝贝拍摄技法》电子书。

全面讲解商品拍摄的基本知识与技巧，让新手也能轻松拍摄出爆款图片。

⑥《网店配色》电子书。

详细介绍网店装修过程中需要应用的一些配色知识和技法，帮助读者切实掌握配色技巧，提升审美品位和设计能力。

致谢

本书在编写的过程中，引用了很多淘宝卖家的店铺图片或商品图片作为经典案例分享，在此向其表示衷心的感谢！

最后，真诚感谢您选择本书。您的支持是我们最大的动力，我们将不断努力，为您提供更多、更优秀的图书！由于编者水平有限，书中难免存在不妥之处，敬请广大读者批评指正。我们的邮箱：muguiling@ptpress.com.cn。

编 者

目录

第0章　如何成为一名优秀的淘宝美工

0.1 ▶ 淘宝美工工作面面观
- 0.1.1 淘宝美工不等于网页设计师 2
- 0.1.2 淘宝美工到底要不要懂运营 3

0.2 ▶ 淘宝美工的基本素质
- 0.2.1 养成良好的工作习惯 4
- 0.2.2 掌握必备的专业技能 5
- 0.2.3 从营销的角度去做淘宝美工 6
- 0.2.4 从"微创新"开始设计 12
- 0.2.5 与时俱进，不断学习 12

第1章　网店装修与设计快速入门

1.1 ▶ 网店装修的重要性

1.2 ▶ 网店装修的注意事项

1.3 ▶ 网店装修设计的基本步骤
- 1.3.1 素材的规划与制作 19
- 1.3.2 将素材上传到图片空间 22
- 1.3.3 网店风格设计 22
- 1.3.4 网店页面布局 26
- 1.3.5 网店装修元素设计 26

1.4 ▶ 秘技一点通
- 技巧1 多颜色商品的拍摄及处理 27
- 技巧2 购买素材图库省心省力 27
- 技巧3 找到适合自己店铺装修风格的图片素材 28
- 技巧4 参考优秀的店铺设计 28
- 技巧5 3步定位自己的店铺风格 28

第2章　使用Photoshop美化商品图片

2.1 ▶ 熟悉Photoshop图像处理软件
- 2.1.1 认识Photoshop的界面 30
- 2.1.2 淘宝美工常用的Photoshop工具 31
- 2.1.3 Photoshop图层的基本操作 33

2.2 ▶ 图片处理的基本操作
- 2.2.1 调整图片的大小 35
- 2.2.2 调整图片的角度 36
- 2.2.3 裁剪图片中的指定部分 37
- 2.2.4 裁剪固定尺寸的图片 37

2.3 ▶ 调整图片的亮度与色彩
- 2.3.1 调整图片亮度——"色阶"命令 38
- 2.3.2 调整图片亮度——"曲线"命令 39
- 2.3.3 调整图片的亮度与对比度——"亮度/对比度"命令 40
- 2.3.4 调整偏色的图片——"色彩平衡"命令 40
- 2.3.5 调整图片的明暗——"阴影/高光"命令 41
- 2.3.6 调整图片的色相与饱和度——"色相/饱和度"命令 41
- 2.3.7 调整图片的清晰度——"锐化"命令 42

2.4 ▶ 简单的抠图处理
- 2.4.1 使用"魔棒工具"抠图 43
- 2.4.2 使用"快速选择工具"抠图 44
- 2.4.3 使用"磁性套索工具"抠图 46
- 2.4.4 使用"钢笔工具"抠图 47

2.5 ▶ 人像图片的美化处理
- 2.5.1 使用"仿制图章工具"去除斑点 49
- 2.5.2 使用"修补工具"修复肤色 50
- 2.5.3 使用滤镜让皮肤变光滑 50
- 2.5.4 使用"曲线"命令让皮肤变白 51
- 2.5.5 去除眼袋 52

2.6 ▶ 秘技一点通
- 技巧1 Photoshop中常用的快捷键 53
- 技巧2 巧用图层锁定功能编辑图层内容 54
- 技巧3 巧用"魔棒工具"的"容差"

　　　　值控制颜色范围 54
　技巧4　巧用盖印图层生成新图层 54
　技巧5　高效管理图层 54
　技巧6　巧用智能对象 55

第3章　商品图片的后期处理

3.1 ▶ 调整和存储图片
　3.1.1　调整变形的图片 57
　3.1.2　将图片存储为Web所用格式 58

3.2 ▶ 还原图片的真实效果
　3.2.1　调整曝光不足的图片 59
　3.2.2　调整曝光过度的图片 60
　3.2.3　调整有色差的图片 61
　3.2.4　调整模糊的图片 61
　3.2.5　使用"仿制图章工具"修复图片
　　　　瑕疵 63

3.3 ▶ 制作GIF动态图片
　3.3.1　隐藏用作跳动切换的图层 64
　3.3.2　使用"时间轴"面板进行画面
　　　　切换 64
　3.3.3　将图片存储为GIF格式 66

3.4 ▶ 添加水印
　3.4.1　制作水印 66
　3.4.2　给图片添加水印 68

3.5 ▶ 合成图片
　3.5.1　选择合适的抠图工具抠图 69
　3.5.2　合成图片 70
　3.5.3　制作倒影 70

3.6 ▶ 批量处理图片
　3.6.1　"动作"面板的使用方法 72
　3.6.2　创建新动作 72
　3.6.3　使用动作批量处理图片 73

3.7 ▶ 图片的特殊效果处理
　3.7.1　使用图层蒙版处理图片颜色 75

　3.7.2　制作商品手稿效果 76

3.8 ▶ 秘技一点通
　技巧1　制作商品主图的注意事项 78
　技巧2　锐化主图 78
　技巧3　快速调整"不透明度" 78
　技巧4　给图片添加精美边框 79

第4章　网店配色、文字与版式设计

4.1 ▶ 网店配色
　4.1.1　色彩的种类 81
　4.1.2　色彩的三要素 82
　4.1.3　网店色彩搭配技巧 84

4.2 ▶ 文字设计
　4.2.1　正确选择字体 86
　4.2.2　字体的使用技巧 87
　4.2.3　字体的创意设计 89

4.3 ▶ 版式设计
　4.3.1　版式设计的基本原则 91
　4.3.2　版式设计中的对齐方式 91

4.4 ▶ 秘技一点通
　技巧1　万能的调和色 93
　技巧2　配色的黄金比例 94
　技巧3　可以免费使用的字体 94

第5章　网店装修的基本流程

5.1 ▶ 订购旺铺智能版

5.2 ▶ 上传图片到淘宝图片空间
　5.2.1　添加图片分类 98
　5.2.2　上传商品图片 99
　5.2.3　复制图片代码 100
　5.2.4　替换图片 100
　5.2.5　重命名图片 101
　5.2.6　移动图片 101

5.2.7　还原回收站图片 102
5.3 ▶ 店铺基础装修设置
　　　5.3.1　设置店铺样式配色 102
　　　5.3.2　设置店铺布局 104
　　　5.3.3　为店铺首页添加模块 106
　　　5.3.4　设置默认的商品详情页 106
　　　5.3.5　添加自定义页面 108
5.4 ▶ 发布商品
5.5 ▶ 秘技一点通
　　　技巧1　巧用图片的"复制链接"功能 113
　　　技巧2　巧用时间段发布商品 113

第6章　店招、店标的设计与装修

6.1 ▶ 店招的尺寸与设计原则
6.2 ▶ 店招的设置与发布
　　　6.2.1　设置默认店招和导航 116
　　　6.2.2　店招设计实例 119
6.3 ▶ 店标的设计与发布
　　　6.3.1　设计店标 127
　　　6.3.2　发布店标 129
6.4 ▶ 秘技一点通
　　　技巧1　巧用店招背景铺放方式 130
　　　技巧2　店招设计要点 130

第7章　网店常见的模块设计

7.1 ▶ 设计店铺收藏
　　　7.1.1　制作店铺收藏图片 132
　　　7.1.2　获取店铺链接地址 133
　　　7.1.3　添加自定义模块 134
　　　7.1.4　设置和发布店铺收藏模块 134
7.2 ▶ 设计商品分类
　　　7.2.1　添加商品分类模块 136

　　　7.2.2　设置和发布商品分类 136
　　　7.2.3　添加商品到商品分类 139
7.3 ▶ 设置旺旺和客服中心
　　　7.3.1　添加旺旺子账号 140
　　　7.3.2　添加"客服中心"模块 140
　　　7.3.3　设置和发布"客服中心"模块 141
7.4 ▶ 设计图片轮播
　　　7.4.1　添加"图片轮播"模块 143
　　　7.4.2　设置和发布"图片轮播"模块 143
7.5 ▶ 设计商品推荐
　　　7.5.1　添加"宝贝推荐"模块 145
　　　7.5.2　设置和发布"宝贝推荐"模块 145
7.6 ▶ 设计宝贝排行榜
　　　7.6.1　添加"宝贝排行"模块 146
　　　7.6.2　设置和发布"宝贝排行榜"模块 147
7.7 ▶ 秘技一点通
　　　技巧1　优化商品的陈列顺序 148
　　　技巧2　优化"图片轮播"模块 149

第8章　商品主图与详情页设计

8.1 ▶ 商品主图设计
　　　8.1.1　商品主图的展示位置 151
　　　8.1.2　商品主图的设计要点 153
　　　8.1.3　商品主图的设计实例 154
8.2 ▶ 商品详情页设计
　　　8.2.1　商品详情页的作用与设计要求 158
　　　8.2.2　商品详情页的设计思路和
　　　　　　制作流程 159
　　　8.2.3　商品详情页的内容模块详解 160
8.3 ▶ 秘技一点通
　　　技巧1　如何制作高点击率的商品主图 164
　　　技巧2　商品详情页内容的设计顺序和
　　　　　　设计原则 165

第9章　网店营销推广图设计

9.1 ▶ 设计活动海报
  9.1.1　店铺活动策划 167
  9.1.2　设计前的准备工作 168
  9.1.3　制作活动海报 169
  9.1.4　发布活动海报 173
  9.1.5　设置并发布全屏海报 175

9.2 ▶ 设计直通车图
  9.2.1　认识直通车图 177
  9.2.2　直通车图的设计 179

9.3 ▶ 设计钻展图
  9.3.1　钻展图设计要求 185
  9.3.2　钻展图版式设计 186

9.4 ▶ 秘技一点通
  技巧1　制作夸张的主题字体 190
  技巧2　设计直通车图时的注意事项 191

第10章　网店的其他装修设计

10.1 ▶ 店铺背景装修
  10.1.1　店铺背景的视觉要点 193
  10.1.2　自定义背景装修 193
  10.1.3　全屏固定背景装修 196

10.2 ▶ 店铺页尾设计与装修
  10.2.1　页尾的视觉要点 197
  10.2.2　页尾的设计 198
  10.2.3　页尾的装修 201

10.3 ▶ 添加店铺背景音乐

10.4 ▶ 设置千牛头像

10.5 ▶ 设置店铺二维码
  10.5.1　创建店铺二维码 206
  10.5.2　设置和下载二维码图片 207

10.6 ▶ 秘技一点通
  技巧1　为商品图片添加"喜欢"
     组件 209
  技巧2　发布"喜欢"组件 210

第11章　淘宝短视频的拍摄与制作

11.1 ▶ 淘宝短视频的拍摄
  11.1.1　了解商品特点 213
  11.1.2　准备拍摄器材、道具与场景 214
  11.1.3　拍摄淘宝短视频的注意事项 215

11.2 ▶ 使用爱剪辑编辑视频
  11.2.1　添加视频素材 216
  11.2.2　给视频配音 218
  11.2.3　给视频添加字幕 220
  11.2.4　给视频添加转场特效 223
  11.2.5　给视频添加Logo图片 225
  11.2.6　调节视频播放速度 227

11.3 ▶ 制作和上传淘宝主图视频
  11.3.1　制作淘宝主图视频 228
  11.3.2　上传视频到淘宝后台 231

11.4 ▶ 秘技一点通
  技巧1　在爱剪辑中给视频调色 232
  技巧2　在爱剪辑中给视频添加相框 234
  技巧3　在爱剪辑中定格画面 237

第12章　手机端店铺的装修

12.1 ▶ 手机端店铺的装修基础
  12.1.1　手机端店铺装修的特点 239
  12.1.2　手机端店铺的装修要点 239
  12.1.3　调整图片大小，以适配手机端
     商品详情 240
  12.1.4　选择手机端店铺的装修模板 241

12.1.5　发布手机端商品详情 243

12.2 ▶ 手机端店铺轮播图设计与装修
12.2.1　轮播图的设计 245
12.2.2　轮播图的装修 248

12.3 ▶ 手机端店铺优惠券装修
12.3.1　自动添加优惠券 249
12.3.2　手动添加优惠券 250

12.4 ▶ 手机端店铺商品展示装修
12.4.1　自动商品展示装修 254
12.4.2　自定义商品展示装修 255

12.5 ▶ 手机端店铺自定义页面装修

12.6 ▶ 手机端店铺关联营销装修
12.6.1　关联商品推荐设置 261
12.6.2　优惠券设置 263
12.6.3　活动海报设置 264

12.7 ▶ 手机端店铺搜索词设置

12.8 ▶ 秘技一点通
技巧1　手机端店铺首页的设计 266
技巧2　手机端店铺装修小技巧 267
技巧3　手机端店铺单图海报装修 268

第0章
如何成为一名优秀的淘宝美工

本章导言 ● ● ●

　　有句话说"抓住消费者的眼球,你就成功了一半"。网店要抓住消费者的眼球,无疑要在美工上下大功夫。不过,盲目地美化商品信息页面是不可取的,美化应该围绕"促进销售"这个中心点来进行,即大家常说的"运营与营销"。因此,要做好网店,卖出更多的商品,一个既懂设计又懂运营的美工是必不可少的。

> ## 0.1　淘宝美工工作面面观

　　淘宝美工是随着淘宝平台的发展而产生的职业，其主要的工作是对网店的整体形象和装修做统筹规划与设计，包括拍摄与美化商品图片、设计商品主图与详情页、设计营销推广图、装修店铺，以及编排设计商品包装，以给消费者更好的视觉体验，达到引导销售和提高销售额的目的。

　　在营销过程中，再好的运营方案，如果不能很好地表达出来，就不会产生好的营销效果。所以从运营的意图到文案再到设计，是一个整体的流程。

1. 网店商品图的拍摄与制作

❶ 根据高质量的商品实拍图与商品文案设计出具有独特卖点的高点击率主图；
❷ 根据不同商品选择不同的布局、环境进行商品实物图的拍摄；
❸ 不同商品搭配不同的营销文案，制作出具有较强竞争力的商品主图。

2. 网店的VI设计与印刷

❶ 负责网店对外推广的标识设计；
❷ 对网店的名片、传单、会员VIP卡等宣传用品进行设计和制作跟踪；
❸ 负责网店推广活动的宣传海报设计；
❹ 负责网店促销活动礼品的印刷设计与购置。

3. 网店各种页面的构建设计与装修

❶ 综合营销的调研数据与自身设计理念，对网店各种页面的构建和表达的效果进行分析和描述；
❷ 根据分析出来的结果，利用淘宝软件或聘请专业网页设计师进行制作，并进行调试，最后对效果进行监督和测试；
❸ 定期或不定期对网店的整体设计进行审核、改进；
❹ 收集设计素材，统筹思路，提前做好下一期美工设计的准备工作。

4. 网店各类活动的气氛营造和文案策划

❶ 针对不同节日的促销活动对网店进行气氛营造；
❷ 结合节日特点进行文案策划；
❸ 对活动主推商品的图片进行美化处理；
❹ 对节日促销活动送出的礼品进行图片拍摄和处理。

　　另外，根据网店最新需要与发展情况，美工会被要求做一些辅助性的工作，应积极配合。

0.1.1　淘宝美工不等于网页设计师

　　淘宝美工主要是对淘宝、天猫店铺进行装修设计，而网页设计师则是对独立的网站进行设计。

1. 淘宝美工的特点

淘宝美工是偏营销、转化型的设计师。淘宝美工的作品通常设计得比较酷炫，用色比较夸张，主题也特别鲜明，所用元素都是为了促进成交，如图0-1所示。

2. 网页设计师的特点

网页设计师的主要作用是展示商品和塑造品牌，属于信息型的设计师。大部分网页设计师的作品的元素都是按钮型的，成交元素比较少，品牌感比较强，如图0-2所示。

▲ 图0-1

▲ 图0-2

0.1.2 淘宝美工到底要不要懂运营

作为一个淘宝美工，一定要懂运营。在工作当中，淘宝美工经常会收到运营反馈的"刚刚设计的这个图片点击率太低""这个商品转化率不高""那个商品详情页跳失率太高"等问题。这时如果不懂运营就尴尬了！那么，什么是点击率？什么是转化率？什么是跳失率？了解这些基本的专业术语，才能做一个优秀的淘宝美工。举一个很简单的例子，直通车点击率低，不懂直通车规则的人一看到点击率低想到的就是"图片质量差"，那么就一定是美工的问题吗？如果淘宝美工懂运营的话，就应该知道影响直通车点击率的因素有图片质量、商品标题、关键词、定价、市场定位、历史成交记录、直通车位置等。其中，淘宝美工可控的因素只有图片质量这一项。除了以上基本的专业术语，淘宝美工还应掌握分析商品、分析客户群体、分析店铺装修数据的方法，这样才能设计出符合需求的图片。

> **专家提点**
>
> 淘宝美工和运营人员经常会有不同的意见，很大程度上是因为不了解彼此的工作内容。因此，不管是淘宝美工还是运营人员，都需要了解彼此的基本工作，这样可提升工作效果。

0.2 淘宝美工的基本素质

淘宝美工的工作是一种复合型的工作。一名合格的淘宝美工，所做的设计不仅要美观悦目，还要能有效地促进销售。然而要成为这样的人才并不容易，必须要养成良好的工作习惯，掌握必备的专业技能，还要能从运营的角度进行美工设计。在作品不断推陈出新的同时，还要与时俱进，不断学习，这样才能够成长为一名合格的淘宝美工。

0.2.1 养成良好的工作习惯

淘宝美工若养成良好的工作习惯，也能大大提升自己的工作效率，在同样的工作时间中做出比别人更多的成果。美工良好的工作习惯包括以下几项。

1. 上班后整理文件

建议每天上班第一件事，就是花10分钟对昨天随手存在电脑桌面的文件进行清理或整理。文件整理一定要做到文件分类明确、文件命名标准，以便后期查找文件。整理文件的大概思路如图0-3所示。

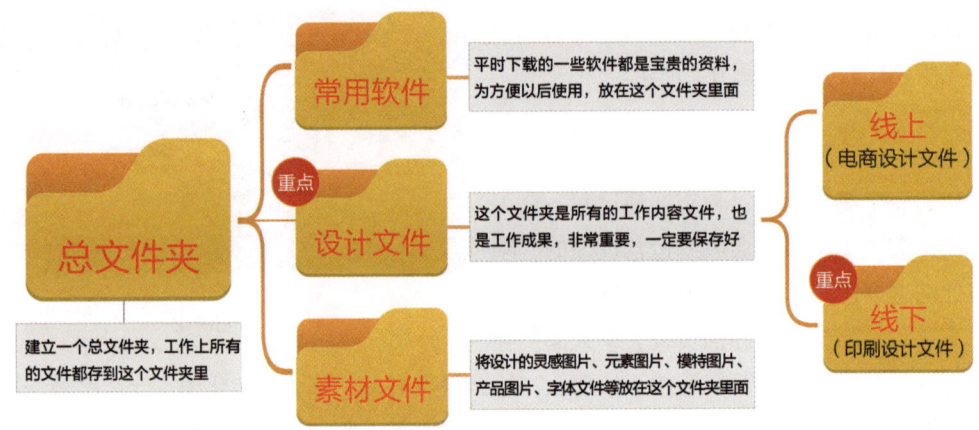

▲ 图0-3

如果是设计公司，就要按客户项目进行分类；如果是普通企业，就直接分为线上和线下，因为不少公司的设计师线上和线下的设计都需要做。线上文件主要包括官方活动设计图，商品主图、详情页、微信、微博推广图、淘宝广告Banner、淘宝首页活动图等。线下文件主要包括彩盒、画册、易拉宝、说明书、海报、宣传页、包装箱等。存放时注意区分效果文件和素材文件。

2. 养成随改随存的好习惯

电脑宕机、公司突然停电等情况常常会导致数小时的工作成果毁于一旦，所以建议大家养成随时按"Ctrl"+"S"组合键来保存工作成果的习惯，尤其是稿件有改动时更要随时保存。

3. 备份好设计初稿和过程稿

淘宝美工经常碰到这样的情况：先前按照需求设计出的作品，因客户或运营人员等不断提出各种要求，导致被改得面目全非，甚至淘宝美工本人最后都会自问一句"这真是我做的？"，而这还不算最可怕的，最可怕的是客户或运营人员最后认为最终稿的效果没有初稿的好，要求用初稿。淘宝美工如果没有保存这些设计稿，此时可能会崩溃。

为了避免这样的情况出现，建议将自己的设计初稿、过程稿、确定稿，以及最终定稿文件都单独保存起来，这样不但可以留作对比，观察每稿文件的效果或细节变化，还能在客户或运营人员需要的时候迅速调出，节省重新设计的时间。

4. 将Photoshop的"历史记录"数量设置得大一点

在用Photoshop做设计时，要将Photoshop的"历史记录"数量设置得大一点，这样就有了更多的回退余地。哪怕是在使用了橡皮擦这种比较占历史记录的操作之后，也能回退到想要的设计步骤。

> **提示** 选择"编辑"|"首选项"|"性能"菜单命令，在弹出的"首选项"对话框中设置"历史记录"数量即可，如图0-4所示。

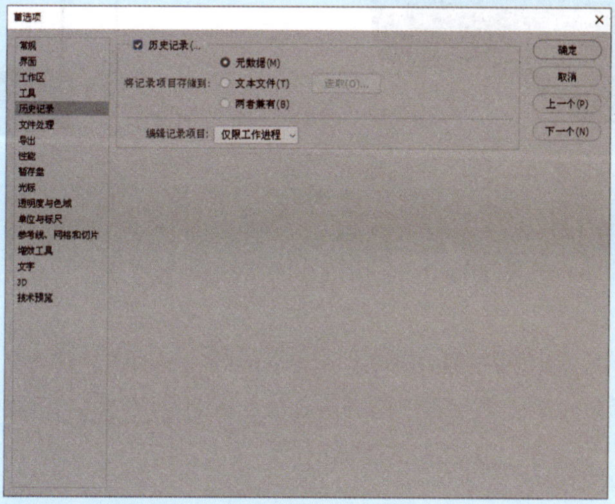

▲图0-4

5. 保存优秀的设计作品并进行研究

淘宝美工平时要注意收集、整理图片，建立自己的图库。因为很多淘宝美工都是从不断浏览、临摹他人作品中成长起来的。建立自己的图库不仅方便自己学习研究，也方便借鉴优秀设计作品的设计创意。需要注意的是，图库中的图片应进行分门别类的整理，这样才方便自己迅速找到某类设计作品进行学习，从而领悟他人的设计思想，并创造出属于自己的独有设计。建议按照行业、颜色、风格等分类保存，这样便于日后查找参考。

如果看见设计美观的网站，建议截图保存（可以使用某些浏览器的"整个网页保存为图片"命令，将网页保存为无损.png格式）；如果在街头看到不错的海报，或者在书上看到精美的设计图片，都可以用手机拍下来并保存到图库中。

0.2.2 掌握必备的专业技能

随着电商行业的迅猛发展，其对专业型人才的要求也越来越高。作为一名合格的淘宝美工，必须掌握网店装修过程中用到的各种技能，如商品拍摄、商品图片处理、配色设计、海报设计、详情页设计，以及短视频的拍摄与编辑等。

工欲善其事，必先利其器。运用好工具，可以让工作事半功倍。

❶ 设计软件：在店铺装修过程中，常用的设计软件有 Photoshop 和 Dreamweaver。

❷ 拍摄器材：常用的商品拍摄器材有单反相机和灯光，如图 0-5 所示。

▲ 图0-5

目前，随着智能手机性能的提升，利用手机也能拍出好看的产品图片，但前提也是需要掌握构图、用光技巧。

❸ 视频剪辑软件：常用的视频剪辑软件有 Premiere、爱剪辑、会声会影等。

除了以上的硬技能以外，淘宝美工还应该具备一定的设计思维与审美能力。

0.2.3 从营销的角度去做淘宝美工

没有营销意识的淘宝美工，不是好美工。淘宝美工所做的营销是视觉营销，是在卖商品、卖店铺形象。因此，作为一名淘宝美工，时刻需要考虑的是如何吸引消费者进入店铺和如何把商品卖出去，而不是只考虑如何设计出"高大上"的画面。

1. 淘宝设计要有明确的销售目标

做淘宝设计时，首先要清楚这不是为了美感和炫技，核心目的就是通过设计传达商品的信息、突出商品的卖点、吸引消费者注意，进而把商品推销出去。下面通过案例来讲解。

作品 1：唇膏海报设计图，如图 0-6 所示。

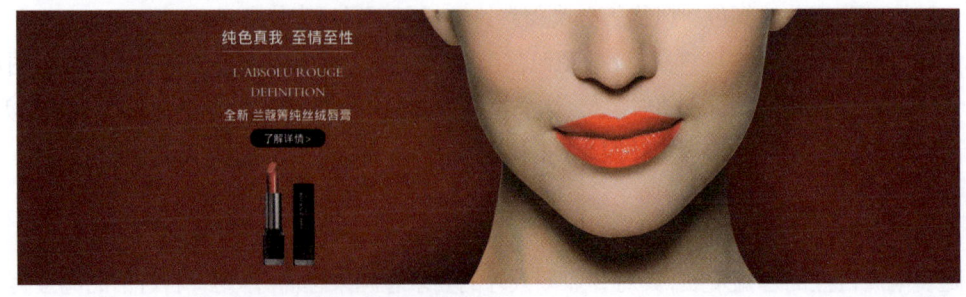

▲ 图0-6

这张海报仅在红色的背景上放置了一张模特图片、一张商品图片和商品文案信息。这是一个看似很平淡的设计，没有色彩丰富的背景，也没有太多的设计元素，但是单一的背景色使商品图和文案信息更突出，因此，这张商品海报具有超高的点击率，是一个非常成功的海报设计作品。

作品2：化妆品海报设计图，如图0-7所示。

▲ 图0-7

这张海报由渐变叠加的背景、星光、点缀元素（飞鸽和蝴蝶）、模特图片及商品文案信息构成，其画面设计得非常酷炫，字体设计得也很精美，色彩设计得也不错，具有较强的视觉冲击力。但由于商品信息不明确，这张海报的点击率并不高，不是一个成功的海报设计作品。

由此可见，淘宝美工的设计作品要赢得消费者的认可，不是要设计出有视觉冲击力的画面，而是要将商品的信息精准地传达给消费者，让消费者快速获得商品的主要信息，然后做出行为反馈。作品1虽然设计得很简洁，却能通过文案和唇膏的图片快速而精准地向消费者传达信息：这是推广一款唇膏的宣传海报。然后再通过模特性感的嘴唇图片来吸引消费者点击并下单购买。作品2虽然设计得很精美，画面也具有视觉冲击力，却看不出这张海报到底是在推广什么商品，是推广化妆品？还是只是一张电影海报？或者是综艺节目海报？作品2的设计导向不明确，不能准确地向消费者传递有关商品的信息，所以不能促进目标消费者的点击。

2. 淘宝美工设计需要遵循"2秒"设计原则

互联网上的广告图只有2秒的"生存"时间，其结局有3种：一种是被忽视，一种是被关闭，另一种是被点击。网店推广图也是如此，其所要传递的信息必须在2秒内准确地表达清楚！"2秒"设计原则的设计逻辑是吸引眼球→阅读文案，浏览商品图片→点击了解→做出决定，如图0-8所示。

▲ 图0-8

如果网店推广图在2秒内吸引了消费者的眼球，消费者会继续阅读文案并浏览商品图片，如果文案和商品图片也让他们满意，他们就会点击网店推广图（海报图、主图、直通车图、钻展图）而进入商品的详情页。如果消费者在2秒内没有产生以上行为，说明这个设计图是失败的。如果消费者在2秒内点击进入了商品的详情页，说明此设计图是成功的。至于进入详情页详细了解商品后是否会产生购买行为，那就要看详情页设计得好坏了。

3. 淘宝设计追求的是高点击率和高转化率

视觉营销设计是淘宝美工的第一要务，设计出高点击率和高转化率的推广图是其终极目标。因为消费者没有时间欣赏你的作品，他们只是来买东西的，只关心商品的卖点和利益点！因此，淘宝美工需要快速、准确、直观、简洁地把商品信息传递给消费者。

> **提示** 推广图中的信息应清晰、明了，并且同层级的信息不能太多；元素要主次分明、重点突出，目的都是促进消费者采取下一步行动（点击、下单、成交），如图0-9所示。

▲ 图0-9

4. 淘宝设计的内容

淘宝设计主要包括商品设计、文案设计和背景设计三部分内容，如图 0-10 所示。淘宝美工需根据不同商品的特性、卖点和用途来设计各部分内容，从而制作出高点击率、个性化的推广图。

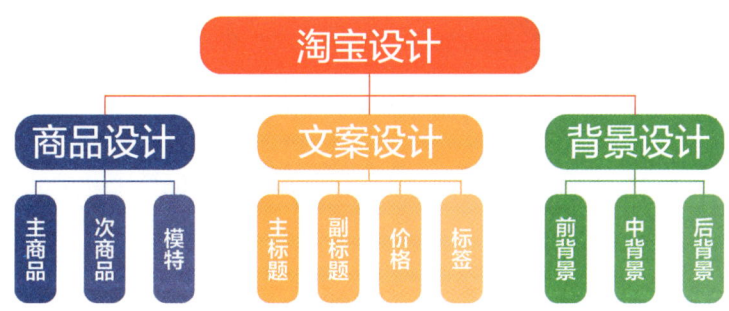

▲ 图0-10

下面分别介绍各部分设计时的注意事项。

（1）商品设计。

❶ 清晰度。商品图片的效果直接影响消费者的视觉体验，因此，在设计商品时，首先要保证商品图片的清晰度。图 0-11 所示的第 2 张图片中的人物脸部模糊，将会严重影响推广图的品质。

▲ 图0-11

❷ 展示角度。淘宝广告中的商品图片应使用能体现商品特性的正面图，因为这个展示角度是辨认商品的最佳角度。图 0-12 所示为电水壶的正确展示角度和错误展示角度的效果对比。

▲ 图0-12

> **提示** 这里的展示角度是指商品广告中商品图片的拍摄角度,而非商品详情页中用不同角度展示商品的局部图片和细节描述图片。

❸ 精确抠取商品图片。淘宝美工最基本的技能之一就是抠取商品图片,针对不同特征的商品图片选择合适的抠图工具和抠图方法,将商品图片精确地从背景中抠取出来。

(2)文案设计。

文案设计时,要注意视觉清晰度和逻辑清晰度,也就是说,要让消费者一眼就能看清楚,一读就能明白是什么意思。通常情况下,标题文字要简练、醒目、突出,不宜超过8个字。标题文字越多,其点击率越低。例如,图0-13所示的两张广告图,在其他条件相同的情况下,右图的标题文案言简意赅,其点击率高于左图。

▲ 图0-13

❶ 视觉清晰度。文案的文字不宜融入背景中,否则视觉效果极差,影响阅读和美观。例如图0-14所示的设计图中的文案不仅不清晰,而且没有层次感,让人无法产生阅读欲望。

▲ 图0-14

❷ 逻辑清晰度。方案要通俗易懂，让消费者一读就明白所表达的意思。通常符合消费者某种心理需求的文案，更容易驱动消费者产生购买行为。例如"已卖出 10000 套，再等就没有了""错过等 1 年，全场 1 折仅 1 天"等。

> **注意** 图文不符或者信息表达不清晰的文案，都会让人费解，如图0-15所示。左图是图文不符，文案明明是年货，而商品是一个女包；右图则是信息表达不清楚，文案与商品图片一点儿关系都没有，是商品9.9元，还是红包、福袋9.9元？让人看不懂。

▲ 图0-15

接地气的文案更能触动目标消费者，好的文案能引起消费者内心的共鸣。例如，在图 0-16 中，左图的"甘甜动人，触动你的味蕾"属于文艺范儿的空洞表达，不会给人留下什么深刻印象；右图的"甜过初恋"以新奇的表达方式突出了商品"甜"的味道，引起了消费者的极大兴趣，让消费者都想去尝试一下"初恋"的味道。

▲ 图0-16

（3）背景设计。

背景设计首先要注意背景颜色的搭配，不能太花哨，要突出商品；其次要有层次感。例如，在图 0-17 中，上面两幅设计作品的文案层、商品层和背景层都安排得非常合理，并且重点突出；下面的两幅设计作品由于没有很好地区分文案层、商品层和背景层，故而显得杂乱无序。

▲ 图0-17

0.2.4 从"微创新"开始设计

很多运营人员认为，在淘宝设计上要敢于创新，敢于不走寻常路，才能让商品脱颖而出，取得更好的销售效果。但事实证明，盲目创新、过度创新的设计大概率会失败，成功的只是极少数。

的确，未来的电商要走个性化路线，这是一个大趋势。这就意味着店铺要摆脱商品页面的同质化，必须在视觉设计上进行创新。然而创新并非天马行空、无所顾忌，创新要符合基本的逻辑观念和大众需求。与其盲目创新、过度创新，还不如稳扎稳打，在满足用户需求的前提下进行"微创新"。

所谓"微创新"，这里是指淘宝美工应用丰富的实际操作经验，在设计上做出有效的小改善、小发明、小创意，从而取得较小的、但可以积累的效益。"微创新"便于淘宝美工在不对整体设计效果造成较大影响的情况下进行各种尝试。无论好坏都可以快速得到反馈，是淘宝美工常用的一种改进设计效果的方式。要成为一个成熟的淘宝美工，就需将"微创新"贯彻到自己的日常设计工作中。

0.2.5 与时俱进，不断学习

很多有意踏入淘宝美工这一行的初学者，不知道如何进行有效的学习。很多人选择在网上收集资料进行自学，却发现信息混乱，知识点不集中，导致不能系统地学习相关知识；而参加培训班的费用又高，还不一定能学到真本事。初学者如果没有掌握基本的理论知识和设计技能，就很难进入淘宝美工行业，更谈不上在实践中学习并提高。

因此，建议有淘宝美工职业规划的初学者先"闭关"一段时间，通过图书进行系统的学习，建立起知识框架，并充分利用网络学习经典案例中的设计思维和设计技巧，同时多去了解现在的行业需求和发展方向，并根据这些需求和方向调整自己的学习内容。

在此推荐几个比较适合初学者学习的网站，如致设计（见图0-18）、站酷、90设计、花瓣网等，上面有很多免费的案例教程和经验分享。初学者可以借鉴这些案例的创意和设计思维，认真地做出几个好作品，为自己的求职应聘增加砝码。

▲ 图0-18

任何行业中都充满了机会，但并不是所有人都能够抓住，机会的大门只为那些有准备的人敞开。与时俱进，不断学习，你就能成为那个有准备的人，成为那个抓住机会笑到最后的人。

第1章
网店装修与设计快速入门

本章导言 •••

　　随着电子商务的迅猛发展，在海量的网店当中，有的店铺可以让人眼前一亮，吸引消费者成为店铺的忠实"粉丝"；有的店铺则让人看过之后毫无印象。由此可见，店铺呈现出来的视觉效果至关重要。装修精致、美观、专业的店铺页面，更容易引起消费者的购买欲望和情感共鸣。本章将介绍如何做好网店装修与设计的前期工作，帮助美工掌握网店装修的基本技能。

学习要点 •••

✪ 网店装修的重要性
✪ 网店装修的注意事项
✪ 网店装修设计的基本步骤

1.1 网店装修的重要性

在实体店中，装修精美的门店更容易吸引消费者进店消费。网店也同样需要用精美、专业的页面吸引消费者点击并购买商品。

淘宝网上的店铺有很多，如何让自己的商品在同类商品中脱颖而出，或者如何避免自己的店铺"千人一面"呢？答案就是"彰显个性"。

"彰显个性"不仅能使自己的店铺与众不同，还能起到突出品牌的作用。对于店铺来说，好的店铺形象不仅能为店铺塑造完美的视觉效果，还能加深消费者对店铺的印象。图 1-1 所示的销售晚礼服的页面就很好地彰显了店铺的个性。

▲ 图1-1

1. 增强消费者对商品的好感

消费者在网上购物时，大都是通过文字和图片来了解商品的，因此，美观的商品陈列和专业的页面设计不但能够增强消费者的好感，还能提高商品成交量和店铺浏览量。例如图 1-2 所示的洗面奶详情页的装修设计，不仅体现了店铺专业的设计水平，给消费者带来了舒适的视觉效果，还能提高消费者的购买欲望。

2. 提升店铺形象与商品品质

一个装修精美、专业的店铺,是艺术和技术的完美结合,它所展现的不仅是商品信息,更是商家的经营理念和店铺形象。图1-3所示的食品店铺首页,经过美工的精心设计与装修,整洁美观的版式设计及合理的商品阵列很好地提升了店铺的形象和商品的品质,让消费者有想要继续了解的欲望。

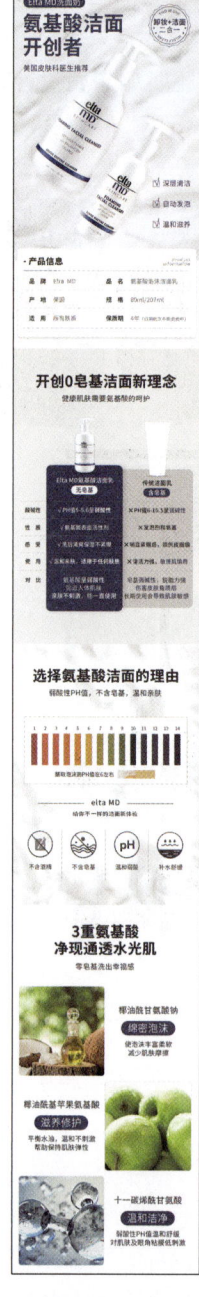

▲ 图1-2

▲ 图1-3

1.2 网店装修的注意事项

网店是装修给消费者看的，所以店铺页面并不能完全根据自己的审美来装修，而应该根据商品特点和消费者的审美观来装修。在网店装修时，避开以下几个问题就有可能让店铺的订单量增加。

1. 图片容量过大

如果商品图片的加载时间过长，会让消费者失去耐心。因此，应当将容量大的图片处理成适用于网页的规格，并且尽量少用大图片。可以使用 Photoshop 中的"切片工具"将大的图片裁切成多张小图，如图 1-4 所示。

▲ 图1-4

2. 使用的颜色过多、过杂

大面积使用饱和度高的颜色且颜色搭配较为凌乱（见图 1-5），会导致店铺看上去杂乱、低档，让消费者丧失继续了解及购买的欲望。

▲ 图1-5

> **专家提点**
> 一般来讲，一张图片的颜色最好不要超过4种，并且颜色的搭配也是有讲究的，在后面章节中会专门讲解有关配色的知识。

3. 店铺的装修风格定位错误

店铺装修前，一定要规划、设计好店铺的装修风格。店铺的装修风格不仅要符合商品的特点，还要符合店铺消费群体的审美观（见图1-6）。切忌在装修时没有对店铺进行正确的风格定位，完全根据自己的审美和喜好进行设计和装修。

▲ 图1-6

> **专家提点**
> 店铺装修除了要色彩协调外，首页和详情页的风格也要保持一致，否则，消费者会以为进入了另一家店铺，从而对店铺没有印象，很难再次浏览。

4. 首页过于繁杂、冗长

店铺装修不像门户网站装修，页面设计不宜繁杂、冗长。虽然长的首页看上去比较有气势，使人感觉店铺很有实力，但消费者不一定有耐心和时间看到最后。因此，并不是说首页越复杂、越长越好，简洁、有序、便于消费者找到想要商品的页面更能提升消费者的购物体验。

5. 优质商品缺乏引流

如果店铺中的优质商品分布较乱，那它们就得不到更多的流量和展示。优质的商品应在首页的活动商品展示区和每款商品详情页里的促销区多做展示，以增加被消费者浏览和平台推广的机会，进而促进商品的销售量。图1-7所示为某款茶叶商品详情页里的促销区展示。

▲ 图1-7

6. 店铺搜索功能不完善

当店铺中的商品超过 30 个时，就应该在首页和商品详情页的左栏设置搜索框，这样的优化便于消费者快速找到需要的商品，如图 1-8 所示。

▲ 图1-8

1.3 网店装修设计的基本步骤

一般来说，网店装修设计可分为 5 个基本步骤，如图 1-9 所示。

▲ 图1-9

1.3.1 素材的规划与制作

商品图片作为消费者了解商品相关信息的重要途径，其质量与装修效果将直接影响商品的成交率。因此在设计和装修网店时，首先要规划、制作所需素材。这里所说的素材可以归纳为主图和商品详情页图片。

1. 主图

在拍摄前，需要统一规划好每种商品的主图拍摄角度，让店铺页面看起来更加专业。

商品主图共 5 张，展示顺序一般为商品正面图（可以是模特图）、商品背面图或侧面图、能展示商品特色的 3 张细节图，如图 1-10 所示。

5 张商品主图所展示的必须是同一款商品，只要图片形状为正方形、大小为 700 像素 × 700 像素以上，便可自动拥有放大镜功能。

如果一款商品有多种颜色，建议 5 张商品主图统一展示一种颜色，其他颜色的商品图片可在商品详情页里展示。

2. 商品详情页图片

商品详情页是影响商品成交率的重要因素之一。一个专业的商品详情页通常包括商品卖点展示、效果图展示、商品对比展示、场景展示、商品细节展示、资质展示、包装展示等信息。

（1）商品卖点展示。

展示商品独特的功能与特点，体现商品的价值，解决消费者的需求，如图 1-11 所示。

▲ 图1-10

▲ 图1-11

（2）效果图展示。

模特效果图比单纯的实物图更吸引人，它能让消费者有亲身体验的感觉，从而产生共鸣和认同感，如图 1-12 所示。

（3）商品对比展示。

通过与劣质商品的图片对比，来体现自家商品的品质或独特功能。

（4）场景展示。

将商品在真实环境中的使用效果展示出来，满足消费者使用场景的需求，引起消费者的情感共鸣，如图 1-13 所示。

 ▲ 图1-12
 ▲ 图1-13

（5）商品细节展示。

商品的细节展示能让消费者更好地了解商品品质。在拍摄商品的细节图之前，首先要站在消费者的角度来确定其想要了解的商品细节，然后再进行拍摄。商品细节展示一般包括如下几点。

❶ 款式：能表现商品独特设计的要素，如剪裁工艺、印染、刺绣和褶皱等。
❷ 做工：车线、内衬锁边和里料等，如图1-14所示。
❸ 材质：微距拍摄面料、颜色和面料纹路等，如图1-15所示。
❹ 配件：拉链、扣子和铆钉等。

 ▲ 图1-14
 ▲ 图1-15

> **专家提点**
> 微距拍摄商品细节时，商品细节部分至少占该张图片70%的位置。另外，商品细节图片必须单独拍摄，不允许在原主图上裁剪完成。

（6）资质展示。

通过商品的检验报告、合格证书、资质证书、荣誉证书、工厂实景、仓储物流、实体店铺等图片来展示自己的实力，进一步让消费者产生信任感。图1-16所示为某商品的检验报告。

（7）包装展示。

通过展示商品的吊牌、标签或运输时的外包装，来体现品牌的专业或运输途中的安全性。图1-17所示为某商品及其外包装。

▲ 图1-16

▲ 图1-17

1.3.2 将素材上传到图片空间

图片空间是上传、发布图片时必要的辅助工具。在淘宝网的店铺管理中，只支持基本图片的上传，很多商品的说明、规格、价格等主要信息都需要放在店铺中，这就需要用到图片空间。使用淘宝的图片空间可以有效地避免卖家因使用外网存储空间，导致商品图片打开速度过慢或无法打开等问题。

淘宝图片空间实行部分存储容量免费、超额容量付费的暂行方案。店铺的装修用图只能使用本店图片空间里的图片，不能使用其他外来网络空间的图片。

1.3.3 网店风格设计

网店装修就是通过文字、图片、动画、音频、视频等元素对页面进行美化设计，让网店变得更加专业和美观。在进行店铺装修前，要先确定适合销售商品的网店风格。

1. 网店风格分类

网店风格是指消费者对店铺页面的直观感受，即消费者在浏览过程中所感受到的卖家品位、商品品质、艺术氛围等。

常见的网店风格有如下六大类。

❶ 充满活力的清新风格，如图 1-18 所示。这种风格不沉闷，富有活力，能让人心生愉悦。常用于食品、儿童玩具、家居用品和运动用品等类别的网店。

❷ 神秘、高贵的优雅风格，如图 1-19 所示。这种风格给人典雅、高贵的感觉，常用于首饰、高端化妆品、香水、成人用品、手表和艺术品等类别的网店，代表颜色为紫色。

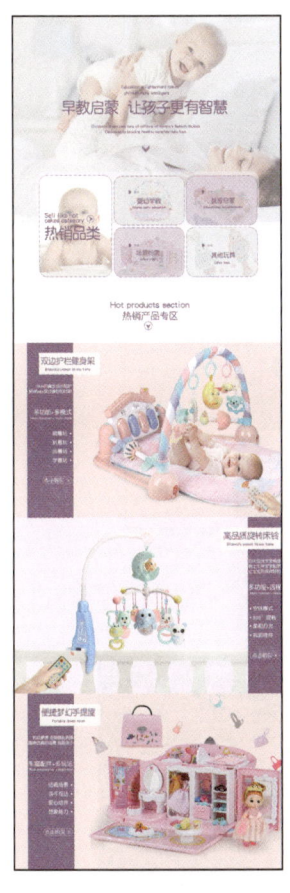 

▲ 图1-18　　　　　　　　　　▲ 图1-19

❸ 自然、健康的恬静风格，如图 1-20 所示。这种风格给人很强的亲和力，让人感到安心、舒适，常用于保健品、土特产、护肤品和儿童用品等类别的网店，代表颜色为绿色。

❹ 科技、理性的严谨风格，如图 1-21 所示。这种风格给人理智和沉静的感觉，常用于数码产品、家用电器、清洁用品、汽车用品、医药用品、海鲜和旅游等类别的网店，代表颜色为蓝色。

❺ 温馨、可爱的甜美风格，如图 1-22 所示。这种风格给人甜蜜、清新脱俗的感觉，常用于女装、化妆品和饰品等类别的网店，代表颜色为粉色。

❻ 高质感和时尚感的简约风格，如图 1-23 所示。这种风格的使用率非常高，彰显品位，给人高端、大气的感觉。常用于化妆品、皮具、手表、家居服饰和小型电器等类别的网店。

▲ 图1-20

▲ 图1-21

▲ 图1-22

▲ 图1-23

除了以上几大类风格外，还可以从中细分出其他风格，如文艺风格、复古风格等。

2. 确定店铺风格

通过对六大类风格的分析，就可以根据商品的特点，来确定店铺的大致装修风格。

例如，店铺销售的商品是巧克力，这是很多女生都喜欢的零食，常常在一些节日作为礼物赠送给女生。因此，页面设计需要带点浪漫且温馨的感觉，如图1-24所示。

3. 统一店铺风格

在确定店铺装修风格后，店铺的其他模块也要与其保持一致的风格，即在选择商品分类、店铺公告和音乐等元素的时候要做到整体协调，不能页面采用的是优雅风格，而店铺的背景音乐却是欢快的儿童歌曲。当然，同一种商品类型也可以有不同的装修风格。例如，销售饰品的店铺，优雅和甜美等风格都可以用，卖家可以根据自己的需求来选择，如图1-25所示。

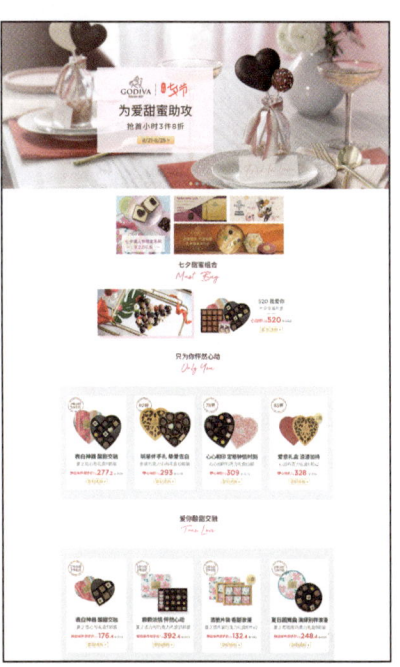

▲ 图1-24

 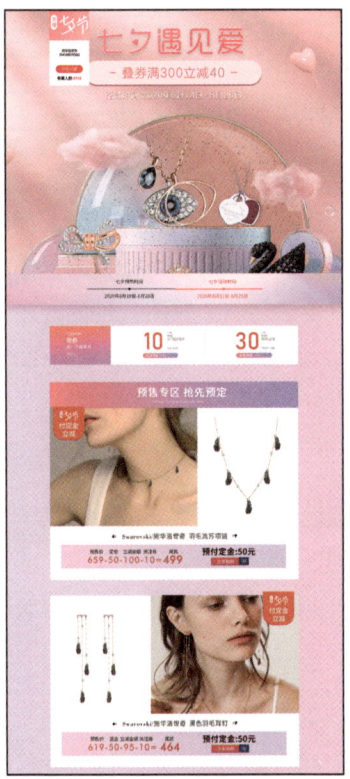

▲ 图1-25

1.3.4　网店页面布局

网店页面布局包含首页整体布局和活动页布局两种类型。

1. 首页整体布局

首页主要由店招、导航、海报、商品分类、客服旺旺、商品展示、店铺页尾、店铺背景等部分组成。它是一块浏览量和点击率都较高的区域，进店的消费者最先看到的就是首页，因此它的设计至关重要。在保证首页版式整洁、风格统一的同时，还要适当调整色调来刺激消费者的视觉感受，使其快速找到适合自己的商品。

2. 活动页布局

首页中一般会设计一组轮播海报，但是如果轮播海报只链接一件商品，就极大地浪费了位置资源。因此，美工可以适当地利用活动页来链接多件商品，以供不同需求的消费者进行选择。

利用好活动页对店铺有四大好处。

❶ 减少首页的内容，提升加载速度。
❷ 给消费者更多的选择空间，提高成交率。
❸ 丰富店铺页面，提升页面停留时长。
❹ 加深消费者对店铺的印象，促进回购率。

1.3.5　网店装修元素设计

用于网店装修的元素有以下 3 种。

1. 背景

不管是首页的背景还是详情页的背景，都与成交量有着直接的关系，因此，背景的选择是网店设计的重点要素之一。好的背景能融入主题，凸显商品，增强视觉冲击力。图 1-26 所示为某手机网店首页背景。

▲ 图1-26

2. 字体

字体也是网店设计中的重点。消费者在浏览网页时，视线会不自觉地转移到文字上。字体的大小和样式都影响着消费者的视觉度。当字体太多，或者字体样式不统一时，会显得杂乱无章；当字体太少时，又会显得空洞，主次不清楚。图 1-27 所示为网店促销广告中的文字设计。

3. 陈列

陈列也可以称为排版设计，独特的排版设计更容易吸引消费者的目光。例如，同样的图片，通过不同的排版设计会呈现出不同的视觉效果，如图 1-28 所示。

▲ 图1-27　　　　　　　　　　　　　　▲ 图1-28

1.4 秘技一点通

技巧1　多颜色商品的拍摄及处理

一些商品的材质容易起皱（如布包等），在后期处理时，需要花大量的时间来去皱，使其平整。如果该商品有多种颜色，那么后期的工作量会很大。此时，可以选取其中的某种颜色（彩色）商品来拍摄效果图，然后使用Photoshop处理好，再将其调成其他颜色即可。

全部处理完毕后，如果需要将所有颜色的商品图组合在一起，只需将每个商品图抠出，摆放在一起即可，如图1-29所示。此方法适用于不同颜色、材质易皱、后期需要花大量时间修图的商品。

▲ 图1-29

技巧2　购买素材图库省心省力

在互联网上搜集图片素材容易涉及版权问题。因此在商用时，可以购买一些素材图库，既节省时间又避免了版权问题。

淘宝网上也有很多高质量的图片素材可供购买。例如，在淘宝首页直接搜索"手绘植物素材"，就可以搜索到大量的相关素材。

技巧3 找到适合自己店铺装修风格的图片素材

搜集素材时，要根据店铺的风格定位来搜集，而且素材要符合海报主题和商品特色，最好可以营造商品的氛围感。例如，图1-30所示为一张典型的化妆品后期合成海报。设计要求是强调商品的深层补水效果，体现出水润的感觉，由此可以定位其素材的类型，即使用商品原料图、水波流动的背景等。

▲ 图1-30

技巧4 参考优秀的店铺设计

在决定店铺风格之前，可以先参考同行的店铺，尤其是装修设计比较出色的店铺，这样不仅能避免行业装修误区，还能快速定位店铺风格。装修时，可以先对照、模仿这些店铺的色彩搭配、整体布局等设计，再适当加入自己的个性元素，就可以快速装修出不错的店铺。

搜索同行店铺的方法很简单。例如，搜索男装店铺，首先在淘宝首页的搜索框左侧选择"店铺"选项，然后在搜索框中输入"男装"，最后单击"搜索"按钮即可，如图1-31所示。

▲ 图1-31

技巧5 3步定位自己的店铺风格

一般情况下，确定自己店铺的风格只需要3步。

第一步：确定风格。

首先需要结合店铺商品的特点和消费群体的喜好，来确定店铺要装修成什么风格。例如，是甜美风格，还是复古风格。

第二步：确定色系。

店铺风格确定后，再分析该风格适合用冷色系还是暖色系进行表现。例如，如果是甜美风格，就需要使用暖色系。

第三步：确定颜色。

经过前两步的筛选后，就可以确定用哪种颜色。如何选择颜色可参考本书第4章的内容。

第 2 章
使用Photoshop美化商品图片

本章导言 ● ● ●

拍摄好商品图片后，还需要在软件中进一步处理，以满足店铺装修的需要。本章主要介绍使用Photoshop CC 2019软件对商品图片进行美化的方法和技巧，引导读者快速学会这些必备技能。

本章学习要点 ● ● ●

- ✪ 熟悉Photoshop图像处理软件
- ✪ 图片处理的基本操作
- ✪ 调整图片的亮度与色彩
- ✪ 简单的抠图处理
- ✪ 人像图片的美化处理

2.1 熟悉Photoshop图像处理软件

Photoshop 是一款功能全面的图像处理软件，它不仅能对已有的位图图像进行加工处理，还能满足手绘等各种不同的需求。Photoshop 支持多种文件格式，常见的格式有 PSD、BMP、PDF、JPEG、GIF、PNG、TGA 和 TIFF 等。本书基于 Photoshop CC 2019（后文简称为"Photoshop"）介绍商品图片的美化方法与技巧。

2.1.1 认识Photoshop的界面

Photoshop 的工作界面就是一个图像编辑平台，它主要由菜单栏、工具选项栏、工具箱、文档窗口和面板组等组成，如图 2-1 所示。各部分的大致介绍如下。

▲ 图2-1

1. 菜单栏

Photoshop 的菜单栏包括"文件""编辑""图像""图层""文字""选择""滤镜""3D""视图""窗口""帮助"11 个选项。

2. 工具选项栏及工具箱

Photoshop 的工具选项栏和工具箱包含了多种编辑工具，要使用这些工具时，只要单击工具选项栏或工具箱中的工具按钮即可。

3. 文档窗口

Photoshop 的文档窗口就是显示图像的区域，也是编辑图像的区域。所有的图像操作都是在文档窗口中进行的。在实际应用中，可以对该窗口进行大小缩放和位置移动等操作。

4. 面板组

Photoshop 的面板组默认位于文档窗口的右侧，主要用于编辑图层或更改图像的属性。可以根据个人的操作习惯自由组合面板。关闭面板后，可以通过"窗口"菜单重新打开。

2.1.2 淘宝美工常用的Photoshop工具

Photoshop 的功能强大，所提供的工具也非常多。对于网店装修，建议美工先掌握下面几种常用的工具。

▲ 图2-3

1. 选择工具组

Photoshop 的选择工具组包括移动工具组和选框工具组，其中选框工具组又包含"矩形选框工具""椭圆选框工具""单行选框工具""单列选框工具"，如图2-2所示。"矩形选框工具"和"椭圆选框工具"的快捷键都是"M"。

2. 套索工具组

套索工具组主要用来绘制不规则图像的选区外框。套索工具组包括"套索工具""多边形套索工具""磁性套索工具"，如图2-4所示。套索工具组的快捷键是"L"。

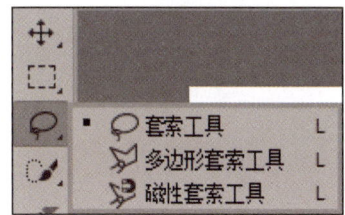

▲ 图2-4

"套索工具"可以不受限制地绘制任何形状的选区外框；"多边形套索工具"只能绘制由直线组成的选区外框；"磁性套索工具"适合绘制与背景颜色对比强烈，且图像边缘不规则的选区外框。

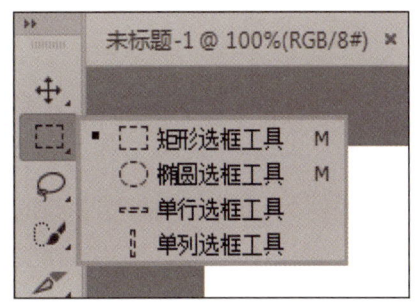

▲ 图2-2

使用移动工具组中的"移动工具"单击可以选择任一图像或图层，按住鼠标左键不放即可移动图像。如果要选择图像中的某一个内容，可以选择"矩形选框工具"，按住鼠标左键不放并拖曳，即可框选需要的内容，如图 2-3 所示。

"磁性套索工具"的使用特别简单，首先单击相应的图像，设置第 1 个锚点后，再沿着图像的边缘移动鼠标指针，锚点就会自动固定在图像边缘。当图像的边缘都有了锚点时即可完成选区外框的绘制，如图2-5所示。

▲ 图2-5

3. 图章工具组

图章工具组主要用来复制取样的图像。图章工具组中包含"仿制图章工具""图案图章工具"两种，如图2-6所示。图章工具组的快捷键是"S"。

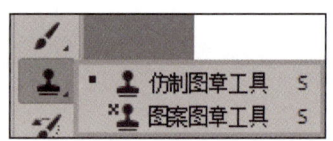

▲ 图2-6

使用"仿制图章工具"复制图样时，图样都带有一定的羽化效果，因此在复制过程中，可以适当地调整"仿制图章工具"的大小，以便复制出来的图样更完整。

4. 填充工具组

填充工具组主要用来填充颜色或图案。填充工具组包括"渐变工具""油漆桶工具""3D材质拖放工具"，如图2-7所示。填充工具组的快捷键是"G"。

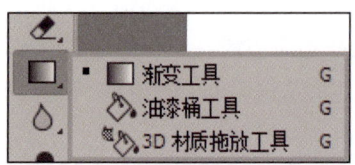

▲ 图2-7

"渐变工具"主要用于两种或两种以上的颜色填充。使用时，只需要在文档窗口中按住鼠标左键并拖曳，即可实现颜色渐变效果，如图2-8所示。

▲ 图2-8

"油漆桶工具"用来在与单击处色彩相近并相连的区域填充颜色或图案。

5. 文字工具组

文字工具组主要用来创建不同效果的文本，包括"横排文字工具""直排文字工具""直排文字蒙版工具""横排文字蒙版工具"，如图2-9所示。文字工具组的快捷键是"T"。图2-10所示为使用横排文字工具创建的文本信息。

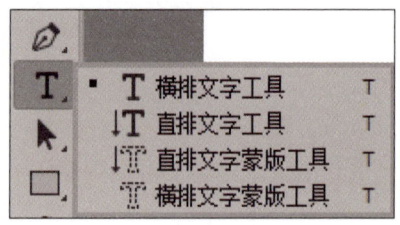

▲ 图2-9

2.1.3 Photoshop图层的基本操作

Photoshop里的图层就好比是一张透明的纸，多个图层就是多张透明的纸重叠。在编辑当前图层的对象时，该操作不会影响其他图层，因此在设计时，应多建图层，方便后期修改。

除了手动新建图层，在设计过程中，粘贴图像或创建文字时，系统会自动为其创建新的图层。

▲ 图2-10

6. 形状工具组

形状工具组主要用来创建不同形状的矢量图形，使用该工具组创建的图形，反复放大或缩小都不会变模糊。形状工具组包括"矩形工具""圆角矩形工具""椭圆工具""多边形工具""直线工具""自定形状工具"，如图2-11所示。

选择形状工具组中的"椭圆工具"，在文档窗口中按住鼠标左键不放并拖曳，即可绘制一个椭圆，如图2-12所示。

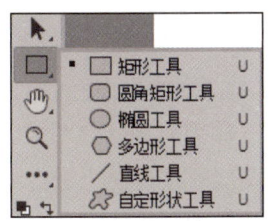

▲ 图2-11

1. 新建图层

选择"窗口"|"图层"菜单命令，即可打开"图层"面板，如图2-13所示。单击"图层"面板底部的"创建新图层"按钮，即可在当前图层上新建一个图层，如图2-14所示。

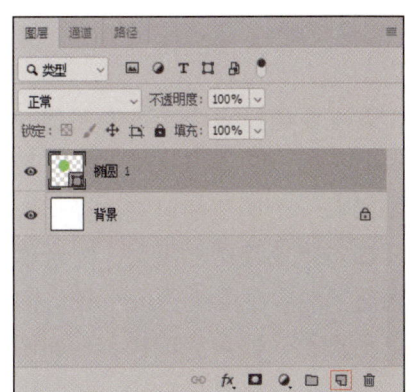

▲ 图2-13

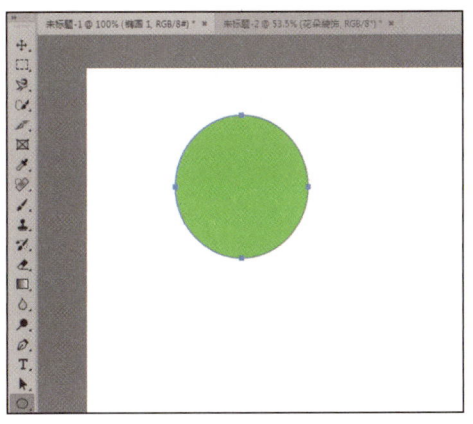

▲ 图2-12

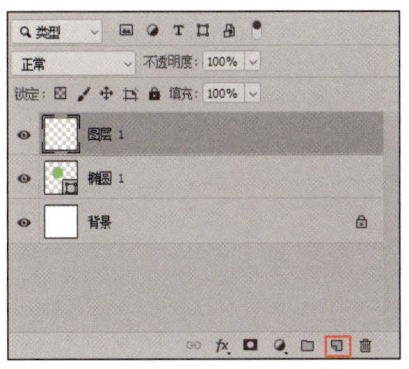

▲ 图2-14

2. 选择图层

在某个图层绘制或编辑对象时，需要先选择该图层，然后再进行操作。在"图层"面板中单击对应图层，即可选择该图层，如图2-15所示。

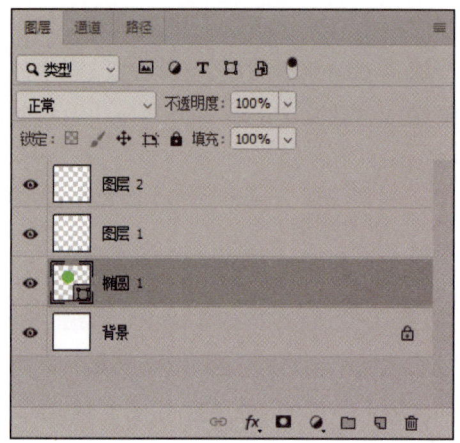

▲ 图2-15

如果需要选择多个连续的图层，先单击第一个图层，然后在按住"Shift"键的同时单击最后一个图层即可完成操作；如果需要选择多个不连续的图层，则先单击第一个图层，然后在按住"Ctrl"键的同时再单击其他图层，即可完成操作，如图2-16所示。

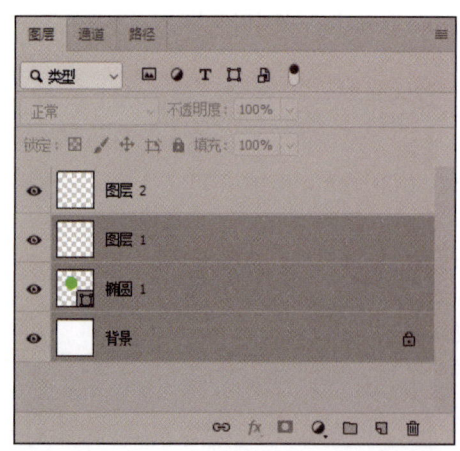

▲ 图2-16

3. 删除图层

删除图层的方法很简单，选择需要删除的图层，单击鼠标右键，在弹出的快捷菜单中选择"删除图层"命令，如图2-17所示。此时会弹出一个确认删除的提示对话框，如图2-18所示，单击"是"按钮，即可删除图层。

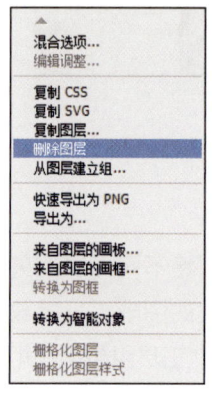

▲ 图2-17

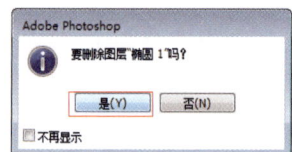

▲ 图2-18

删除图层还有两种方法：第1种方法是选择需要删除的图层，将其直接拖到"删除图层"按钮 🗑 上进行删除，如图2-19所示；第2种方法是按"Delete"键直接删除图层。

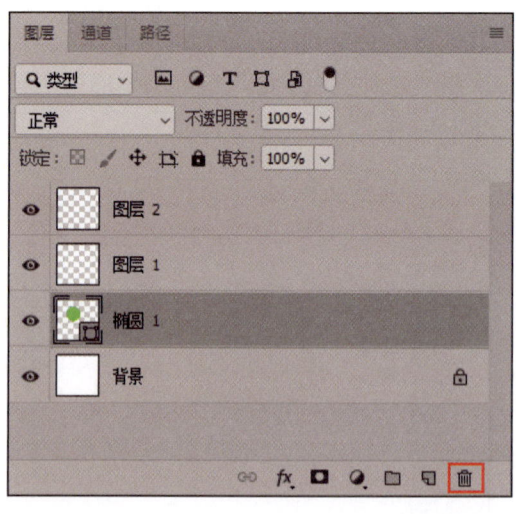

▲ 图2-19

4. 设置图层样式

图层样式包括"投影""外发光""图案叠加""渐变叠加""颜色叠加""光泽""内发光""内阴影""描边""斜面和浮雕"等效果，单击"图层"面板下方的"添加图层样式"按钮 fx，在弹出的列表中选择相应的命令即可设置对应的图层样式，如图2-20所示。

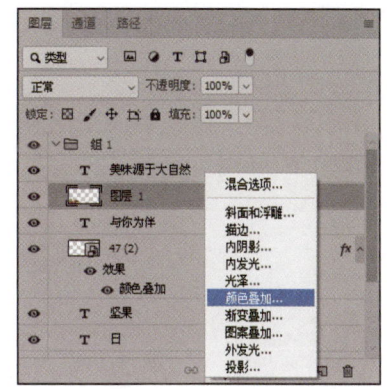

▲ 图2-20

2.2 图片处理的基本操作

在设计前，需要先掌握图片处理的基本操作，如调整图片的大小、调整图片的角度、裁剪图片中的指定部分等。

2.2.1 调整图片的大小

在图片处理过程中，为了能更加清楚地观察图片的局部效果，可以使用菜单命令对整张图片进行缩放操作。下面介绍使用菜单命令缩放图片的方法，具体的操作步骤如下。

Step 1 打开素材文件夹|第 2 章|2.2|"图片处理"图片文件，选择"图像"|"图像大小"菜单命令，如图 2-21 所示。

Step 2 弹出"图像大小"对话框，在该对话框中将"宽度"设置为 400 像素，高度将自动匹配尺寸，如图 2-22 所示。

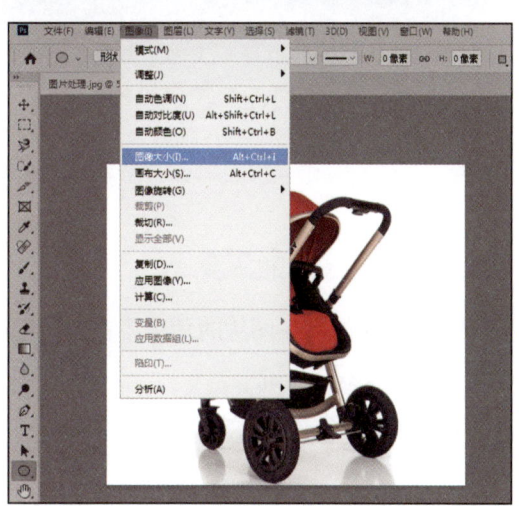

▲ 图2-21

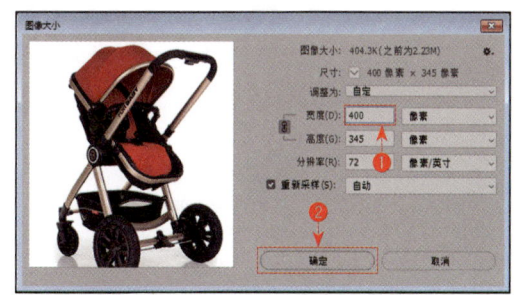

▲ 图2-22

Step 3 单击"确定"按钮即可完成图片大小的调整，效果如图2-23所示。

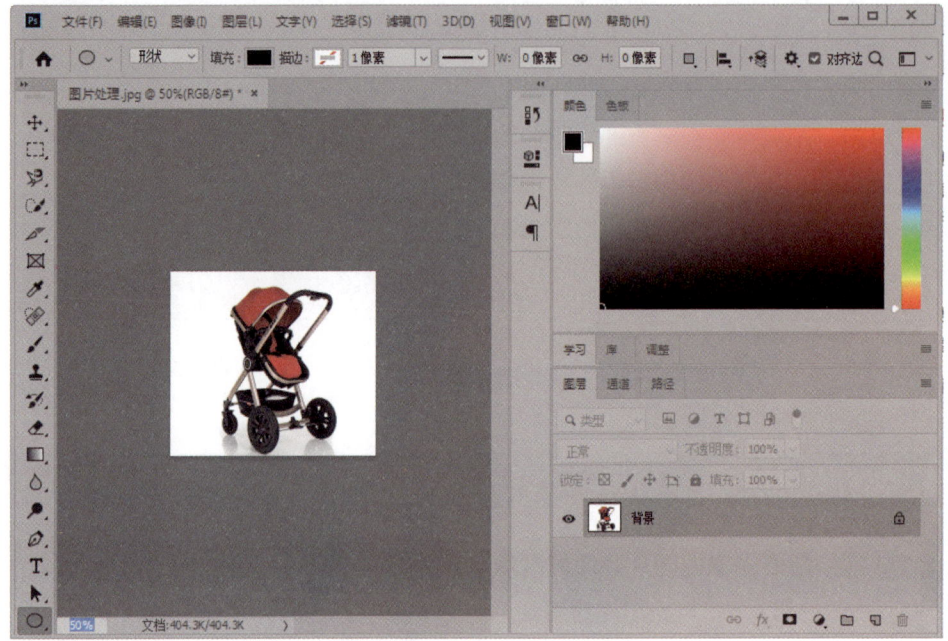

▲ 图2-23

2.2.2 调整图片的角度

如果拍摄的商品图片的角度不对，可以使用 Photoshop 对图片进行裁剪、旋转等操作，具体的操作步骤如下。

Step 1 打开素材文件夹 | 第 2 章 | 2.2 | "图片旋转"图片文件，如图 2-24 所示，可以发现整个画面略微倾斜。

Step 2 选择工具箱中的"裁剪工具"，并在图中拉出裁剪框，裁剪框四周出现 8 个控制点，通过拖曳 8 个控制点即可调整裁剪框的大小，如图 2-25 所示。

▲ 图2-24

▲ 图2-25

Step 3 将鼠标指针移到裁剪框对角的任一控制点上，鼠标指针变成 形状，此时按住鼠标左键不放并拖曳即可旋转裁剪框，使裁剪框上下边线与相框的下边沿平行，如图2-26 所示。最后按"Enter"键即可通过裁剪方式完成对倾斜图片的调整，裁剪后的效果如图2-27 所示。

▲ 图2-26　　　　　　　　　　　▲ 图2-27

2.2.3　裁剪图片中的指定部分

当只需要商品图片中的某个对象时，可以使用"裁剪工具"对其进行裁剪处理，具体的操作步骤如下。

Step 1 打开素材文件夹 | 第 2 章 | 2.2 | "图片裁剪"图片文件，如图 2-28 所示。

Step 2 选择工具箱中的"裁剪工具" ，将鼠标指针移动到画面上，按住鼠标左键不放并拖曳，绘制裁剪区域，如图 2-29 所示。

Step 3 按"Enter"键确认，即可完成图片的裁剪，效果如图 2-30 所示。

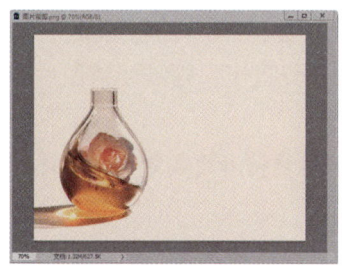 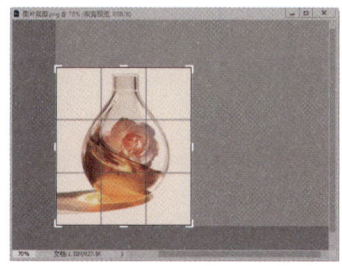 

▲ 图2-28　　　　　▲ 图2-29　　　　　▲ 图2-30

2.2.4　裁剪固定尺寸的图片

根据需求，还可以使用"裁剪工具"来裁剪固定尺寸的图片，具体的操作步骤如下。

Step 1 打开素材文件夹 | 第 2 章 |2.2| "固定裁剪" 图片文件，选择 "裁剪工具" ，并在工具选项栏中设置相应的参数值，在图片上会自动出现固定比例的裁剪区域，如图 2-31 所示。

Step 2 按 "Enter" 键确认，即可完成图片的裁剪，如图 2-32 所示。

▲ 图2-31

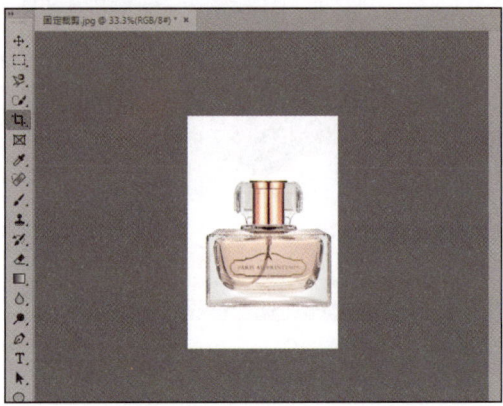

▲ 图2-32

2.3 调整图片的亮度与色彩

在拍摄商品的过程中，有时因为光线等因素的影响，导致拍摄出来的图片偏暗或偏亮。这时候可以利用 Photoshop 进行调整。

2.3.1 调整图片亮度——"色阶"命令

色阶是指图像中从暗（黑色）到亮（白色）的像素的分布情况。色阶与图片的曝光度有关。在拍摄商品时，如果曝光不足，则需要将图片调亮一些；如果曝光过度，则需要将图片调暗一些。

下面介绍如何使用 "色阶" 命令调整图片的亮度，使商品图片更接近真实效果，具体的操作步骤如下。

Step 1 打开素材文件夹 | 第 2 章 | 2.3 | "色阶" 图片文件，如图 2-33 所示。

Step 2 选择 "图像" | "调整" | "色阶" 菜单命令（或按 "Ctrl" + "L" 组合键），弹出 "色阶" 对话框。在对话框中可以拖曳 "灰度" "平衡" "高光" 3 个滑块来调整图片效果，如图 2-34 所示。

Step 3 单击 "确定" 按钮即可完成亮度调整，效果如图 2-35 所示。

 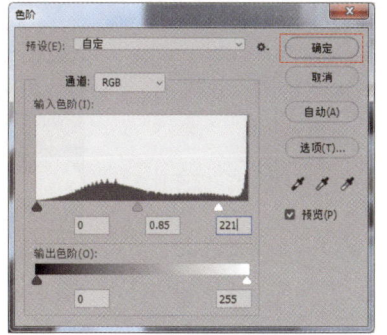 

▲ 图2-33　　　　　　　　▲ 图2-34　　　　　　　　▲ 图2-35

> **专家提点**
>
> 在"色阶"对话框的"输入色阶"区域中有3个滑块,它们分别代表灰度、平衡、高光,通过拖曳这3个滑块可以调整图像的亮度。此外,也可以在下面的文本框中输入参数值来调整,从左到右依次是黑、灰、白的分布。注意:色阶只与图像的亮度有关,与色彩无关。

2.3.2 调整图片亮度——"曲线"命令

使用 Photoshop 中的"曲线"命令也可以调整图片的亮度,具体的操作步骤如下。

Step 1 打开素材文件夹 | 第 2 章 | 2.3 | "曲线"图片文件,如图 2-36 所示。

Step 2 选择"图像"|"调整"|"曲线"菜单命令(或按"Ctrl"+"M"组合键),弹出"曲线"对话框。在对话框中可以添加不同的调整点(最多 14 点),然后调整相应点的位置,如图 2-37 所示。

　　　　　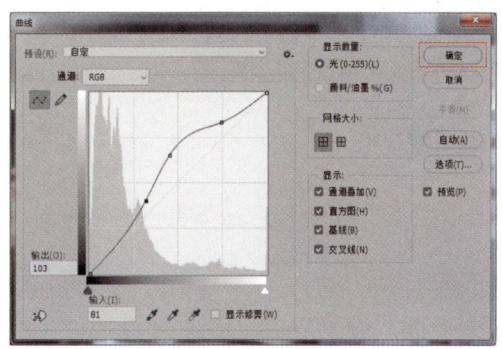

▲ 图2-36　　　　　　　　　　▲ 图2-37

> **专家提点**
>
> "曲线"对话框中的输出值大于输入值时(曲线位于直线上方),调整后的亮度会增强;输出值小于输入值时(曲线位于直线下方),调整后的亮度会减弱。

Step 3 单击"确定"按钮即可完成亮度调整，效果如图 2-38 所示。

> **专家提点**
> 与"色阶"命令不同的是，"曲线"命令可以添加14个点对图像进行精细调整。

▲ 图2-38

2.3.3 调整图片的亮度与对比度——"亮度/对比度"命令

通过调整商品图片的对比度，可以让商品看起来更有层次感。Photoshop 中的"亮度/对比度"命令主要用来调整图片的明暗对比，让画面的明暗细节对比更加明显。

下面介绍如何使用"亮度/对比度"命令来调整图片的亮度与对比度，具体的操作步骤如下。

Step 1 打开素材文件夹 | 第 2 章 | 2.3 | "亮度与对比度"图片文件，如图 2-39 所示。

Step 2 选择"图像"|"调整"|"亮度/对比度"菜单命令，弹出"亮度/对比度"对话框，在对话框中设置好"亮度""对比度"参数值，如图 2-40 所示。

Step 3 单击"确定"按钮即可完成图片的亮度与对比度的调整，效果如图 2-41 所示。

▲ 图2-39

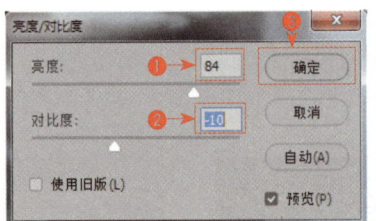
▲ 图2-40

▲ 图2-41

2.3.4 调整偏色的图片——"色彩平衡"命令

在拍摄商品时，由于受拍摄环境的影响，商品图片会出现偏色的现象，导致商品实物与图片不符，这样会给商品销售带来不利影响，如可能造成退货或者差评等。因此，在拍摄后必须对偏色的图片进行后期处理。Photoshop 中的"色彩平衡"命令主要用于调整图片的整体色调，它是根据画面颜色的相加/相减原理来进行调整的。

下面介绍如何使用"色彩平衡"命令来调整偏色的图片，具体的操作步骤如下。

Step 1 打开素材文件夹 | 第 2 章 | 2.3 | "色彩平衡"图片文件，可以看到图片整体偏红色，如图 2-42 所示。

Step 2 选择"图像"|"调整"|"色彩平衡"菜单命令，弹出"色彩平衡"对话框，在对话框中分别对"色阶"参数值进行设置，如图 2-43 所示。

Step 3 单击"确定"按钮即可完成图片整体色调的调整，效果如图2-44所示。

▲ 图2-42

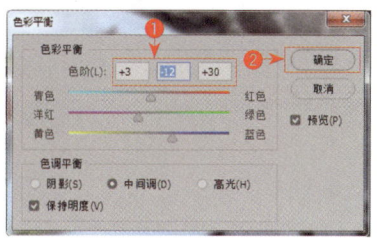
▲ 图2-43

▲ 图2-44

2.3.5 调整图片的明暗——"阴影/高光"命令

Photoshop中的"阴影/高光"命令主要用于改善图片的明暗，但它并不是单纯地将图片整体变亮或变暗，而是对有缺陷的部分进行调亮或调暗处理，从而保证图片整体的色调协调。

下面介绍如何使用"阴影/高光"命令来调整图片的明暗，具体的操作步骤如下。

Step 1 打开素材文件夹｜第2章｜2.3｜"高光阴影"图片文件，可以看到图片整体有些灰蒙蒙的，如图2-45所示。

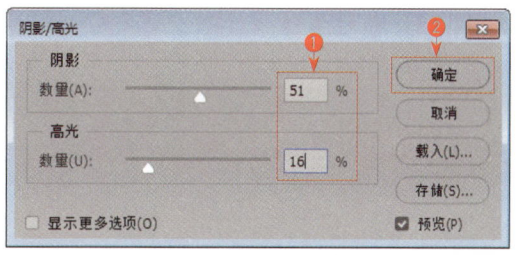
▲ 图2-46

▲ 图2-45

▲ 图2-47

Step 2 选择"图像"｜"调整"｜"阴影/高光"菜单命令，弹出"阴影/高光"对话框，将滑块移动至相应的位置，如图2-46所示。

Step 3 单击"确定"按钮即可完成图片的明暗调整，效果如图2-47所示。

2.3.6 调整图片的色相与饱和度——"色相/饱和度"命令

在拍摄商品时，由于环境因素，拍摄的图片有时会偏暗而且不鲜亮，与商品实物有一定差别。如果不进行后期处理，会大大降低商品对消费者的吸引力。而存在色差的商品会导致消费者退货或给店铺差评。Photoshop中的"色相/饱和度"命令主要用于调整图片的颜色和色彩饱和度，因此后期经常会用该命令调整图片整体或部分颜色的偏差。

下面介绍如何使用"色相/饱和度"命令来调整图片的色相和饱和度，具体的操作步骤如下。

Step 1 打开素材文件夹|第2章|2.3|"色相与饱和度"图片文件，如图2-48所示。

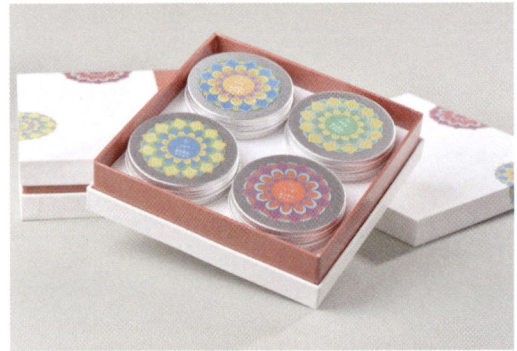

▲ 图2-48

Step 2 选择"图像"|"调整"|"色相/饱和度"菜单命令，弹出"色相/饱和度"对话框，如图2-49所示。将色调选择为"红色"，此时鼠标指针会变成吸管的形状，单击需要调整颜色的区域，进行颜色取样。

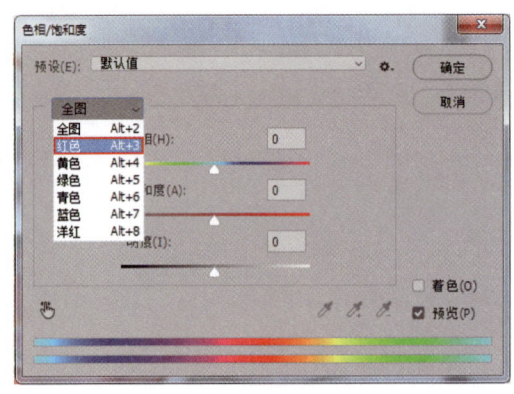

▲ 图2-49

Step 3 分别拖曳"色相""饱和度""明度"下面的滑块，调整图片颜色，如图2-50所示。

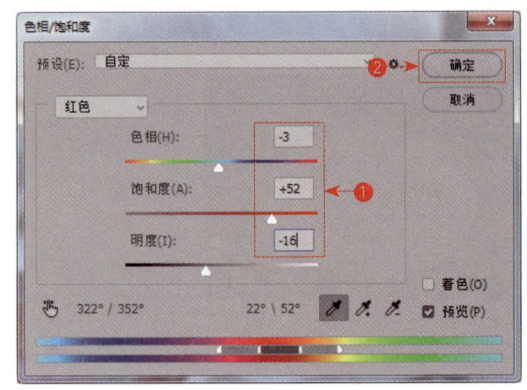

▲ 图2-50

Step 4 单击"确定"按钮即可完成图片色相和饱和度的调整，效果如图2-51所示。

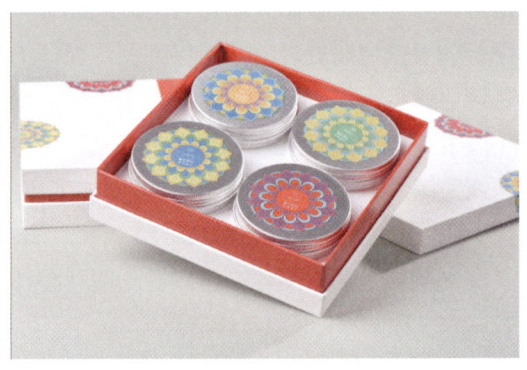

▲ 图2-51

2.3.7 调整图片的清晰度——"锐化"命令

使用Photoshop中的"锐化"命令可以快速提高图片某一部分的清晰度或聚焦程度。

下面介绍如何使用"锐化"命令来调整图片的清晰度，具体的操作步骤如下。

Step 1 打开素材文件夹|第2章|2.3|"锐化"图片文件，如图2-52所示。

Step 2 选择"滤镜"|"锐化"|"USM锐化"菜单命令，在弹出的"USM锐化"对话框中设置相应的参数值，如图2-53所示。

第2章 使用Photoshop美化商品图片

▲ 图2-52

▲ 图2-53

Step 3 单击"确定"按钮即可完成图片清晰度的调整,效果如图2-54所示。

▲ 图2-54

2.4 简单的抠图处理

抠图是指使用 Photoshop 中的一个或组合工具,将需要的对象从背景中分离出来的一种图像处理方法,这是后期处理商品图片的基本操作。下面介绍抠图的几种简便方法。

2.4.1 使用"魔棒工具"抠图

"魔棒工具"选择的图像轮廓比较粗糙,因此它只适合选择颜色细节较少的图片,因此,该工具多用于背景颜色一致的图片中抠图。

当使用"魔棒工具"单击画面中的某个点时,与该点颜色相似或相近的区域都会被选中。下面介绍如何使用"魔棒工具"抠图,具体的操作步骤如下。

Step 1 打开素材文件夹 | 第 2 章 | 2.4 | "魔棒工具"图片文件,在工具箱中选择"魔棒工具"

,如图 2-55 所示。

▲ 图2-55

Step 2 将工具选项栏中的"容差"值改为"5",然后在图像的空白处单击即可选择背景选区,如图 2-56 所示。

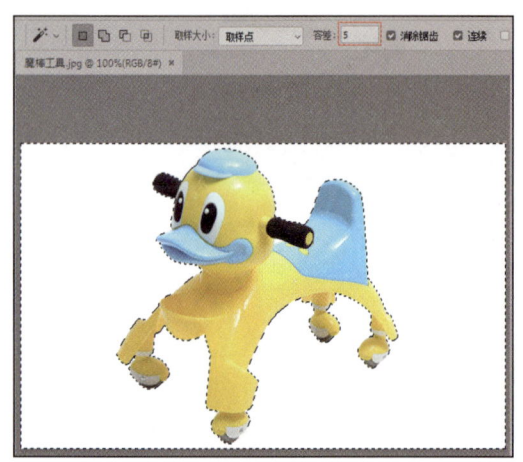

▲ 图2-56

> **专家提点**
> 使用"魔棒工具"选择不连续的选区时,需要在选择第 2 个选区前按住"Shift"键不放,再选择选区。

Step 3 双击"图层工具"中的"背景"图层,弹出"新建图层"对话框,单击"确定"按钮即可完成图层解锁,如图 2-57 所示。

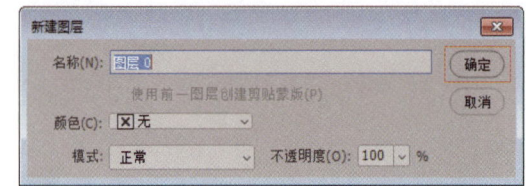

▲ 图2-57

Step 4 按"Delete"键即可删除选择的背景选区,未被选择的对象就是被抠取出来的图像。然后按"Ctrl"+"D"组合键即可退出选区编辑状态,效果如图 2-58 所示。

▲ 图2-58

> **专家提点**
> 在抠图完成后,需要将抠出的图片存储成 PNG 格式,这样将其放置在任何背景的文档中,它的背景都是透明的,大大方便了后期操作。

2.4.2 使用"快速选择工具"抠图

"快速选择工具"与"魔棒工具"的区别在于,前者是选择颜色相近的一块选区,后者则是选择颜色相近的全部选区。

下面介绍如何使用"快速选择工具"抠图,具体的操作步骤如下。

Step 1 打开素材文件夹 | 第 2 章 | 2.4 | "快

速选择"图片文件,在工具箱中选择"快速选择工具" ,如图2-59所示。

▲ 图2-59

Step 2 在工具选项栏中单击画笔大小右侧的下拉按钮,弹出"画笔预设"面板,设置画笔的相关参数值,如图2-60所示。

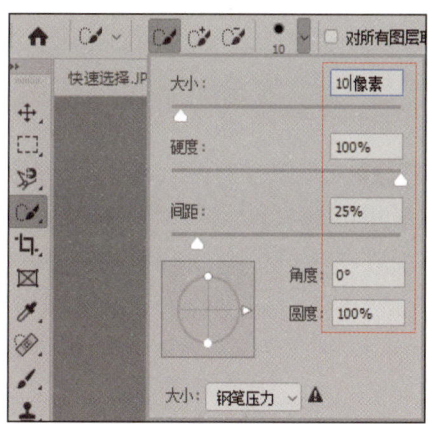

▲ 图2-60

Step 3 在需要选择的对象上按住鼠标左键不放并拖曳,即可选择需要抠取的对象,如图2-61所示。

▲ 图2-61

Step 4 如果选择的区域超过了对象的轮廓区域,可以单击工具选项栏中的"从选区减去"按钮,再单击多余的部分,即可减去这部分选区,效果如图2-62所示。

▲ 图2-62

Step 5 如果需要添加选区,可以单击工具选项栏中的"添加到选区"按钮,再单击需要添加的部分,即可添加这部分选区,效果如图 2-63 所示。

▲ 图2-63

Step 6 按"Ctrl"+"Shift"+"I"组合键反选选区,并双击解锁"背景"图层,按"Delete"键删除背景抠出对象,效果如图2-64所示。

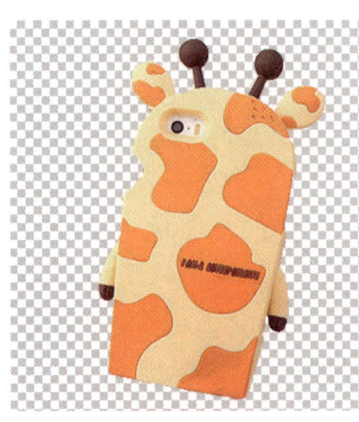

▲ 图2-64

> **专家提点**
> 在减去或添加选区时,可以适当地将画笔调小,这样更容易选择较小的区域。

2.4.3 使用"磁性套索工具"抠图

"磁性套索工具"适用于调整图像轮廓与背景颜色对比强烈的图片,尤其在两者颜色差别较大的时候,只需要沿着图像轮廓拖曳鼠标指针,该工具就会自动绘制轮廓锚点。

下面介绍如何使用"磁性套索工具"抠图,具体的操作步骤如下。

Step 1 打开素材文件夹 | 第2章 | 2.4 | "磁性套索工具"图片文件,在工具箱中选择"磁性套索工具",如图2-65所示。

▲ 图2-65

Step 2 在图像边缘单击,创建第1个锚点,鼠标指针继续沿着边缘移动,移动的路径将自动形成一个个锚点。如果当前的锚点位置有误,可以按"Delete"键删除,如图2-66所示。

▲ 图2-66

Step 3 当锚点闭合时，绘制的锚点区域将自动转变为选区，按"Ctrl"+"J"组合键可将选区图像复制到新的图层里，将"背景"图层隐藏，即可看到抠出来的图像，效果如图2-67所示。

▲ 图2-67

> **专家提点**
> 单击"图层"面板上需要隐藏的图层前的"眼睛"按钮，即可隐藏该图层。

2.4.4 使用"钢笔工具"抠图

"钢笔工具"堪称Photoshop中最强大也是最常用的绘制路径的工具。使用该工具不但可以绘制精准的路径，还能在绘制路径后，对其再次进行编辑。

下面介绍如何使用"钢笔工具"抠图，具体的操作步骤如下。

Step 1 打开素材文件夹 | 第2章 | 2.4 | "钢笔工具"图片文件，在工具箱中选择"钢笔工具" ，如图2-68所示。

▲ 图2-68

Step 2 在图像边缘单击，创建第1个锚点，沿着边缘继续添加第2个锚点，在添加第2个锚点时不要释放鼠标，将鼠标指针向前拖曳，这时该锚点将出现两个控制手柄，如图2-69所示。

▲ 图2-69

> **专家提点**
> 按住"Alt"键不放，"钢笔工具"变成尖角形状，此时可调整控制手柄以调整路径曲线；按住"Ctrl"键不放，"钢笔工具"变成空心箭头形状，此时可移动锚点，其他锚点和控制手柄均不受影响。

Step 3 如果需要精准调整路径，可以放大图片细节，通过控制手柄或锚点进行路径调整，调整后的效果如图 2-70 所示。

▲ 图2-70

Step 4 重复 Step2～Step3，即可完成整个图像的路径绘制，如图 2-71 所示。

▲ 图2-71

Step 5 按"Ctrl"+"Enter"组合键将路径转变为选区，按"Ctrl"+"J"组合键复制选区，系统自动为该选区图像新建一个图层，隐藏"背景"图层，效果如图 2-72 所示。此时可以发现还有一部分背景没有去除，继续使用"钢笔工具"绘制路径并删除该路径选区，最终效果如图 2-73 所示。

▲ 图2-72

▲ 图2-73

2.5 人像图片的美化处理

在拍摄完模特照片后，往往会发现照片中的人物存在或多或少的瑕疵，例如脸上有斑点、有痘痘，或某些部位略显臃肿等，这些问题都可以通过 Photoshop 处理好。本节以一张首饰模特的图片为例，讲解如何美化模特人像。

Photoshop 中的修复工具有多种，常用于修复人像皮肤的是"仿制图章工具"和"修补工具"。其中，"仿制图章工具"主要用于修复人像图片中的小瑕疵，如斑点等；"修补工具"主要用于修复皱纹等。

2.5.1 使用"仿制图章工具"去除斑点

下面使用"仿制图章工具"快速去除人物脸部的斑点，具体的操作步骤如下。

Step 1 打开素材文件夹 | 第 2 章 | 2.5 | "首饰模特原图"图片文件，按"Ctrl"+"J"组合键复制"背景"图层，如图 2-74 所示。

▲ 图2-74

Step 2 选择工具箱中的"缩放工具" ，单击人物的脸部位置放大图片，这时会发现人物的脸部有一些斑点，如图 2-75 所示。

▲ 图2-75

> **专家提点**
> 使用"缩放工具"放大画面是为了更好地根据画面细节来进行精准的修复。按住"Alt"键不放，"缩放工具"的放大功能将转变成缩小功能。

Step 3 选择工具箱中的"仿制图章工具" ，将鼠标指针移动到皮肤无斑点的区域，按住"Alt"键不放并单击取样，如图 2-76 所示。

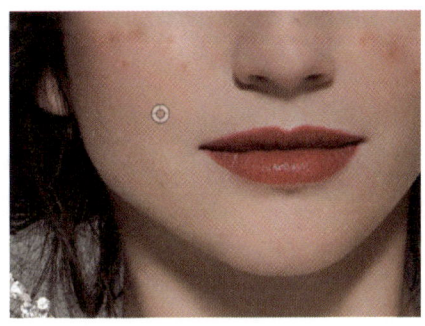

▲ 图2-76

Step 4 将鼠标指针移动到有斑点的位置并单击，即可覆盖有斑点的区域，效果如图 2-77 所示。

▲ 图2-77

Step 5 重复 Step3 ～ Step4，使用"仿制图章工具"将脸部的所有斑点全部修复，效果如图 2-78 所示。

▲ 图2-78

2.5.2 使用"修补工具"修复肤色

去除人物脸上的斑点后会发现修复后的肤色过渡不自然，而且脸部两边还有一些小瑕疵，这时候可以使用"修补工具"进行修复，具体的操作步骤如下。

Step 1 选择工具箱中的"修补工具"，在脸部左边有瑕疵的地方按住鼠标左键不放，拖曳鼠标绘制区域，释放鼠标，绘制的区域变成选区，如图2-79所示。

▲ 图2-79

Step 2 将鼠标指针移至选区中，按住鼠标左键不放，移动鼠标指针到脸部没有瑕疵的区域进行复制取样，如图2-80所示。

▲ 图2-80

> **专家提点**
> 用"修补工具"复制取样时，会自动将样本细节的纹理、光线和阴影与源图像进行匹配，让修复的细节过渡得更自然。

Step 3 释放鼠标，选区内的图像将自动根据样本进行修复，按"Ctrl"+"D"组合键取消选区，效果如图2-81所示。

▲ 图2-81

Step 4 重复Step1～Step3，使用"修补工具"将皮肤有瑕疵和肤色过渡不自然的地方进行修复，最终效果如图2-82所示。

▲ 图2-82

2.5.3 使用滤镜让皮肤变光滑

Photoshop中的滤镜主要用来制作图像的各种特殊效果，但通常需要结合其他操作，才能获得最佳的效果。

使用"修补工具"修复好皮肤上的瑕疵后，仔细观察会发现皮肤还是不够光滑，此时需要使用相关的滤镜对皮肤进行光滑处理，也就是俗称的"磨皮"。具体的操作步骤如下。

Step 1 按"Ctrl"+"J"组合键复制"图层1"图层，选择"滤镜"|"模糊"|"表面模糊"菜单命令，如图2-83所示。

2.5.4 使用"曲线"命令让皮肤变白

调整好皮肤状态后，会发现人物的肤色偏暗黄，此时，可以使用"曲线"命令将肤色调得更白皙。具体的操作步骤如下。

Step 1 按"Ctrl"+"Alt"+"Shift"+"E"组合键盖印图层，如图 2-86 所示。

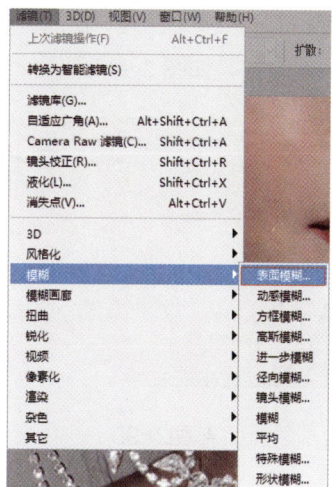

▲图2-83

Step 2 弹出"表面模糊"对话框，在该对话框中设置相应的参数值，如图 2-84 所示。

▲图2-84

Step 3 单击"确定"按钮即可完成滤镜操作，效果如图 2-85 所示。

▲图2-85

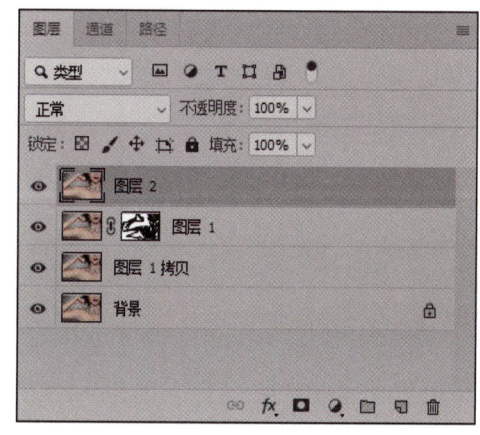

▲图2-86

Step 2 选择"图像"|"调整"|"曲线"菜单命令，如图 2-87 所示。

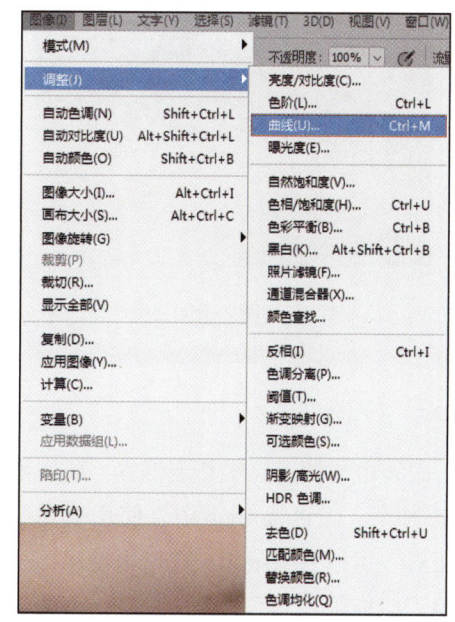

▲图2-87

> **专家提点**
> 盖印图层是指将所有图层拼合后的效果盖印（复制）到一个新的图层，生成的新图层并不影响其他图层之前所制作的效果，极大地方便了后期统一操作。

Step 3 弹出"曲线"对话框，在该对话框中设置相关参数值，如图 2-88 所示。

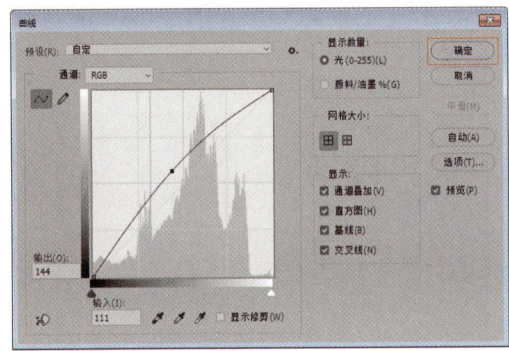

▲ 图2-88

Step 4 单击"确定"按钮，效果如图 2-89 所示。

▲ 图2-89

2.5.5 去除眼袋

眼袋容易使人显得苍老憔悴，所以建议将其去除。在 Photoshop 中，使用"仿制图章工具"可以去除眼袋。还可以使用该工具去除"熊猫眼"、疤痕等瑕疵。接下来介绍去除眼袋的具体操作方法。

Step 1 打开素材文件夹 | 第 2 章 | 2.5 | "去眼袋"图片文件，如图 2-90 所示。

▲ 图2-90

Step 2 在工具箱中选择"修补工具"，在需要去除的眼袋上创建选区，如图 2-91 所示。

▲ 图2-91

Step 3 将需要去除的眼袋拖曳到皮肤光滑的区域进行修复。再使用"修补工具"在另一只眼睛的眼袋处创建选区，并将选区拖曳到脸部光滑的区域去除眼袋，如图 2-92 所示。

▲ 图2-92

Step 4 在工具箱中选择"仿制图章工具" ，按住"Alt"键在仿制源区域单击拾取被仿制区域，再沿目标区域依次单击即可对颜色不均匀的地方进行修复，如图2-93所示。

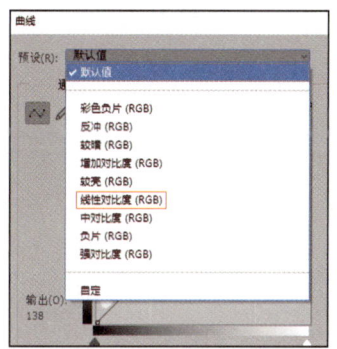

▲ 图2-94

▲ 图2-93

Step 5 按"Ctrl"+"M"组合键打开"曲线"对话框，单击"预设"后的下拉按钮，在下拉列表中选择"线性对比度"选项，如图2-94所示。

Step 6 设置完成后，单击"确定"按钮即可消除眼袋的痕迹并修复好黑眼圈，效果如图 2-95 所示。

▲ 图2-95

2.6 秘技一点通

技巧1　Photoshop中常用的快捷键

记住一些 Photoshop 中常用的快捷键，可以加快设计速度。

"Ctrl"+"T"：自由变换。

"Ctrl"+"S"：保存文件。

"Ctrl"+"A"：选择全部。

"Ctrl"+"D"：取消选择。

"Ctrl"+"I"：颜色反相。

"Ctrl"+"G"：图层编组。

"Ctrl"+"Shift"+"I"：选区反相。

"Ctrl"+"Shift"+"G"：取消图层编组。

"Ctrl"+"Alt"+"A"：选择所有图层。

"Ctrl"+单击图层缩略图：选择所选图层的选区。

"Alt"+单击两个图层之间的区域：剪贴蒙版。

技巧2 巧用图层锁定功能编辑图层内容

一般情况下，"背景"图层是处于锁定状态的，只有双击解锁后才能编辑该图层内容。在编辑文档时，如果要求某图层的内容不被编辑或移动，可以手动锁定该图层。锁定图层的方法是，选择该图层，单击"图层"面板上的"锁定全部"按钮 🔒，如图 2-96 所示。解除图层锁定的方法是，选择该图层，再次单击"锁定全部"按钮。

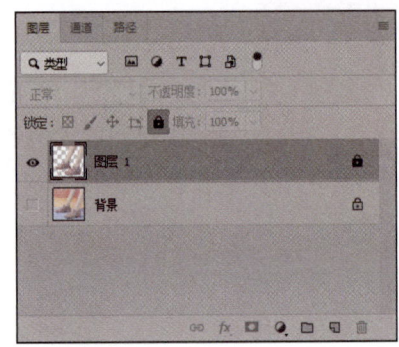

▲ 图2-96

技巧3 巧用"魔棒工具"的"容差"值控制颜色范围

使用"魔棒工具"时，其工具选项栏中的"容差"值表示颜色的相似度，"容差"值越大，相似的颜色范围越大；"容差"值越小，相似的颜色范围越小。

例如，一张背景颜色由浅红到深红的图片，如果需要去掉背景颜色，在选择"魔棒工具"后，将"容差"值设置得大一点儿，然后单击需要去掉的背景颜色即可。此外，也可以使用该工具反复选择，再根据自动选择的背景范围选区，设置最合适的"容差"值大小。

技巧4 巧用盖印图层生成新图层

按"Ctrl"+"Alt"+"Shift"+"E"组合键可盖印所有的可见图层；按"Ctrl"+"Alt"+"E"组合键则合并所选图层。

盖印图层最大的好处是，能将当前所有图层产生的效果合并生成一个新的图层，省去了复制多个图层的麻烦。盖印图层在调整图层混合模式时经常被使用。

技巧5 高效管理图层

在处理图片的过程中，应尽量新建图层，方便后期修改。如果文档的图层较多，需要单独标识某个图层，可以将该图层重命名或者用不同的标识颜色。

重命名图层的方法是，在"图层"面板中双击某个图层的图层名，使图层名处于可编辑状态，然后输入新的名称即可。右击图层前的眼睛按钮，在弹出的列表中选择相应的颜色，可以更改该图层的标识颜色，如图 2-97 所示。

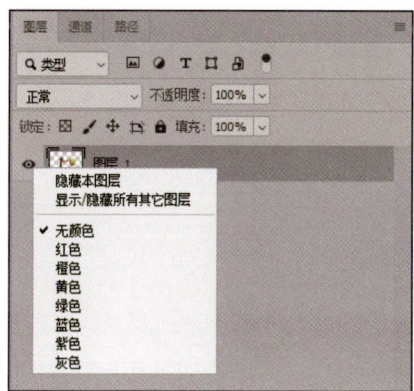

▲ 图2-97

如果图层过多，可以将多个图层创建成组，方便移动或隐藏等操作。创建成组的方法是，选择所有需要的图层，按"Ctrl"+"G"组合键即可。

技巧6 巧用智能对象

智能对象的作用是，它可以保留图像的源内容及其所有原始特性，从而让设计人员在做出各种调整时不会破坏原始图像。

当图层中的内容效果最佳时，非常适合将其转换为智能对象。这样，再做修改也不会损失画质。

提示 将图层转换为智能对象的操作是在相应的图层上单击鼠标右键，在弹出的快捷菜单中选择"转换为智能对象"命令。

第3章
商品图片的后期处理

本章导言 ● ● ●

在拍摄商品时，经常会因为光线或是其他因素导致拍摄出来的图片效果不理想，这时，使用Photoshop强大的图像处理功能可以弥补前期拍摄的不足，或者制作出一些特殊的效果，以满足店铺运营的需要。本章主要介绍商品图片的后期处理及网店装修中常用的一些特殊效果的制作方法，为你的店铺增光添彩。

本章学习要点 ● ● ●

- ✪ 调整和存储图片
- ✪ 还原图片的真实效果
- ✪ 制作GIF动态图片
- ✪ 添加水印
- ✪ 合成图片
- ✪ 批量处理图片
- ✪ 图片的特殊效果处理

3.1 调整和存储图片

拍摄好的商品图片还需要进行大小、形状和颜色等调整，再将其存储为网店要求的图片格式后，才能上传到网店中使用。

3.1.1 调整变形的图片

在拍摄商品时，往往会因为拍摄角度问题，导致拍摄出的商品图片变形，此时可以使用 Photoshop 对其进行调整。

下面介绍如何调整变形的图片，具体的操作步骤如下。

Step 1 打开素材文件夹 | 第 3 章 | 3.1 | "变形的商品照"图片文件，按"Ctrl"+"J"组合键复制"背景"图层，如图 3-1 所示。

Step 2 选择"编辑"|"变换"|"透视"菜单命令，如图 3-2 所示。

▲ 图3-1

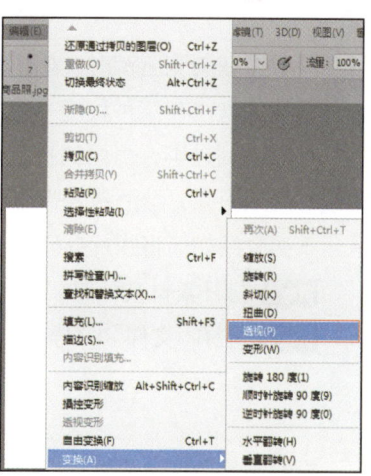
▲ 图3-2

> **专家提点**
> 在编辑商品图片时，建议先复制原图层，然后在复制来的图层上进行编辑，以免后期再次用到原图片。

Step 3 此时画面四周会出现 8 个锚点，如图 3-3 所示，分别选择这些锚点并按住鼠标左键拖曳来进行适当的调整。

Step 4 按"Enter"键完成图片调整，这时当前图层会出现一些空白的地方，使用白色"画笔工具" 涂抹空白区域。隐藏"背景"图层，效果如图 3-4 所示。

▲ 图3-3

▲ 图3-4

3.1.2 将图片存储为Web所用格式

消费者在浏览店铺时，如果页面中的图片迟迟加载不出来，就会毫不犹豫地关掉页面，因此图片的大小在某种程度上也会影响消费者的购物体验，进而影响店铺的转化率。图片占用的存储空间越小，页面的打开速度就越快。一个好的商品详情页面，商品图片总是能快速下载并展示出来，给消费者带来良好的购物体验。

下面介绍如何将图片存储为 Web 所用的格式，具体的操作步骤如下。

Step 1 打开素材文件夹 | 第 3 章 | 3.1 | "存储 Web 格式"图片文件，如图 3-5 所示。

Step 2 选择"文件" | "导出" | "存储为 Web 所用格式（旧版）"菜单命令，如图 3-6 所示。

▲ 图3-5　　　　　　　　　　　　▲ 图3-6

Step 3 弹出"存储为 Web 所用格式"对话框，设置图片格式为"JPEG"，将"品质"设置为"80"，如图 3-7 所示。

Step 4 单击"存储"按钮，弹出"将优化结果存储为"对话框，如图 3-8 所示，选择存储图片的地址，单击"保存"按钮。

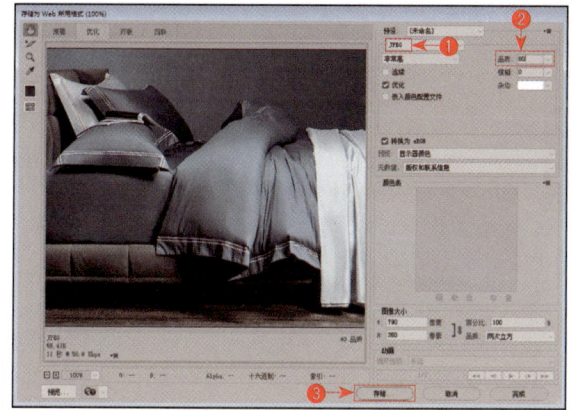
▲ 图3-7

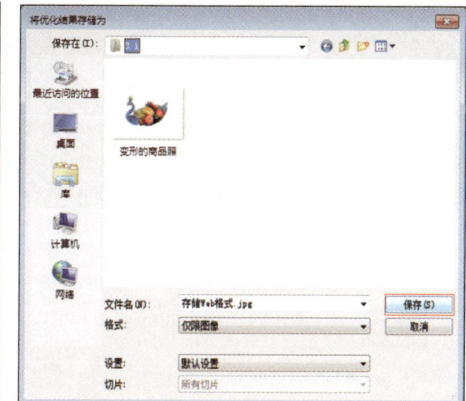
▲ 图3-8

> **专家提点**
>
> 在"存储为Web所用格式"对话框中,"品质"值越高,画面越清晰,图片占用的存储空间越大;"品质"值越低,画面越模糊,图片占用的存储空间越小。

Step 5 弹出"'Adobe 存储为 Web 所用格式'警告"对话框,单击"确定"按钮即可完成图片的存储,如图 3-9 所示。

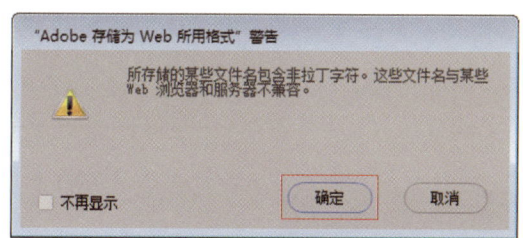
▲ 图3-9

3.2 还原图片的真实效果

如果因为不可控的外界环境导致拍摄出来的图片存在曝光不足、曝光过度、有色差或者不够清晰等问题,也可以通过 Photoshop 进行调整。

3.2.1 调整曝光不足的图片

下面介绍如何调整曝光不足的图片,具体的操作步骤如下。

Step 1 打开素材文件夹 | 第 3 章 | 3.2 | "曝光不足"图片文件,如图 3-10 所示。

▲ 图3-10

Step 2 选择"图像"|"调整"|"曝光度"菜单命令,弹出"曝光度"对话框,在"曝光度"对话框中设置相应的参数值,如图3-11所示。

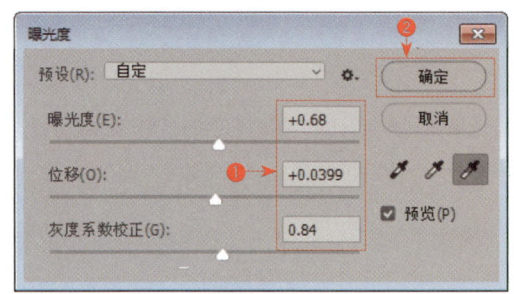

▲ 图3-11

Step 3 单击"确定"按钮即可调整好曝光不足的图片,效果如图3-12所示。

▲ 图3-12

3.2.2 调整曝光过度的图片

下面介绍如何调整曝光过度的图片,具体的操作步骤如下。

Step 1 打开素材文件夹|第3章|3.2|"曝光过度"图片文件,如图3-13所示。

▲ 图3-13

Step 2 选择"图像"|"调整"|"曝光度"菜单命令,弹出"曝光度"对话框,在该对话框中设置相应的参数值,如图3-14所示。

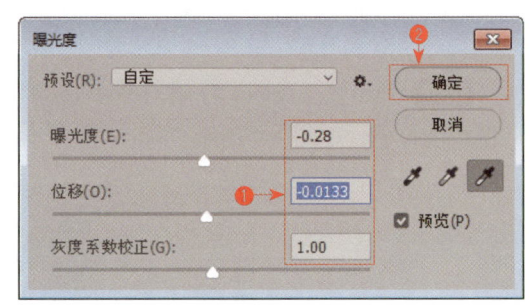

▲ 图3-14

Step 3 单击"确定"按钮即可调整好曝光过度的图片,效果如图3-15所示。

▲ 图3-15

> **专家提点**
>
> 如果一张图片曝光过度,其"曝光度"对话框中的"曝光度""位移""灰度系数校正"的参数值会比较大,可以通过缩小这3个参数值来调整曝光过度。

Step 3 单击"确定"按钮即可还原图片的实际颜色,如图3-18所示。

▲ 图3-18

3.2.3 调整有色差的图片

在拍摄商品时,由于光源、色温等的影响会导致拍摄出来的商品颜色跟实物颜色有差异。

下面介绍如何调整有色差的图片,具体的操作步骤如下。

Step 1 打开素材文件夹|第3章|3.2|"色差"图片文件,可以看到图片中的商品颜色是玫红色,如图3-16所示。

▲ 图3-16

Step 2 选择"图像"|"调整"|"可选颜色"菜单命令,弹出"可选颜色"对话框。选择"颜色"为"洋红",并设置相应的参数值,如图3-17所示。

> **专家提点**
>
> 调整图片色差的方法还有两种,即使用第2章中介绍过的"色相/饱和度"命令和"色彩平衡"命令。如果将这3个命令组合使用,可以调整更复杂的颜色。

3.2.4 调整模糊的图片

图片在被反复缩小或放大时,画质会变得模糊。如果图片细节模糊的情况不严重,可以通过后期调整,将画质调清晰。

下面介绍如何调整模糊的图片,具体的操作步骤如下。

Step 1 打开素材文件夹|第3章|3.2|"模糊图像"图片文件,如图3-19所示。

▲ 图3-19

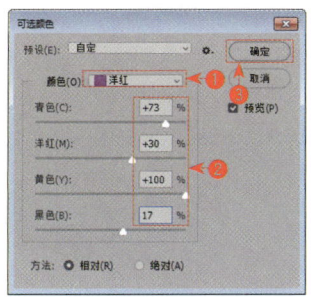

▲ 图3-17

Step 2 选择"图像"|"模式"|"Lab 颜色"菜单命令，如图 3-20 所示。

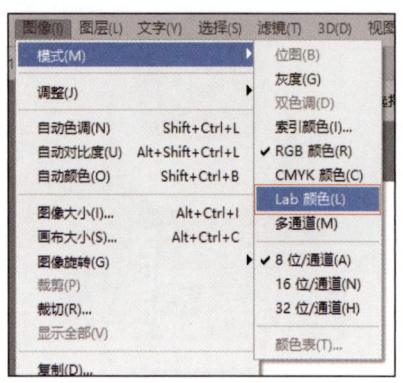

▲ 图3-20

Step 3 将"图层"面板中的"背景"图层拖曳到"创建新图层"按钮处，复制"背景"图层。复制后的"图层"面板信息如图 3-21 所示。

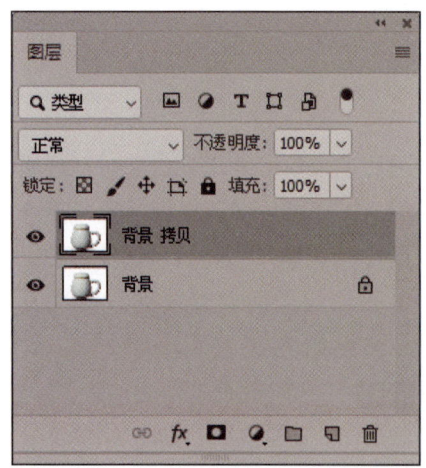

▲ 图3-21

Step 4 选择"滤镜"|"锐化"|"USM 锐化"菜单命令，弹出"USM 锐化"对话框。在该对话框中设置相应的参数值，如图 3-22 所示。设置好参数后单击"确定"按钮关闭该对话框。

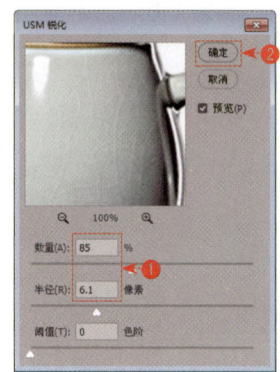

▲ 图3-22

Step 5 在"图层"面板中将图层模式设置为"柔光"，并设置"不透明度"为"20%"，如图 3-23 所示。

▲ 图3-23

Step 6 如果觉得图片还是不够清晰，可以再复制相应的图层进行调整，直到图片清晰为止，效果如图 3-24 所示。

▲ 图3-24

3.2.5 使用"仿制图章工具"修复图片瑕疵

拍摄商品时，因商品摆放不当等导致出现的褶皱等瑕疵，应尽量在后期对其进行修复，以提升图片中商品的品质。

下面介绍如何使用"仿制图章工具"修复图片中的瑕疵，具体的操作步骤如下。

Step 1 打开素材文件夹 | 第 3 章 | 3.2 | "瑕疵商品"图片文件，可以看到，图片中的木具上有一些斑点，如图 3-25 所示。

▲ 图3-26

▲ 图3-25

Step 2 选择工具箱中的"仿制图章工具" ，设置其"大小"为 30 像素，将鼠标指针移动到瑕疵区域附近，按住"Alt"键不放并单击鼠标取样，如图 3-26 所示。

Step 3 将鼠标指针移动到有瑕疵的位置单击即可消除瑕疵，如图 3-27 所示。

Step 4 重复 Step2 ~ Step3，将图片中的瑕疵修复完，效果如图 3-28 所示。

▲ 图3-27

▲ 图3-28

3.3 制作GIF动态图片

GIF 动态图片一般用来做动态展示，如展示店铺收藏或商品使用方法等，恰当的动态图片能吸引消费者的眼球，在有限的区域里传达更多的信息。

下面介绍如何制作 GIF 动态图片。

3.3.1 隐藏用作跳动切换的图层

GIF 动态图片实际上是由多个图层或多种元素按时间切换形成的动画效果，因此首先需要隐藏不需要展示的元素图层。

Step 1 打开素材文件夹 | 第 3 章 | 3.3 | "动态图片" PSD 文件，如图 3-29 所示。

Step 2 分别单击"形状 1"图层、"形状 2"图层、"形状 3"图层和"形状 4"图层前的"眼睛"按钮 ，隐藏这 4 个图层，如图 3-30 所示。

▲ 图3-29

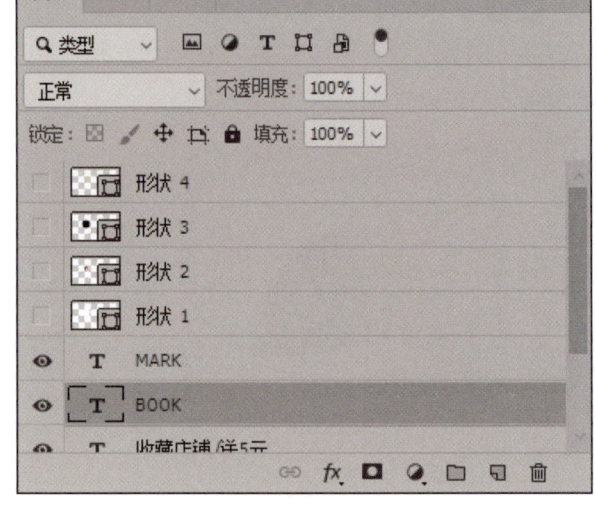

▲ 图3-30

3.3.2 使用"时间轴"面板进行画面切换

隐藏图层后，需要打开"时间轴"面板进行画面切换和时间设置。

Step 1 选择"窗口"|"时间轴"菜单命令，打开"时间轴"面板，如图 3-31 所示。

▲ 图3-31

Step 2 在"时间轴"面板中单击"复制所选帧"按钮，即可复制出第 2 帧动画，恢复显示"形状 1"图层、"形状 2"图层，如图 3-32 所示。

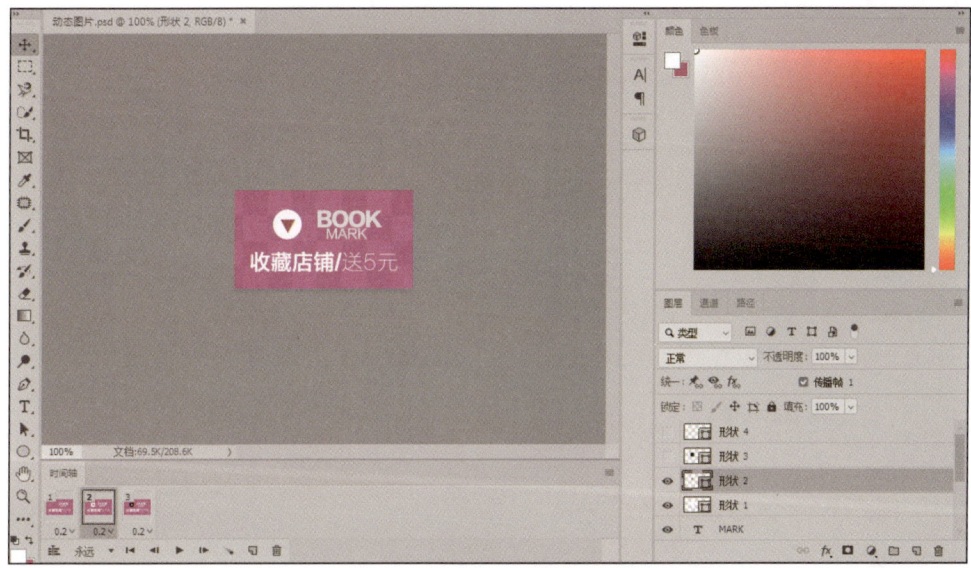

▲ 图3-32

Step 3 继续单击"复制所选帧"按钮,即可复制出第 3 帧动画,恢复显示"形状 3"图层、"形状 4"图层,隐藏"形状 1"图层、"形状 2"图层,如图 3-33 所示。

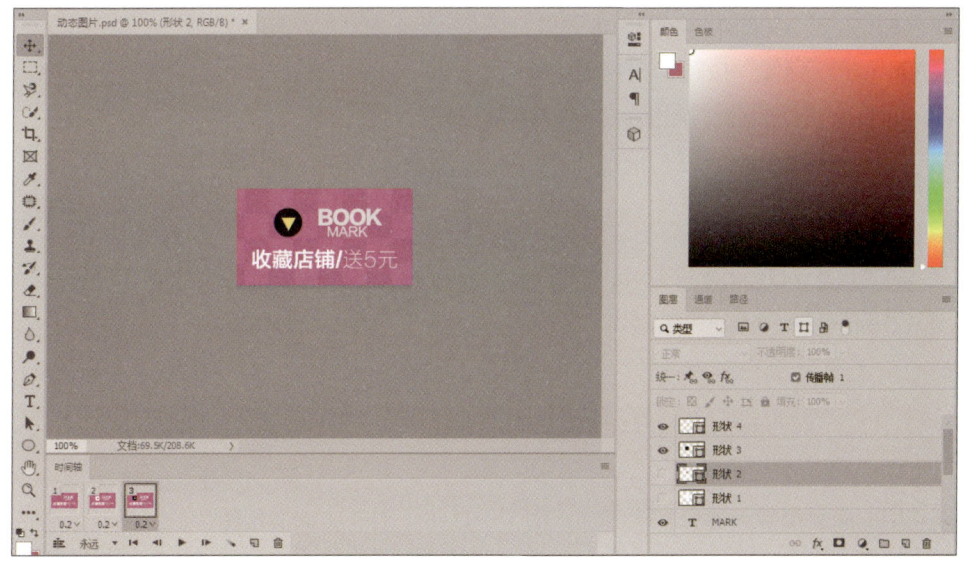

▲ 图3-33

Step 4 单击"播放动画"按钮,文档窗口将按 0.2 秒的速度循环播放这 3 帧动画,如果觉得播放速度过快,可单击第 1 帧下方的下拉按钮,在弹出的"选择帧延迟时间"下拉列表中选择合适的秒数,这里选择 0.5,如图 3-34 所示。

Step5 给第 2 帧和第 3 帧设置相同的秒数,如图 3-35 所示。

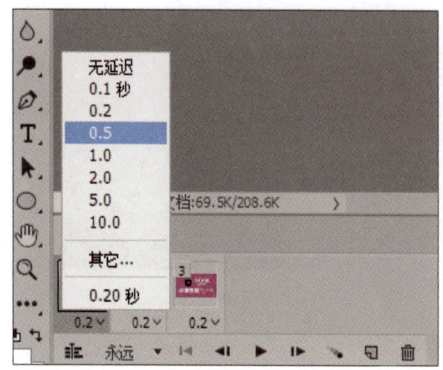
▲ 图3-34

▲ 图3-35

3.3.3 将图片存储为GIF格式

设置完成后，将该 PSD 文档另存为 GIF 格式。

Step 1 按"Ctrl"+"Shift"+"Alt"+"S"组合键，弹出"存储为 Web 所用格式"对话框。在该对话框中设置保存格式为"GIF"，"颜色"为"256"，如图 3-36 所示。

Step 2 单击"存储"按钮，根据提示设置即可完成 GIF 文件的存储操作。

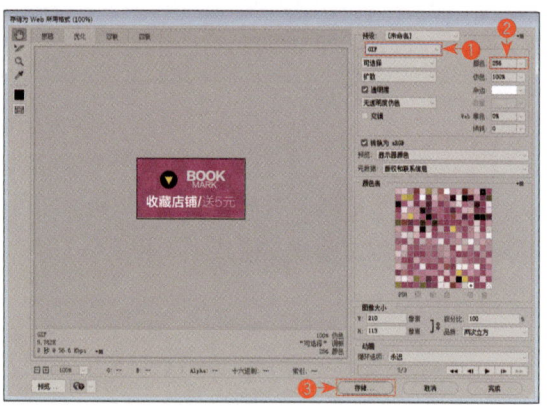
▲ 图3-36

> **专家提点**
> "颜色"值最多只能设置为"256"。"颜色"值越大，图片占用的存储空间越大；"颜色"值越小，图片占用的存储空间越小。

3.4 添加水印

网店里的商品图片大部分都会添加水印，一是防止别的店铺盗用图片，二是能让消费者记住店铺名称。

3.4.1 制作水印

水印一般由店铺名称或商品品牌名称组成。

下面介绍如何制作水印，具体的操作步骤如下。

Step 1 新建一个空白文档，并将其重命名为"水印"。单击"文件"|"打开"菜单命令，打开素材文件夹 | 第 3 章 | 3.4 | "音符"图片文件，如图 3-37 所示。

▲ 图3-37

Step 2 在工具箱中选择"移动工具",在"音符"标题栏上按住鼠标左键不放并向上拖曳,即可将"音符"文档拖离默认窗口。此时,再将图片中的音符图像拖到"水印"文档窗口中,效果如图3-38所示。

▲ 图3-38

Step 3 关闭"音符"图片文件,双击"图层"面板中的"图层1",弹出"图层样式"对话框。在该对话框中设置"外发光"相关参数值,将颜色设置为"#ff7d78",如图3-39所示。

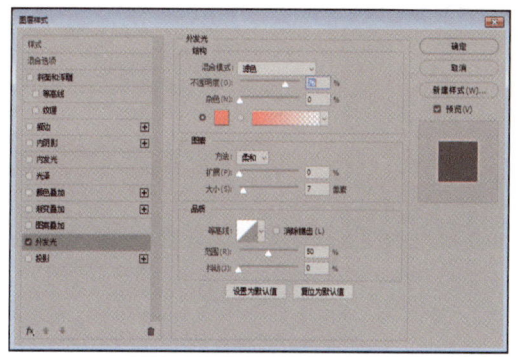

▲ 图3-39

Step 4 在"图层样式"对话框中继续设置"颜色叠加"相关参数值,将颜色设置为"#ffffff",如图3-40所示,单击"确定"按钮关闭对话框。

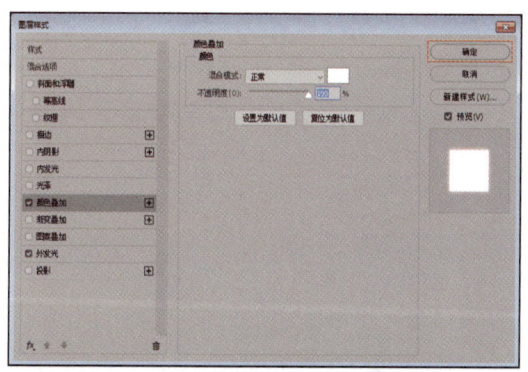

▲ 图3-40

Step 5 选择"横排文字工具",输入"童趣音乐盒",设置字体为"方正字迹—童体毛笔体",大小为"24点",并隐藏"背景"图层,效果如图3-41所示。

▲ 图3-41

Step 6 右击"图层1"图层,在弹出的快捷菜单中选择"拷贝图层样式"命令,再右击"童趣音乐盒"图层,在弹出的快捷菜单中选择"粘贴图层样式"命令,其图像效果如图3-42所示。

▲ 图3-42

Step 7 按"Ctrl"+"Shift"+"Alt"+"S"组合键，弹出"存储为Web所用格式"对话框，设置保存格式为"PNG-24"，如图3-43所示。

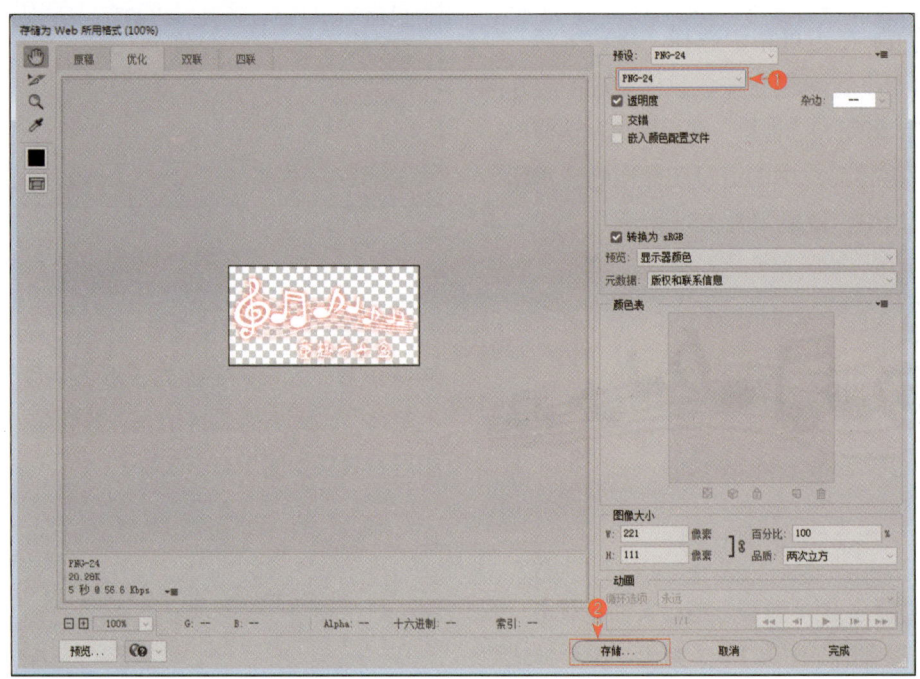

▲ 图3-43

Step 8 单击"存储"按钮，根据提示设置即可完成图片的存储操作。

3.4.2 给图片添加水印

下面介绍如何给商品图片添加水印，具体的操作步骤如下。

Step 1 分别打开素材文件夹|第3章|3.4|"音乐盒"和"水印"图片文件，如图3-44所示。

▲ 图3-44

Step 2 将"水印"图片文件中的水印拖曳到"音乐盒"图片文件中,关闭"水印"图片文件,效果如图3-45所示。

Step 3 将"图层1"图层的"不透明度"设置为"40%",即可完成商品图片水印的添加,效果如图3-46所示。

▲ 图3-45

▲ 图3-46

3.5 合成图片

店铺中有很多商品图片或海报都是由商品与背景后期合成制作的,这些别出心裁的合成图片能让商品特征更突出,更吸引人。下面介绍如何合成商品图片。

3.5.1 选择合适的抠图工具抠图

商品与背景合成前,首先需要将商品图像从原背景中抠出来,具体的操作步骤如下。

Step 1 打开素材文件夹|第3章|3.5|"芒果"图片文件,如图3-47所示。

Step 2 根据背景特征选择合适的抠图工具,如"钢笔工具",然后绘制出果汁商品的路径,如图3-48所示。

▲ 图3-48

Step 3 按"Ctrl"+"Enter"组合键将路径转换成选区,如图3-49所示。选择"编辑"|"剪切"菜单命令,将选择的果汁商品图像剪切出来。

▲ 图3-47

▲ 图3-49

3.5.2 合成图片

下面介绍如何将抠出来的商品图像与背景图片合成，具体的操作步骤如下。

Step 1 打开素材文件夹 | 第 3 章 | 3.5 | "芒果背景"图片文件，如图 3-50 所示。

▲ 图3-50

Step 2 选择"编辑"|"粘贴"菜单命令，将剪切的果汁商品图像粘贴到当前文件中，如图 3-51 所示。

▲ 图3-51

Step 3 按"Ctrl"+"T"组合键，果汁商品图像进入变换编辑状态，将鼠标指针移动到编辑框任意一角，按住鼠标左键拖曳，图像将根据鼠标指针的移动而变换大小，如图 3-52 所示。

▲ 图3-52

Step 4 按"Ctrl"+"Enter"组合键，完成图像变换编辑，效果如图 3-53 所示。

▲ 图3-53

> **专家提点** 图像处于变换编辑状态后，按住"Shift"键不放，并用鼠标指针拖曳编辑框任意一角，即可等比例缩放图像。

3.5.3 制作倒影

将商品图片与背景合成后，可以为其制作倒影或阴影，让合成效果更真实。

下面介绍如何制作倒影，具体的操作步

骤如下。

Step 1 选择"图层"面板中的"图层1"图层，按"Ctrl"+"J"组合键复制出"图层1 拷贝"图层，如图3-54所示。

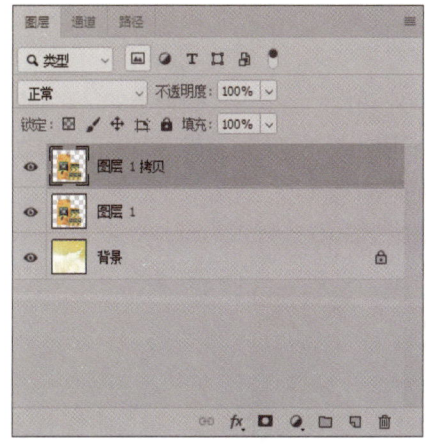

▲ 图3-54

Step 2 选择"图层1"图层，选择"编辑"|"变换"|"垂直翻转"菜单命令，再将"图层1"图像的顶部与"图层1 拷贝"图像的底部对齐，如图3-55所示。

▲ 图3-55

Step 3 单击"图层"面板上的"添加图层蒙版"按钮，为"图层1"图层添加蒙版。按"D"键，确保前景色和背景色分别为黑色和白色，如图3-56所示。

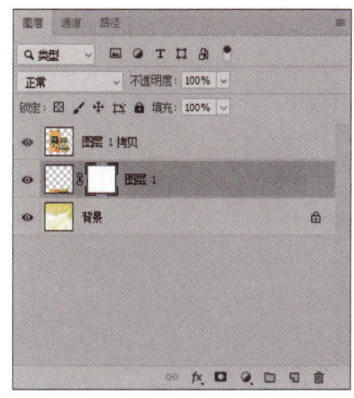

▲ 图3-56

Step 4 选择工具箱中的"渐变工具"，在图层蒙版中按住鼠标左键并从上往下拖曳，如图3-57所示。

▲ 图3-57

Step 5 释放鼠标，完成图像倒影的制作，效果如图3-58所示。

▲ 图3-58

3.6 批量处理图片

如果需要对几十张图片进行颜色、亮度的调整或修改尺寸，一张张处理将耗费大量的时间和精力，此时，可以利用 Photoshop 中的"动作"面板，快速完成这些简单的重复性操作。

3.6.1 "动作"面板的使用方法

"动作"面板主要用于批量处理图片。方法是，新建动作后，单击该面板上的"开始记录"按钮，系统会自动记录此后的每一步操作，直到单击"停止播放/记录"按钮停止操作为止。如果在操作过程中，发现有些步骤是错误的，可以单独将其删除。

选择"窗口"|"动作"菜单命令，即可打开"动作"面板，如图 3-59 所示。

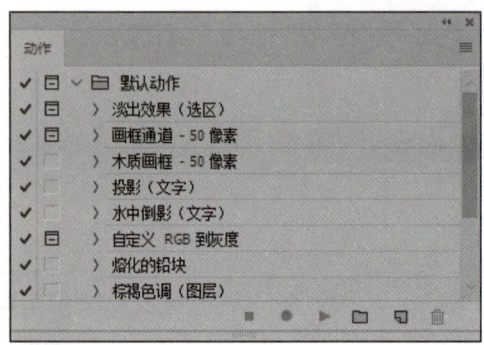

▲ 图3-59

3.6.2 创建新动作

在批量处理图片之前，需要先创建一个新动作，记录图片的操作过程。

下面介绍如何创建新动作，具体的操作步骤如下。

Step 1 打开素材文件夹 | 第 3 章 | 3.6 | "护肤品"图片文件，如图 3-60 所示。

Step 2 单击"动作"面板中的"创建新动作"按钮，弹出"新建动作"对话框。设置"名称"为"调整护肤品明暗"，单击"记录"按钮即可新建动作并开始记录操作步骤，如图 3-61 所示。

▲ 图3-60

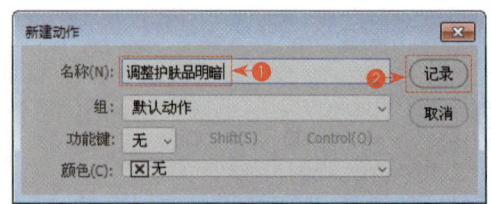

▲ 图3-61

Step 3 选择"图像"|"调整"|"曲线"菜单命令,弹出"曲线"对话框。在该对话框中进行相应的设置,如图 3-62 所示。

Step 4 单击"确定"按钮,效果如图 3-63 所示。

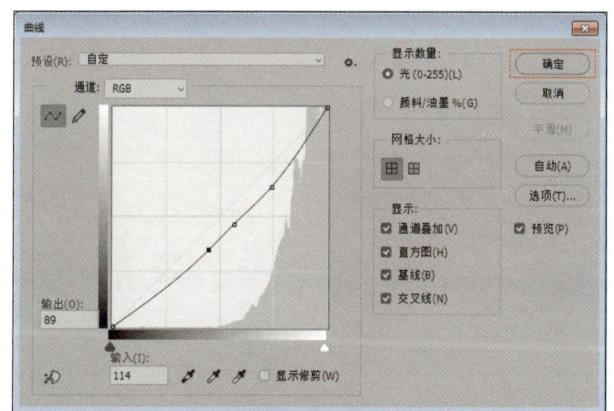
▲ 图3-62

▲ 图3-63

Step 5 选择"图像"|"调整"|"色阶"菜单命令,弹出"色阶"对话框。在该对话框中进行相应的设置后单击"确定"按钮,完成色阶调整操作,如图 3-64 所示。

Step 6 单击"动作"面板中的"停止播放/记录"按钮 ■ 即可停止记录,完成该动作的录制,如图 3-65 所示。

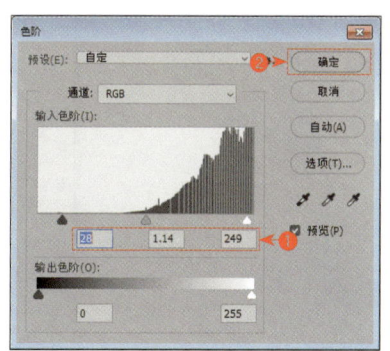
▲ 图3-64

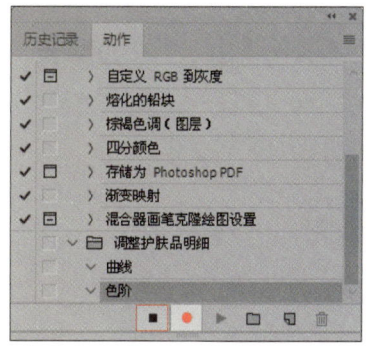
▲ 图3-65

3.6.3 使用动作批量处理图片

录制好动作后,就可以使用该动作来批量处理图片了。下面介绍如何批量处理图片,具体的操作步骤如下。

Step 1 选择"文件"|"自动"|"批处理"菜单命令,弹出"批处理"对话框,如图 3-66 所示。

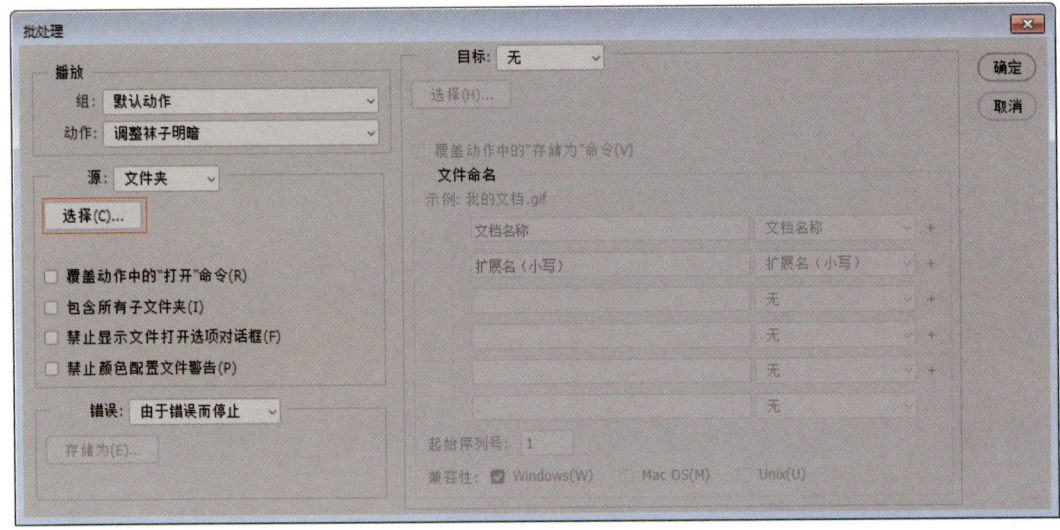

▲ 图3-66

Step 2 单击"选择"按钮，在弹出的"选取批处理文件夹"对话框中选择需要处理的图片所在的文件夹，单击"选择文件夹"按钮，如图3-67所示。

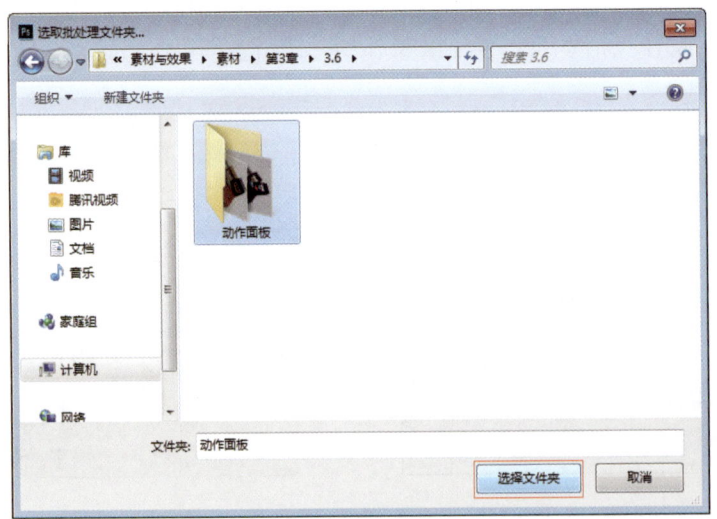

▲ 图3-67

Step 3 返回"批处理"对话框，单击"确定"按钮，即可对该文件夹中的所有图片进行相应的动作处理，效果如图3-68所示。

▲ 图3-68

3.7 图片的特殊效果处理

在网店装修中，为使商品图片看起来更加专业和真实，经常会用到一些特殊的图片处理效果。下面介绍几种常用的特殊效果处理技巧。

3.7.1 使用图层蒙版处理图片颜色

如果商品图片中有多种相似的颜色，那么后期调整某种颜色时，应使用一些特殊的操作，避免其他颜色也发生变化，具体的操作步骤如下。

Step 1 打开素材文件夹 | 第 3 章 | 3.7 | "手敲琴"图片文件，如图 3-69 所示。

Step 2 按 "Ctrl" + "J" 组合键复制出 "图层 1" 图层。选择 "图像" | "调整" | "可选颜色"菜单命令，弹出 "可选颜色"对话框。在该对话框中进行相应的设置，如图 3-70 所示。

▲ 图3-69

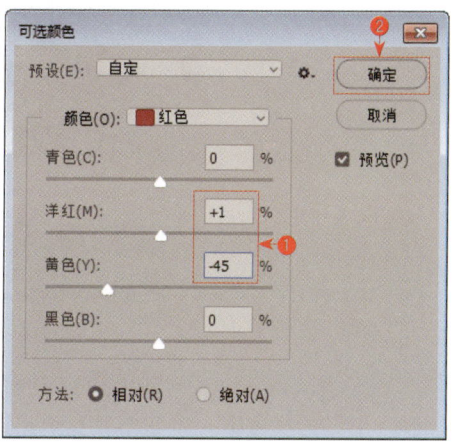

▲ 图3-70

> **专家提点**
> 蒙版的作用是通过在其上绘制形状，隐藏或显示当前图层的图像。其中，用黑色绘制的区域将被隐藏，用白色绘制的区域将被显示，用灰色绘制的区域则是半显示状态。

Step 3 单击"确定"按钮关闭对话框，此时会发现与红色相近的颜色都发生了变化。单击"图层"面板上的"添加图层蒙版"按钮，为"图层1"图层添加蒙版，如图 3-71 所示。

Step 4 分别按"D"键和"X"键，确保前景色为黑色、背景色为白色。选择"画笔工具"，并在工具选项栏中进行相应设置，如图 3-72 所示。

▲ 图3-71　　　　　　　　　　　▲ 图3-72

Step 5 使用"画笔工具"涂抹需要保持原来商品颜色的区域，最终效果如图 3-73 所示。

▲ 图3-73

3.7.2 制作商品手稿效果

在网店中常会看到一些商品的设计手稿，这些手稿图能让消费者感觉商品设计得十分专业和精致。但设计手稿不一定要手绘，也可以通过 Photoshop 来实现，具体的操作步骤如下。

Step 1 打开素材文件夹|第3章|3.7|"手链"图片文件,如图3-74所示。

Step 2 按"Ctrl"+"J"组合键复制"图层1"图层,选择"图像"|"调整"|"去色"菜单命令,图像变成黑白效果,如图3-75所示。

▲ 图3-74　　　　　　　　　　▲ 图3-75

Step 3 按"Ctrl"+"J"组合键复制"图层1副本"图层,选择"图像"|"调整"|"反相"菜单命令,效果如图3-76所示。

Step 4 选择"滤镜"|"其他"|"最小值"菜单命令,弹出"最小值"对话框,设置"半径"为"1"像素,如图3-77所示,单击"确定"按钮关闭对话框。

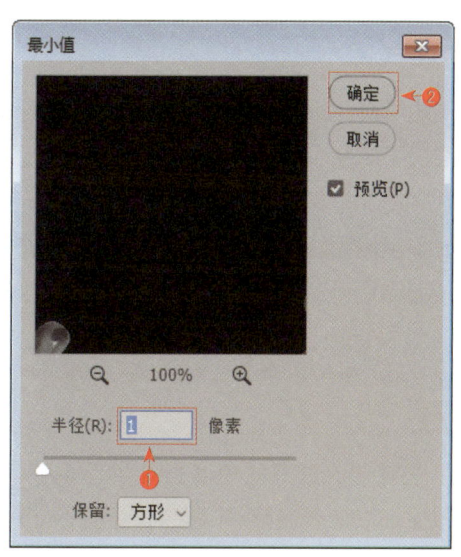

▲ 图3-76　　　　　　　　　　▲ 图3-77

Step 5 将"图层1副本"的图层模式改成"线性减淡(添加)",即可将商品图片制作成手稿效果,如图3-78所示。

▲ 图3-78

> **专家提点**
> 白色背景的商品图片更适合制作成手稿效果，如果背景较复杂，可以将商品图像抠出来后再制作手稿效果，这样画面中就不会有其他杂乱的线条出现。

3.8 秘技一点通

技巧1 制作商品主图的注意事项

主图是商品重要的展示窗口。消费者对商品的第一印象就取决于商品主图，因此，商品主图一定要突出商品的特点。一般情况下，商品图像占整个主图的三分之二以上，且最好是正面图。商品主图上可以适当添加一些商品卖点或店铺促销信息，但不能过多，且应主次分明，让人一目了然，图3-79所示的主图就很值得借鉴。

技巧2 锐化主图

主图应选5张不同角度且能展示商品不同特点的图片，以保证消费者在第一时间对商品有大致的了解，产生继续浏览的意愿。

▲ 图3-79

在Photoshop中制作主图时，商品原图在进行了适当的缩放后会显得有些模糊，此时，可以选择"滤镜"|"锐化"|"智能锐化"菜单命令对其进行锐化处理，让图片更清晰。

技巧3 快速调整"不透明度"

在调整"画笔工具"或图层的"不透明度"时，可以直接按键盘的数字键进行快速调整，如按"0"键即调整"不透明度"为"100%",按"1"键即调整"不透明度"为"10%",依此类推。

如果要给图层制作渐变透明效果,可以给该图层添加一个图层蒙版,再使用"渐变工具"进行操作。

技巧4 给图片添加精美边框

利用光影魔术手中的预设边框样式,可以快速给图片添加精美的边框,具体的操作步骤如下。

Step 1 打开素材文件夹 | 第 3 章 | 秘技一点通 | "添加边框"图片文件,如图 3-80 所示。

Step 2 单击选项栏中的"边框"按钮,在弹出的下拉列表中选择"花样边框",如图 3-81 所示。

▲ 图3-80

▲ 图3-81

Step 3 弹出"花样边框"对话框,单击打开该对话框右侧的"我的收藏"面板,选择合适的边框样式,如图 3-82 所示。

Step 4 单击"确定"按钮即可为图片添加边框,效果如图 3-83 所示。

▲ 图3-82

▲ 图3-83

第4章
网店配色、文字与版式设计

本章导言 ● ● ●

　　当消费者进入一个店铺时,首先引起消费者注意的是店铺的色彩,其次是文字和版式的设计。一个和谐、鲜明的配色方案,搭配恰到好处的字体和版式设计,不仅可以给消费者以美的享受,让消费者产生好感,而且可以有效传达视觉信息,引导消费者的视线流转,进而提高转化率。本章主要讲解网店装修中的页面配色、文字与版式设计的基本原理和技巧。掌握了这些原理和技巧,创意编排各设计要素,可以让店铺装修更出彩。

本章学习要点 ● ● ●

- ✪ 网店配色
- ✪ 文字设计
- ✪ 版式设计

4.1 网店配色

在网店装修设计中，色彩搭配非常重要。色彩搭配得好，不仅能突出店铺和商品的特色，还能给消费者带来视觉美感。不同的色彩所传达的视觉感受也是不同的，因此，在确定店铺的配色方案之前，需要先了解配色的原理和颜色属性。

4.1.1 色彩的种类

色彩可以大致分为无彩色系和有彩色系两大类。

1. 无彩色系

无彩色系是指除彩色以外的颜色，常见的有黑色、白色和灰色，它们没有明显的色相偏差，因此也被称为"中性色"。

无彩色系中的任何一种颜色都可以用来调和有彩色系之间的搭配冲突，让色彩之间过渡得更自然。在无彩色系中，黑色给人庄重、肃穆的感觉；白色给人明亮、清爽的感觉；灰色则给人空灵、温和的感觉。在色彩搭配中，灰色的使用率较高，不仅因为该颜色能起到互补和调和的作用，还因为该颜色能在由浅到深的色调变化中为画面增加层次感。图4-1所示为无彩色系的画面效果。

▲ 图4-1

2. 有彩色系

有彩色系是指除黑色、白色和灰色外的所有彩色。有彩色系可以传达更强烈、丰富的视觉感受，因此，不管是线下平面广告，还是线上的动态广告，搭配的色调基本上都是以有彩色系为主。图4-2所示为有彩色系的画面效果。

4.1.3 网店色彩搭配技巧

了解了色彩搭配的原理后,要根据商品所属的行业特征来选择店铺的主色调。下面介绍4个网店色彩搭配的技巧,帮助读者快速掌握网店色彩搭配的方法。

1. 巧用单色调营造简洁感

美工在设计店铺页面时,要避免使用过多的色彩,色彩过多容易让人眼花缭乱。同时,也要避免使用单一的色彩,单一的色彩会让页面显得单调、枯燥。

在装修店铺时,如果不知道使用什么颜色时,整个页面可以用一种色彩作为主色调,然后通过调整色彩的饱和度和透明度使页面色彩发生变化。这样设计出来的页面不会单调,而且整个页面颜色看起来整体感更强,如图4-6所示。

2. 巧用冷色、暖色提升品质感

颜色也是有"冷暖"之分的,不同的颜色给人的感受是不一样的。冷色调的颜色的亮度越高,给人的感受越偏暖;暖色调的颜色的亮度越高,给人的感受越偏冷。冷暖色系在色相环上的位置如图4-7所示。

▲图4-6

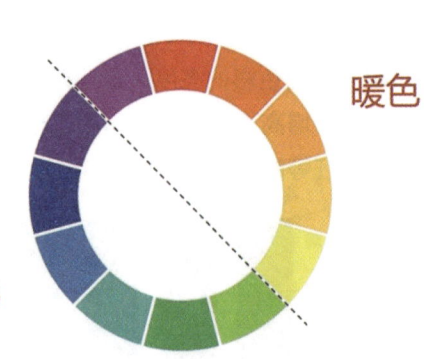

▲图4-7

(1)冷色。

蓝色、绿色和紫色等属于冷色,给人沉稳、冷静、健康和上进的感觉,多用于医药保健、教育机构及高科技产品等类别的店铺设计,或者春季和夏季这种季节性活动海报的设计。图4-8所示为冷色调的护肤品广告页面。

(2)暖色。

红色、黄色和橙色等属于暖色,给人温暖、活泼、积极的感觉,多用于食品、儿童用品和保暖衣物等类别的店铺设计,也适用于节日庆典及其他活动类海报的设计。图4-9所示为暖色调的天猫"618"活动海报。

4.1 网店配色

在网店装修设计中，色彩搭配非常重要。色彩搭配得好，不仅能突出店铺和商品的特色，还能给消费者带来视觉美感。不同的色彩所传达的视觉感受也是不同的，因此，在确定店铺的配色方案之前，需要先了解配色的原理和颜色属性。

4.1.1 色彩的种类

色彩可以大致分为无彩色系和有彩色系两大类。

1. 无彩色系

无彩色系是指除彩色以外的颜色，常见的有黑色、白色和灰色，它们没有明显的色相偏差，因此也被称为"中性色"。

无彩色系中的任何一种颜色都可以用来调和有彩色系之间的搭配冲突，让色彩之间过渡得更自然。在无彩色系中，黑色给人庄重、肃穆的感觉；白色给人明亮、清爽的感觉；灰色则给人空灵、温和的感觉。在色彩搭配中，灰色的使用率较高，不仅因为该颜色能起到互补和调和的作用，还因为该颜色能在由浅到深的色调变化中为画面增加层次感。图 4-1 所示为无彩色系的画面效果。

▲ 图4-1

2. 有彩色系

有彩色系是指除黑色、白色和灰色外的所有彩色。有彩色系可以传达更强烈、丰富的视觉感受，因此，不管是线下平面广告，还是线上的动态广告，搭配的色调基本上都是以有彩色系为主。图 4-2 所示为有彩色系的画面效果。

▲ 图4-2

4.1.2 色彩的三要素

色彩的三要素是指色相、饱和度和明度。任何一种颜色都是由这3个要素共同作用的结果。

1. 色相

色相是指各种色彩的名称，它是色彩最基本的特征，也是分辨各种色彩的主要依据。6种基本的单色色相为红色、橙色、黄色、绿色、蓝色和紫色，在各色相中间加插一种中间色，即可调制出12种基本色相，分别是红色、红橙色、橙色、橙黄色、黄色、黄绿色、绿色、蓝绿色、蓝色、蓝紫色、紫色和紫红色。图4-3所示为12种基本色相的色相环。

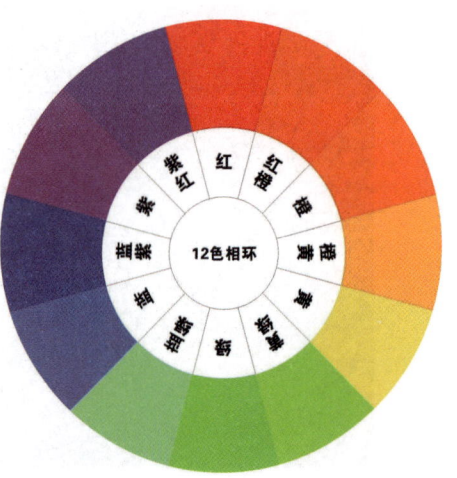

▲ 图4-3

> **专家提点**
>
> 光的三原色是指红、绿、蓝3种颜色，其他所有颜色都是由这3种颜色调和而成的。

2. 饱和度

饱和度是指色彩的鲜艳程度，也就是通常所说的色彩的纯度。饱和度越高，色彩越鲜艳；饱和度越低，色彩越暗淡。图4-4所示为不同饱和度的图片效果。

（a）低饱和度　　　　　　　　（b）高饱和度

▲ 图4-4

> **专家提点**
> 饱和度的高低取决于色彩中含原色成分的比例，原色的比例越高，其饱和度越高。如果色彩中掺入白色、灰色或其他色调的颜色，那么该色彩的饱和度将大大降低。原色的饱和度（纯度）最高，无彩色系的饱和度为零。

3. 明度

明度是指色彩的亮度（即明暗程度），明度越高，颜色越亮。图 4-5 所示颜色的明度从左向右逐渐增高。另外，同一色相的颜色也存在明度变化，例如，同色相的红色就有从淡红、粉红到大红等的明度变化。

▲ 图4-5

所有颜色都是存在明暗对比的，明度不仅表现在同色相的颜色中，不同色相的颜色明度也有高低之分，如黄色的明度比紫色的明度高。

> **专家提点**
> 在一些节日活动设计或食品店铺装修中，经常会使用一些明度高的色彩。这些明度高的色彩能让人眼前一亮，并且给人一种生机勃勃的感觉。

4.1.3 网店色彩搭配技巧

了解了色彩搭配的原理后，要根据商品所属的行业特征来选择店铺的主色调。下面介绍4个网店色彩搭配的技巧，帮助读者快速掌握网店色彩搭配的方法。

1. 巧用单色调营造简洁感

美工在设计店铺页面时，要避免使用过多的色彩，色彩过多容易让人眼花缭乱。同时，也要避免使用单一的色彩，单一的色彩会让页面显得单调、枯燥。

在装修店铺时，如果不知道使用什么颜色时，整个页面可以用一种色彩作为主色调，然后通过调整色彩的饱和度和透明度使页面色彩发生变化。这样设计出来的页面不会单调，而且整个页面颜色看起来整体感更强，如图4-6所示。

2. 巧用冷色、暖色提升品质感

颜色也是有"冷暖"之分的，不同的颜色给人的感受是不一样的。冷色调的颜色的亮度越高，给人的感受越偏暖；暖色调的颜色的亮度越高，给人的感受越偏冷。冷暖色系在色相环上的位置如图4-7所示。

▲ 图4-6

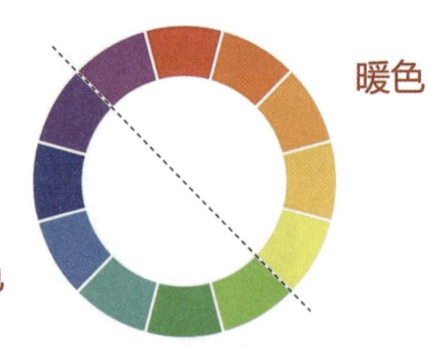

▲ 图4-7

（1）冷色。

蓝色、绿色和紫色等属于冷色，给人沉稳、冷静、健康和上进的感觉，多用于医药保健、教育机构及高科技产品等类别的店铺设计，或者春季和夏季这种季节性活动海报的设计。图4-8所示为冷色调的护肤品广告页面。

（2）暖色。

红色、黄色和橙色等属于暖色，给人温暖、活泼、积极的感觉，多用于食品、儿童用品和保暖衣物等类别的店铺设计，也适用于节日庆典及其他活动类海报的设计。图4-9所示为暖色调的天猫"618"活动海报。

▲ 图4-8　　　　　　　　　　　▲ 图4-9

3. 巧用邻近色营造统一感

邻近色是指在色相环上任选一种颜色，与其相距60°以内的颜色，如图4-10所示。邻近色通常是相互渗透和相互融合的。

由于邻近色之间的色差不是很大，因此在店铺装修设计中，使用邻近色不会形成强烈的颜色反差，整个页面色调统一、过渡自然。图4-11所示为使用邻近色设计的店铺周年庆海报。

▲ 图4-10　　　　　　　　　　▲ 图4-11

4. 巧用互补色突出层次感

互补色是指在色环上任选一种颜色，与其相距180°的颜色。在常用颜色中，红色与绿色互补，蓝色与橙色互补，紫色与黄色互补，如图4-12所示。

在店铺装修设计中，使用互补色时要注意两者的主次之分，比例小的为点缀色或衬托色，比例大的为主色。使用互补色可以突出画面的层次感，让画面的主次关系一目了然。图4-13所示为使用互补色设计的活动海报。

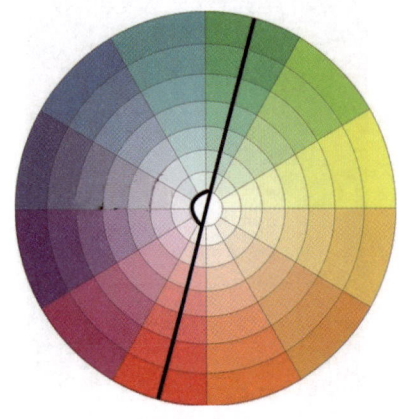
▲ 图4-12

▲ 图4-13

4.2 文字设计

文字是网店的重要组成部分。文字不仅可以传达网店及商品信息，还可以激发消费者的购买欲望。因此网店中的文字设计也要高度重视。

4.2.1 正确选择字体

在选择和设计字体时，既要考虑字体的易读性，也要考虑字体能否准确地传递网店或商品信息。不同的字体有不同的特点，淘宝美工在选择字体时，字体的风格要与店铺及商品的风格保持一致。

1. 中文字体

网店设计中最常用的中文字体有黑体、宋体、仿宋体等，它们各自的特点如下。

❶ 黑体：笔画粗壮，横竖均匀，给人的视觉感受是稳重、大气、时尚、醒目，一般用于制作标题，起到强调的作用。

❷ 宋体：具有横细竖粗、横平竖直的特点，给人的视觉感受是正规、严肃、大方、雅致、传统，一般用于商品的功能介绍与使用注意事项、品牌故事、海报或文字较多的介绍性内容中。

❸ 仿宋体：字形美观，粗细均匀，给人的视觉感受是秀丽挺拔、庄重、权威，一般用于海报或详情页中提示性的文字描述。

除此之外，常用的中文字体还有方正兰亭系列和造字工房系列，如图4-14所示。这些字体一般用于网店的Logo、商品的Logo设计。

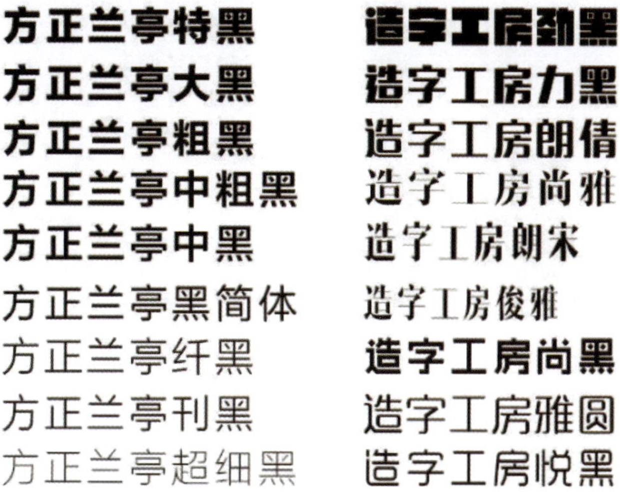

方正兰亭特黑　　造字工房劲黑
方正兰亭大黑　　造字工房力黑
方正兰亭粗黑　　造字工房朗倩
方正兰亭中粗黑　造字工房尚雅
方正兰亭中黑　　造字工房朗宋
方正兰亭黑简体　造字工房俊雅
方正兰亭纤黑　　造字工房尚黑
方正兰亭刊黑　　造字工房雅圆
方正兰亭超细黑　造字工房悦黑

▲ 图4-14

> **专家提点**
>
> 在文字设计中，标题常常选用较粗的字体（如大黑、粗黑、中黑、简黑等）或艺术字，而正文则不宜选择太粗的字体，而应选择较细的字体。

2. 英文字体

网店设计中常用的英文字体有罗马字体（Roman）、现代字体（Arial、Thoma、Impact）、微软字体（Verdana、Georgia、Trebuchet Ms、Courier New），以及变形字体等。

> **专家提点**
>
> 在使用字体时要注意版权，如果某些字体没有授权，可以用相似的开源字体代替，如思源系列字体。

4.2.2 字体的使用技巧

熟悉并掌握了几种常用字体的基本特点后，接下来学习字体在使用方面的一些技巧。在实际设计中，还可以按字体的使用场景将字体分类，如男性字体、女性字体、儿童字体、促销字体等。

1. 男性字体

男性字体具有阳刚、硬朗、成熟、稳重和大气等特点。因此，在装修客户群体为男性的店铺时，一般应选用较粗的黑体类或有棱角的字体，如黑体、雅黑、汉仪旗黑、汉仪雅酷黑、汉仪力量黑简等。男性字体的效果展示如图4-15所示。

▲ 图4-15

2. 女性字体

女性字体具有柔软、飘逸、灵动、纤细、秀美和时尚等特点。因此,在装修女性商品的店铺时,一般应选用纤细、秀美的字体,如新宋体、造字工房悦黑等,这类字体的整体线条较流畅,且字形中有粗细等一些细节的变化。女性字体的效果展示如图4-16所示。

▲ 图4-16

3. 儿童字体

儿童字体具有可爱、活泼、俏皮等特点。使用儿童字体可以为页面增添童趣,从而吸引消费者的目光。因此,在装修母婴用品店、童装店时,一般宜选用汉仪娃娃体、粉笔字体、汉仪小麦体等字体。儿童字体的效果展示如图4-17所示。

▲ 图4-17

4. 民族风字体

文艺、民族风字体具有优美、复古和雅致等特点，因此，应选用纤细、小巧或者毛笔类型的字体，如方正清刻本悦宋简体、康熙字典体等，并且最好采用竖向排版，以体现浓浓的文艺气息。民族风字体的效果展示如图4-18所示。

▲ 图4-18

5. 促销字体

促销字体具有字大、醒目等特点。在使用促销字体时，一般选用方正粗黑、方正谭黑、造字工房力黑等。促销字体的效果展示如图4-19所示。

▲ 图4-19

4.2.3 字体的创意设计

字体的创意设计是指通过基础变形、叠加、替换、共用和连笔、断肢、错位、添加效果等手法改变字体结构。字体创意设计可以为文字增添视觉效果，使文字更加生动形象，更具感染力，如图4-20所示。

▲ 图4-20

下面介绍几种常用的字体创意设计手法。

❶ 基础变形：基础变形是指将文字变粗、变细、变长、变短、倾斜、扭曲以及笔画加长或缩短等。

❷ 叠加：叠加是指将笔画互相重叠或者将字与字、字与图形互相重叠。叠加能产生三维空间感，使单调的文字形象丰富起来。

❸ 替换：替换是指在统一形态的文字元素中，加入另类的图形元素或文字元素。本质是根据文字的意思，用某一形象替代文字的某个部分或某一笔画，这些形象或写实，或夸张。替换文字的局部，可使文字的内涵外露，在形象和感官上都加强了艺术感染力。

❹ 共用和连笔：共用和连笔是文字图形化创意设计中广泛运用的形式，其文字的线条有着强烈的构成性。共用通常是将两笔合并为一笔，连笔通常是将两笔连接起来。

❺ 断肢：通过该手法可以将一些封合包围的文字，适当地在左边或右边切断，从而达到意想不到的文字表现效果。

❻ 错位：通过该手法可以将两个字或多个字上下左右、错落有致地排列，增加字体的韵律感。

❼ 添加效果：使用图层样式或混合模式为文字添加描边、颜色渐变、倒影等效果，使文字更有视觉冲击力。

4.3 版式设计

网店中包含大量的图片、文字等信息，因此，只有对网店的版面进行合理设计，才可以加强店铺的美观性和易读性。

4.3.1 版式设计的基本原则

网店装修应遵循以下版式设计原则。

1. 主题鲜明

网店版式设计的目的就是使店铺版面具有清晰的条理性，以便更好地突出主题，吸引消费者关注。

2. 形式与主题统一

在设计版式时，所应用的表现形式必须符合页面所要表达的主题，即二者要具备统一性。

3. 强化整体布局

在遵循网店整体风格的前提下，将文字、图片和颜色三大元素进行合理的编排，以使整个页面更协调、更美观。

4.3.2 版式设计中的对齐方式

版式设计中常见的对齐方式有左对齐、居中对齐、对称对齐和右对齐四种。

1. 左对齐

左对齐是最常用的、最基本的对齐方式之一，这种以左边线为基准的对齐方式不仅便于阅读，而且使文案更具美感，如图 4-21 所示。宣传册、杂志、海报等的版式设计中大多采用左对齐的布局方式。

▲ 图4-21

2. 居中对齐

居中对齐是版式设计中最传统的对齐方式之一，即让整体的设计要素处于版面中部，如图 4-22 所示。居中对齐方式使画面看起来更均匀、整齐，常用于广告、展览会海报或封面等的版式设计中。

▲ 图4-22

3. 对称对齐

对称对齐是指将设计元素以某个点或轴进行对称分布。图 4-23 所示为以页面中垂线为对称轴的对称对齐效果。

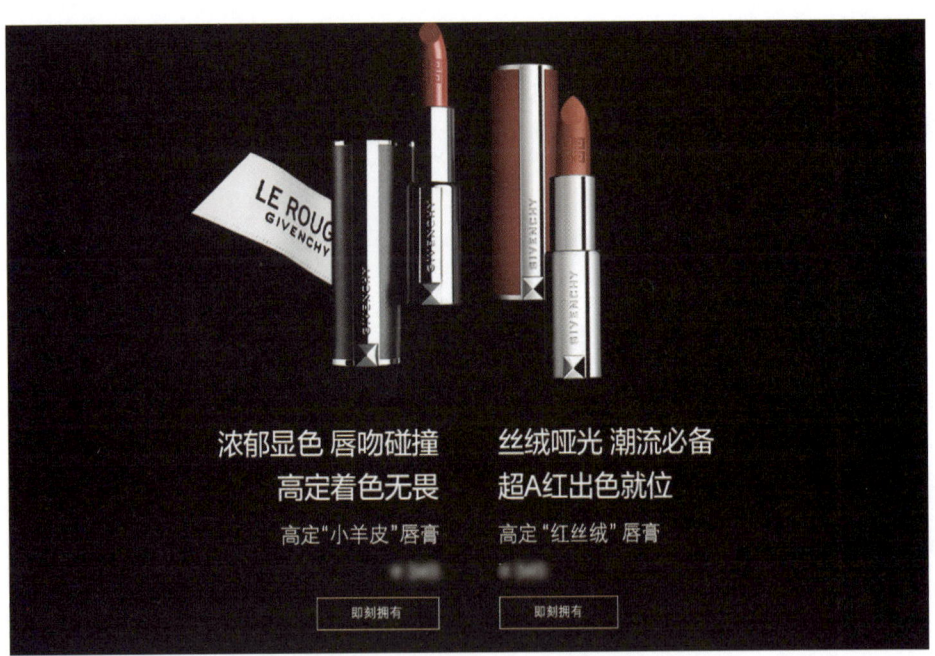

▲ 图4-23

4. 右对齐

右对齐是指将图片元素或文字元素沿着右侧基准线对齐。该种对齐方式在网店版式设计中使用较少。图 4-24 所示的文字即采用了右对齐的设计方式。

第4章 网店配色、文字与版式设计

▲ 图4-24

4.4 秘技一点通

 **万能的调和色**

白色和黑色是万能的调和色，它们不但能调和海报中的色彩冲突，还能衬托氛围。如果在制作海报时不知道用哪种颜色，可以尝试白色或黑色，有可能呈现意想不到的效果，如图4-25所示。

▲ 图4-25

值得注意的是，在使用白色和黑色进行调和时，面积不宜过大，否则会破坏原图的氛围。

技巧2　配色的黄金比例

配色是有比例可循的，设计界默认遵循一个配色的黄金比例，即主色、辅助色和点缀色的占比分别为 70%、25%、5%，如图 4-26 所示。遵循配色比例更容易制作出优秀的设计作品。而且，在一般情况下，建议整体页面的颜色不要超过 4 种。

主色 70%
主色的选择会影响整个画面的格调

辅助色 25%

点缀色 5%

▲ 图4-26

技巧3　可以免费使用的字体

在使用字体时，一定要注意字体的版权问题，尽量选择免费的字体。这里介绍一些开源的字体，商家或个人都可以免费使用。

❶ 阿里巴巴集团与华康字体公司合作开发的 45 款华康字体。
❷ 阿里巴巴集团自己开发的阿里巴巴普惠体。
❸ 其他字体：思源黑体、思源宋体、思源柔黑体，方正黑体、方正书宋、方正仿宋、方正楷体，站酷高端黑体、站酷快乐体、站酷酷黑体、站酷意大利体，全字库说文解字字体、庞门正道标题体、FandolFang、FandolHei、FandolKai、FandolSong、Droid Sans Fallback 等。

> **提示**　使用某字体前，可以在其官网上查看是否可免费使用。如果不小心使用了收费字体，应主动联系该字体的所有权人（公司），补办合法使用手续。

第5章
网店装修的基本流程

本章导言 ● ● ●

　　开网店跟开实体店的原理是一样的：先把店面清理干净，装潢好店铺门面，再把商品归类摆放在货架上。本章主要介绍网店装修的基本流程，帮助读者快速掌握网店装修技巧，提高装修效率。

本章学习要点 ● ● ●

- ✪ 订购旺铺智能版
- ✪ 上传图片到淘宝图片空间
- ✪ 店铺基础装修设置
- ✪ 发布商品

当店铺的商品图片和店铺名字等素材都准备好之后，就可以对店铺进行基本的装修了。无论是自己装修，还是请人装修，店铺装修的大致流程都如下所示。

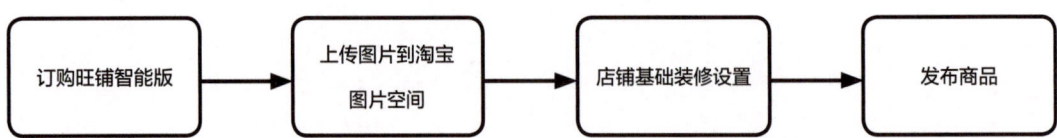

5.1 订购旺铺智能版

淘宝旺铺分为基础版和智能版两种。基础版是免费的，卖家在申请开通新店铺时，默认开通的就是基础版。而智能版的使用则是有条件限制的，如果卖家店铺的信誉在 1 钻以下，可以免费使用；但如果店铺的信誉在 1 钻以上，则需要付费订购才能继续使用。

下面介绍如何订购旺铺智能版，具体的操作步骤如下。

Step 1 进入卖家工作台后，单击"我订购的应用"选项卡，在弹出的选框中单击"服务订购"文字超链接，如图 5-1 所示。

▲ 图5-1

Step 2 弹出"服务市场"窗口，在"装修模板"选项组中单击"旺铺"文字超链接，如图 5-2 所示。

▲ 图5-2

Step 3 在弹出的窗口中，选择淘宝旺铺模板图标，如图 5-3 所示。

▲ 图5-3

Step 4 在弹出的窗口中，根据自己的需求选择相应的订购周期，再单击"立即购买"按钮，如图 5-4 所示。

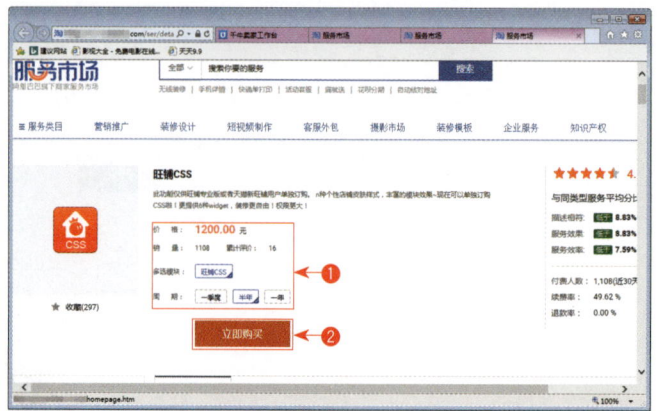

▲ 图5-4

Step 5 在弹出的窗口中，根据页面提示完成付款即可完成旺铺智能版的订购操作。

5.2 上传图片到淘宝图片空间

在软件里处理好商品图片后，需要将图片上传到淘宝后台的图片空间里，才能在店铺装修和发布商品时使用。

5.2.1 添加图片分类

在上传图片前，首先需要在图片空间里新建分类文件夹，以便图片归类和后期的查找、修改等操作。

下面介绍如何添加图片分类，具体的操作步骤如下。

Step 1 进入卖家后台，单击页面左侧"店铺管理"选项组中的"图片空间"文字超链接，如图5-5所示。

▲ 图5-5

Step 2 在弹出的窗口中，单击"新建文件夹"按钮，如图5-6所示。

第5章 网店装修的基本流程

▲ 图5-6

Step 3 在弹出的对话框中输入分组名称，单击"确定"按钮即可新建图片分类文件夹，如图5-7所示。

▲ 图5-7

5.2.2 上传商品图片

在新建好图片分类文件夹后，可以根据分类来上传图片，具体的操作步骤如下。

Step 1 在图片空间选择"首页海报"文件夹，单击"上传"按钮，如图5-8所示。

▲ 图5-8

Step 2 在弹出的"上传图片"对话框中单击上传文字超链接，如图5-9所示。

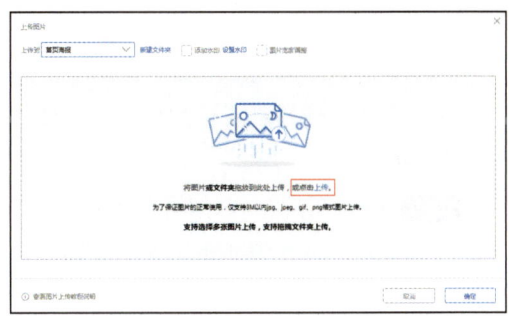

▲ 图5-9

Step 3 在弹出的"选择要加载的文件"对话框中选择"活动海报"图片文件，单击"打开"按钮即可上传选中的图片，如图5-10所示。

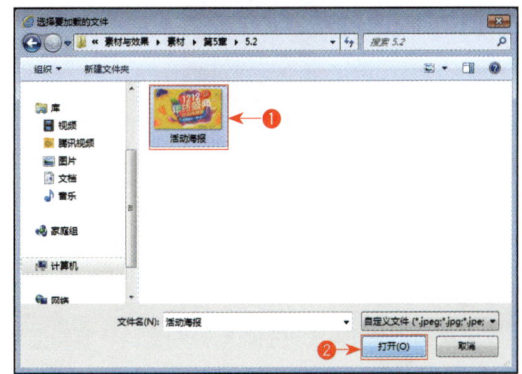

▲ 图5-10

Step 4 稍等片刻，即可弹出"上传结果"对话框，如图5-11所示。

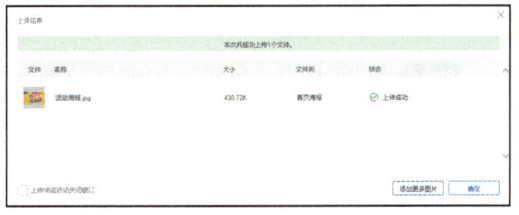

▲ 图5-11

99

5.2.3 复制图片代码

图片上传成功后,既可通过在图片空间复制该图片的代码到店铺模块里的方式使用该图片,也可以直接在店铺模块里插入该图片。

下面介绍如何复制图片的代码,具体的操作步骤如下。

Step 1 进入图片空间,将鼠标指针移动到图片上,图片下方将显示出4个按钮,单击"复制代码"按钮,如图5-12所示。

▲ 图5-13

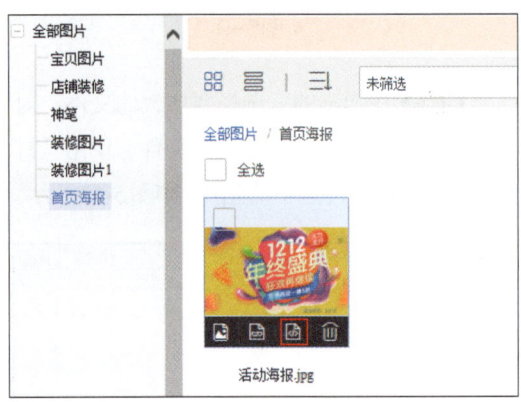

▲ 图5-12

> **专家提点**
> 图片下方4个按钮的作用分别是,"复制图片"按钮用于直接复制该图片;"复制链接"按钮用于复制图片的链接地址;"复制代码"按钮用于复制图片的代码(HTML模式使用的代码),最后一个按钮用于删除图片。

Step 2 进入店铺装修后台,单击"自定义区"模块中的"编辑"按钮,如图5-13所示。

Step 3 在弹出的"自定义内容区"对话框中单击"源码"按钮,在编辑框中按"Ctrl"+"V"组合键粘贴图片代码,单击"确定"按钮即可将图片粘贴到该模块中,如图5-14所示。

▲ 图5-14

5.2.4 替换图片

店铺装修完成后,浏览店铺图片时,经常会发现因为作图时不细心,把上面的文字或价格录入错了。此时如果只有某一个模块里使用了该图片,那么直接删除后重新插入一张正确的图片就可以了;但如果是店铺中的所有商品详情里都使用了该图片,那么一张张删除后再重新插入图片将是一件很费时间的事情。此时可以使用图片空间里的图片"替换"功能,轻松解决该问题。替换图片的具体操作步骤如下。

Step 1 在图片空间中选择"首页海报"文件夹中的"活动海报"图片文件,单击"替换"文字超链接,如图5-15所示。

5.2.5 重命名图片

完成图片的适配调整后，可以将该图片重新命名，以便后期查找。图片重命名的具体操作步骤如下。

Step 1 在图片空间中选择需要重命名的图片，单击"编辑"文字超链接，如图5-18所示。

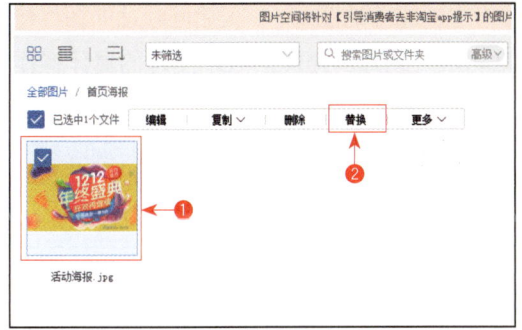

▲ 图5-15

Step 2 在弹出的"打开"对话框中选择"活动海报（改）"图片文件，单击"打开"按钮，如图5-16所示。

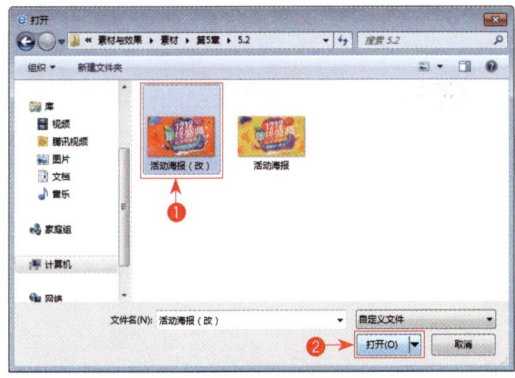

▲ 图5-16

Step 3 打开"替换"对话框，单击"确定"按钮，如图5-17所示。将出现"图片正在替换中…"的提示，替换成功后，系统将自动关闭此对话框。

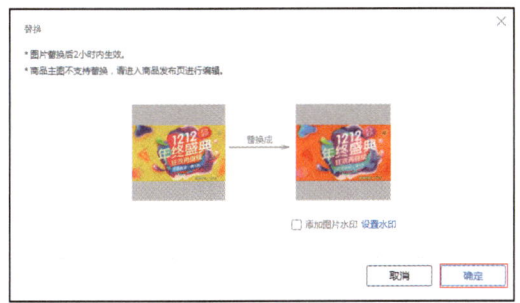

▲ 图5-17

▲ 图5-18

Step 2 打开对话框，在"图片名称"文本框中输入"双12海报"，然后单击"保存"按钮，如图5-19所示，图片的重命名操作完成。

▲ 图5-19

5.2.6 移动图片

完成图片的重命名后，可以将图片移动到相应的文件夹。移动图片的具体操作步骤如下。

Step 1 在图片空间中选择需要移动的图片，单击"更多"文字超链接右侧的下拉按钮展开列表，单击"移动到"文字超链接，如图 5-20 所示。

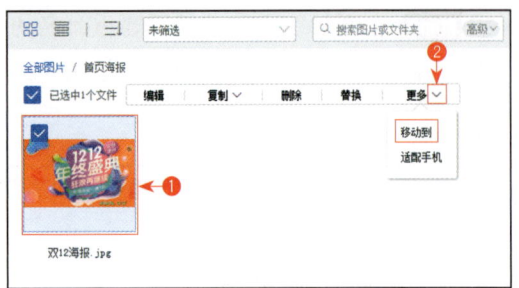

▲ 图5-20

Step 2 在弹出的"移动到"对话框中选择目标文件夹，单击"确定"按钮即可完成图片的移动，如图 5-21 所示。

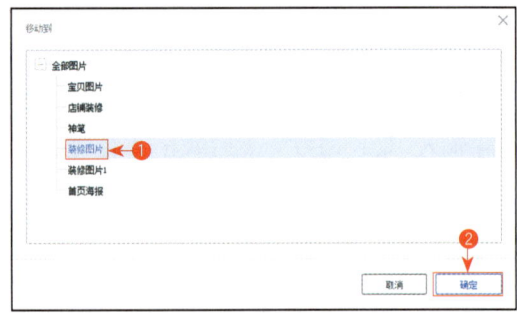

▲ 图5-21

5.2.7　还原回收站图片

利用图片空间的回收站功能，可以还原 7 天之内删除的图片，7 天后回收站的图片将自动永久删除。还原回收站图片的具体操作步骤如下。

Step 1 在图片空间中单击"图片回收站"文字超链接，如图 5-22 所示。

▲ 图5-22

Step 2 此时将跳转至图片回收站页面，选择需要还原的图片，单击"还原"按钮即可还原该图片，如图 5-23 所示。

▲ 图5-23

5.3　店铺基础装修设置

在上传完需要的图片后，接下来就可以对店铺进行基础装修设置了。

5.3.1　设置店铺样式配色

店铺样式配色是指模块的颜色，图 5-24 所示为蓝白色样式（即蓝色底，白色文字）。在选择样式配色时，可以根据店铺的设计风格来选择。

下面介绍如何设置店铺样式配色，具体的操作步骤如下。

Step 1 进入卖家后台，单击页面左侧"店铺管理"选项组中的"店铺装修"文字超链接，如图5-25所示。

▲ 图5-24

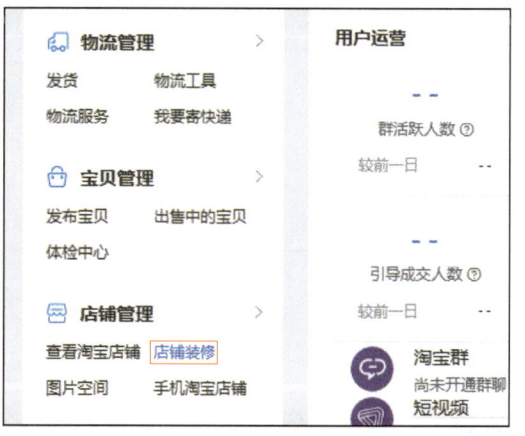

▲ 图5-25

Step 2 在弹出的窗口中单击"配色"选项卡，如图5-26所示。

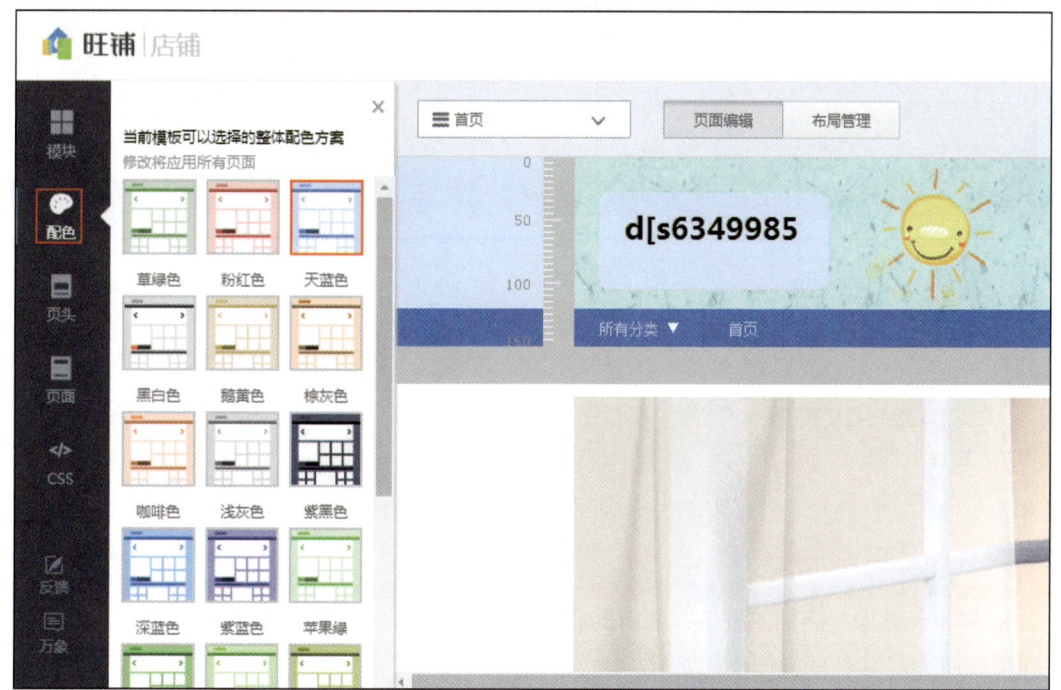

▲ 图5-26

Step 3 选择"草绿色"样式，再单击页面右上角的"发布站点"按钮，如图5-27所示。

103

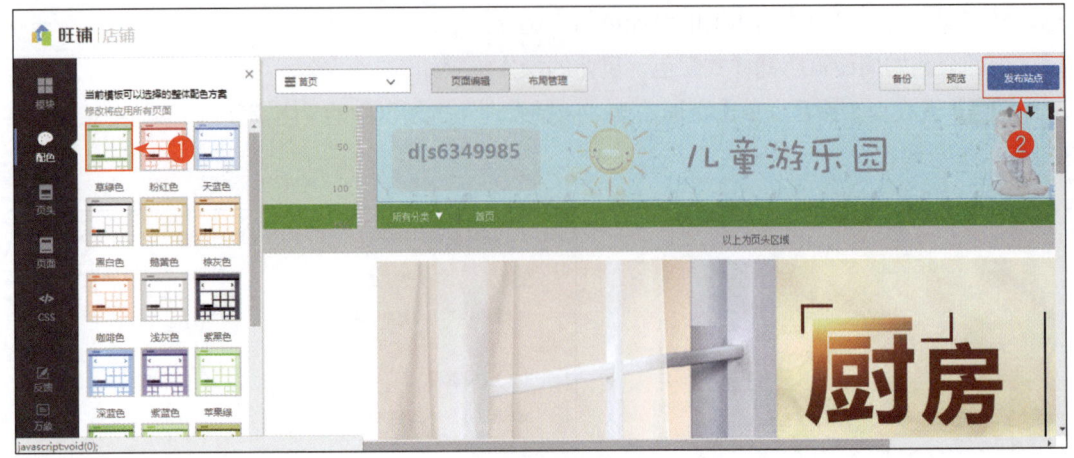

▲ 图5-27

Step 4 弹出"发布"对话框，单击"确认发布"按钮，如图5-28所示。

Step 5 此时进入"发布成功"对话框，如图5-29所示。单击"查看店铺"按钮，可以查看店铺首页；单击"返回"按钮，即关闭当前对话框，完成发布。

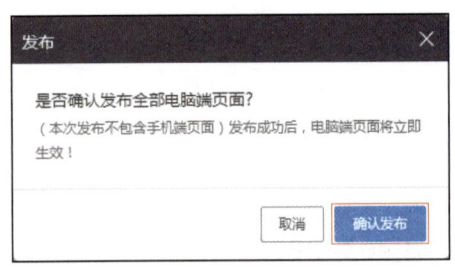

▲ 图5-28

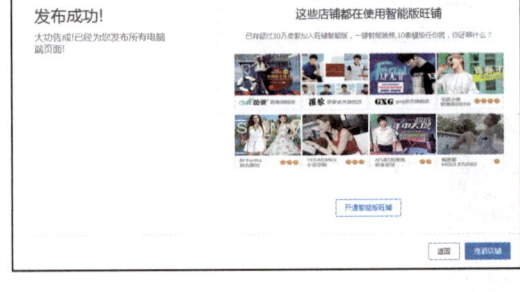

▲ 图5-29

> **专家提点**
>
> 在淘宝后台进行店铺的任何修改时，最后都一定要记得单击"确认发布"按钮，这样修改后的页面内容才会生效。

5.3.2　设置店铺布局

布局单元就像是店铺的框架，所有的店铺模块都是建立在布局单元上的。下面介绍如何设置店铺布局，具体的操作步骤如下。

Step 1 进入"店铺装修"页面，单击"布局管理"按钮，如图5-30所示。

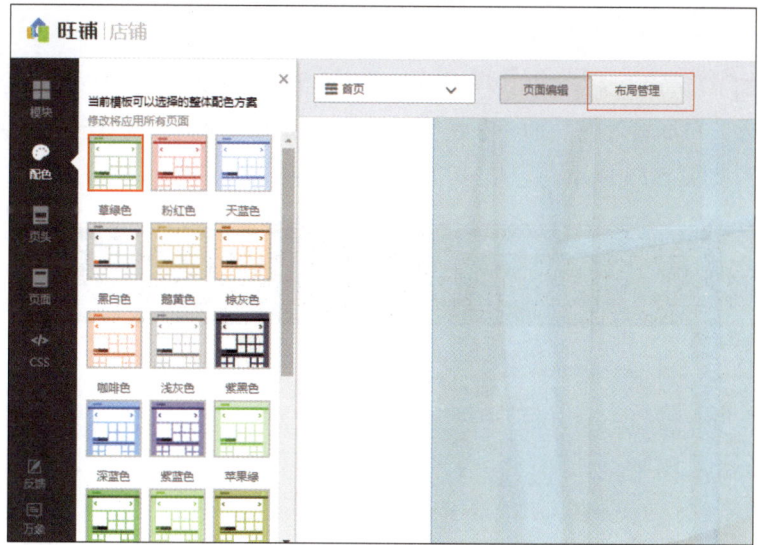

▲ 图5-30

Step 2 此时页面将跳转至"布局管理"页面，单击"添加布局单元"文字超链接，如图5-31所示。

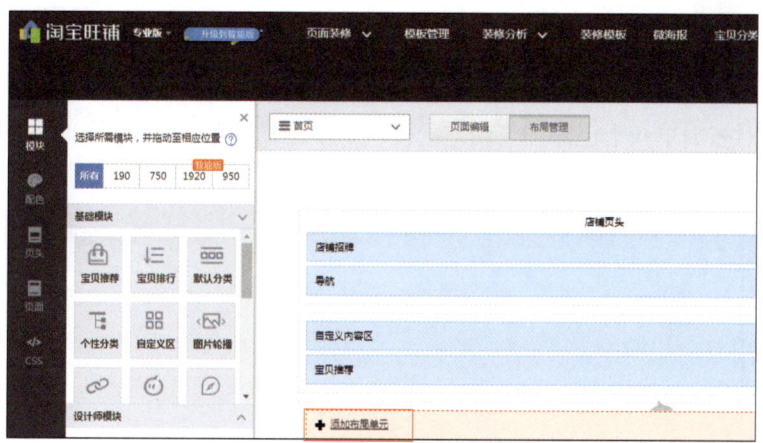

▲ 图5-31

Step 3 在弹出的"布局管理"对话框中选择相应的布局样式，即可新建一个布局，如图5-32所示。

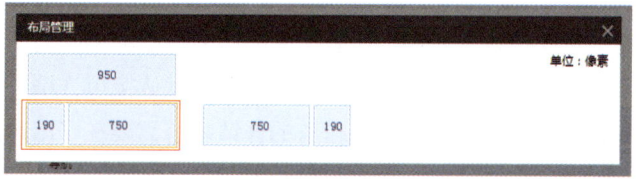

▲ 图5-32

5.3.3 为店铺首页添加模块

给店铺添加了布局单元后,就可以在该布局单元上添加模块了。具体的操作步骤如下。

Step 1 进入"布局管理"页面,在左侧选择需要添加的模块,将所选的模块拖曳到右侧的布局单元中,如图5-33所示。

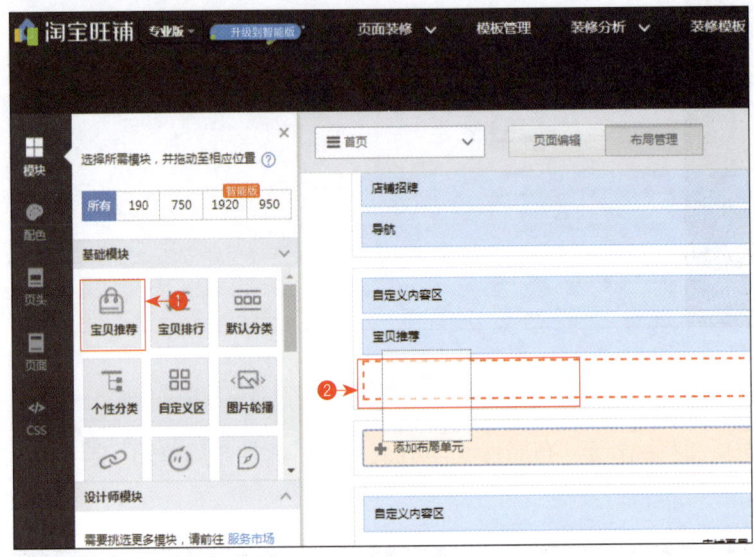

▲ 图5-33

Step 2 此时布局单元上已添加了新增的模块,单击"发布站点"按钮,根据提示即可完成操作,如图5-34所示。

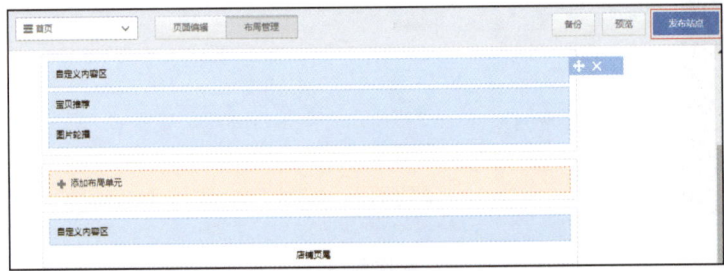

▲ 图5-34

5.3.4 设置默认的商品详情页

在店铺装修后台,系统提供了一键为所有的商品详情页添加相同的图片或商品推荐的功能,这大大提高了卖家的工作效率。值得注意的是,在"默认宝贝详情页"编辑页面中,只能统一修改商品自身详情以外的内容,商品自身的详情内容需要在"出售中的商品"中进行修改。

下面介绍如何给所有的商品详情页添加推荐商品，具体的操作步骤如下。

Step 1 进入"店铺装修"页面，打开"首页"下拉菜单，再单击"默认宝贝详情页"文字超链接，如图 5-35 所示。

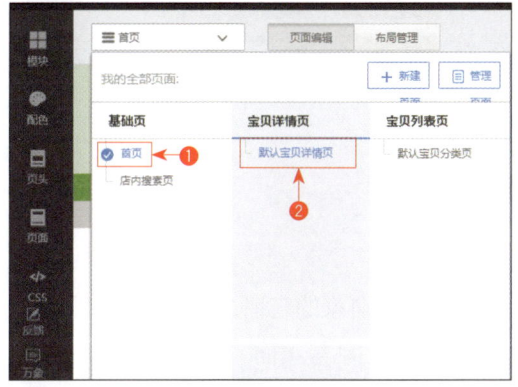

▲ 图5-35

Step 2 将鼠标指针移动至"旺铺关联"模块上，按住鼠标左键将"旺铺关联"模块拖到需要的位置，如图 5-36 所示。

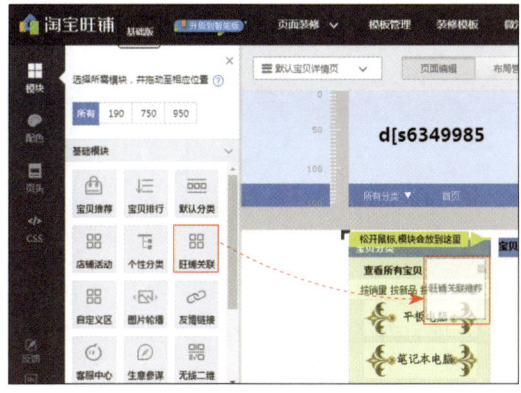

▲ 图5-36

Step 3 此时系统自动新建了"为你推荐"模块，单击该模块中的"编辑"按钮，如图 5-37 所示。

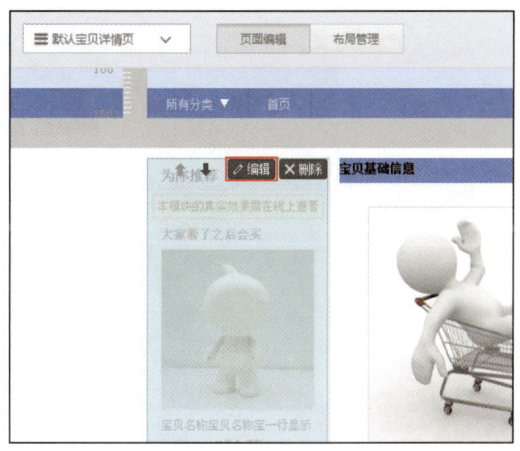

▲ 图5-37

Step 4 在弹出的"旺铺关联推荐"对话框中根据需要进行相关的设置，单击"保存"按钮保存设置，如图 5-38 所示。

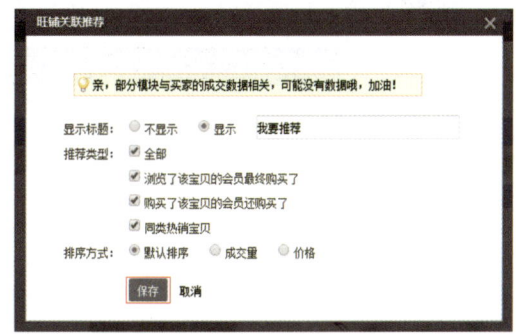

▲ 图5-38

> **专家提点**
> 在"默认宝贝详情页"编辑页面中添加模块后，该模板只能在宝贝详情页的下面显示，不能显示在宝贝详情页的上方。

Step 5 单击"默认宝贝详情页"编辑页面中的"发布站点"按钮，根据提示即可完成操作，如图 5-39 所示。

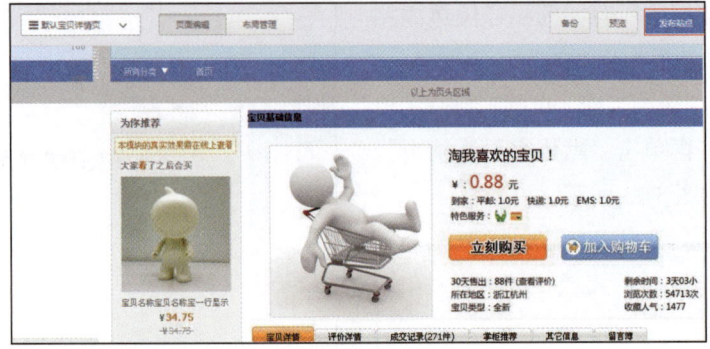

▲ 图5-39

5.3.5 添加自定义页面

随着店铺装修权限的不断开放,越来越多的卖家希望对自家的店铺进行个性化的装修。为此,可以添加自定义页面,用于制作品牌故事、店铺专题活动等页面。

下面介绍如何在 PC 端添加自定义页面,具体的操作步骤如下。

Step 1 进入"店铺装修"页面,单击页面右上角的"PC 端"按钮,如图 5-40 所示。

▲ 图5-40

Step 2 在弹出的页面中单击左侧的"自定义页"选项,再单击右上角的"新建页面"按钮,如图 5-41 所示。

▲ 图5-41

Step 3 此时跳转至"新建页面–自定义页面"对话框，设置页面名称为"品牌故事"，再单击"新建页面"按钮，如图 5-42 所示。

▲ 图5-42

Step 4 页面将跳转至"品牌故事"页面，单击"发布站点"按钮，如图 5-43 所示。根据提示即可添加一个名为"品牌故事"的空白自定义页面。

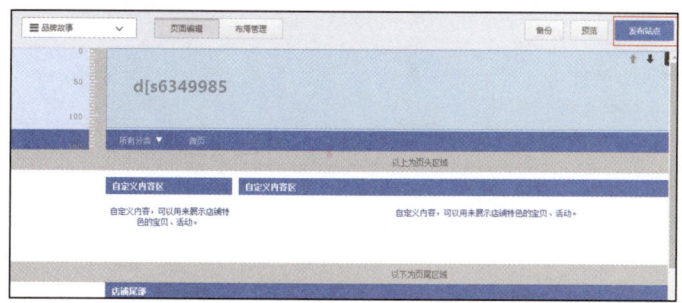

▲ 图5-43

5.4 发布商品

淘宝店铺开起来后，需要将商品发布到网上才能开始销售。商品既可以在淘宝后台发布，也可以通过淘宝助理软件发布。但这两种方式所发布的商品都是在 PC 端展示的，而手机端的商品详情则需要另外设置（手机端的相应操作详见第 12 章）。

下面介绍如何发布一口价商品，具体的操作步骤如下。

Step 1 进入千牛卖家工作台，单击页面左侧"宝贝管理"选项组中的"发布宝贝"文字超链接，如图 5-44 所示。

Step 2 在弹出的窗口中，根据店铺所销售的商品类型选择对应的类目，单击"下一步，发布商品"按钮，

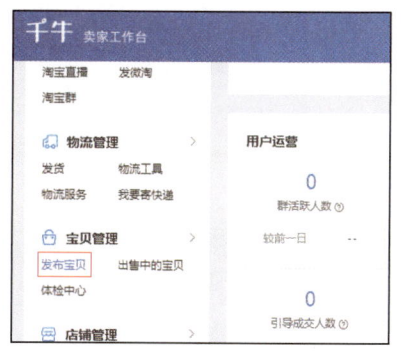

▲ 图5-44

如图 5-45 所示。

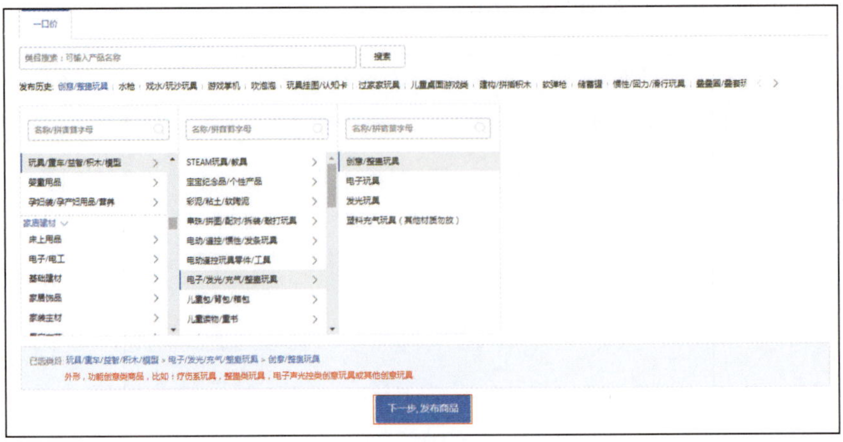

▲ 图5-45

Step 3 此时跳转至商品编辑页面，在基础信息选项卡中将商品的基础信息填写完整，如图 5-46 所示。

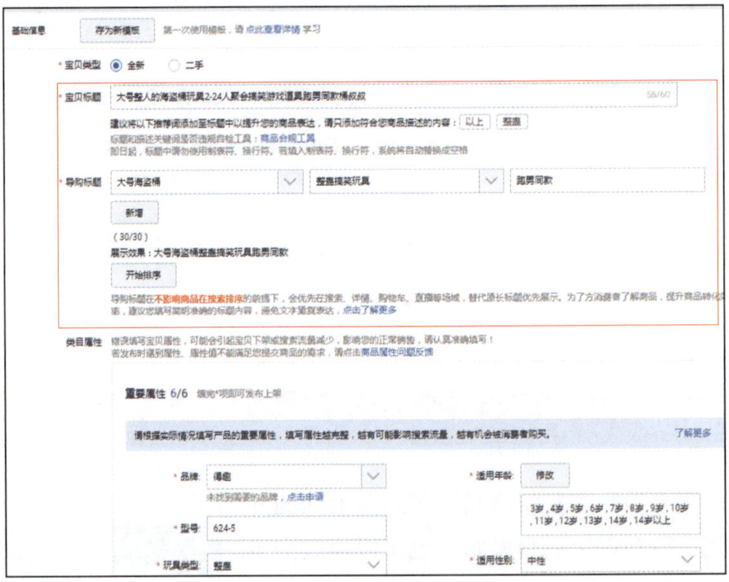

▲ 图5-46

> **专家提点**　在商品编辑页面中，选项前带"*"的是必填项或必选项，其他选项可以选择性填写。填写越详细，商品被搜索到的概率越大。

Step 4 上传商品主图，在"宝贝主图"区域，单击"添加上传图片"按钮，然后选择并上传相应的图片，如图 5-47 所示。

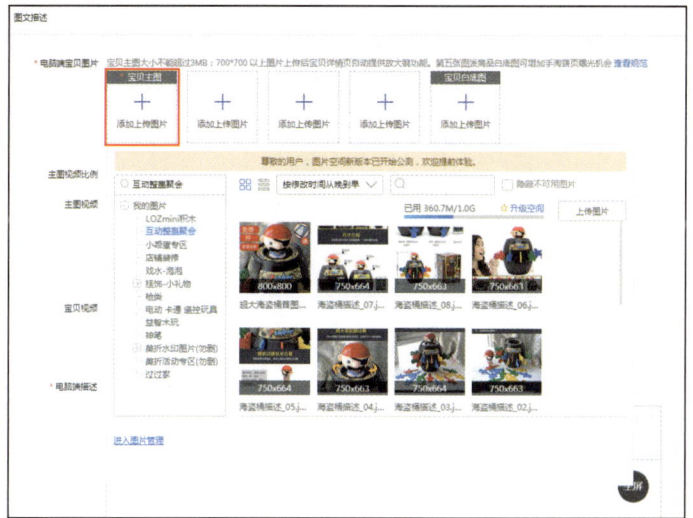

▲ 图5-47

Step 5 在"电脑端描述"区域选择"使用文本编辑"单选按钮,然后在文本编辑框中直接输入商品说明文字,如图 5-48 所示。

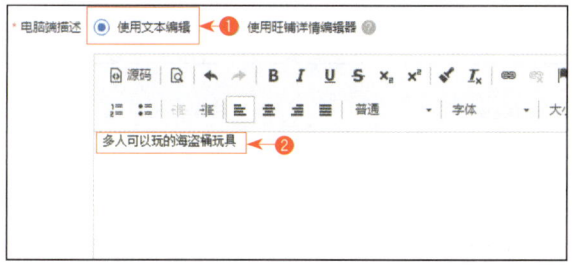

▲ 图5-48

Step 6 在图 5-48 中,单击文本编辑框工具栏中的"图像"按钮，在弹出的对话框中选择需要的图片,单击"确认"按钮即可将该图片插入商品描述里,如图 5-49 所示。

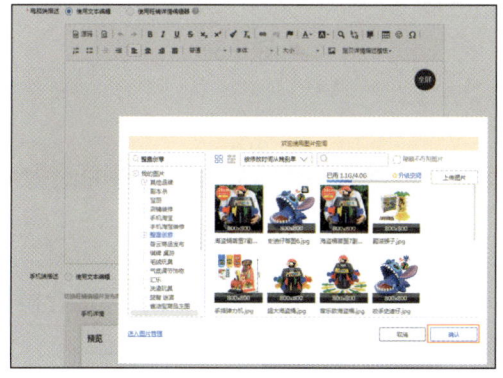

▲ 图5-49

> **专家提点**
> 商品描述中的图片顺序是按照插入的图片顺序来排列的。选择图片后，拖曳图片即可改变图片的排列顺序。

Step 7 在"物流信息"区域中选择"使用物流配送"复选框，然后单击"新建运费模板"按钮，如图 5-50 所示。

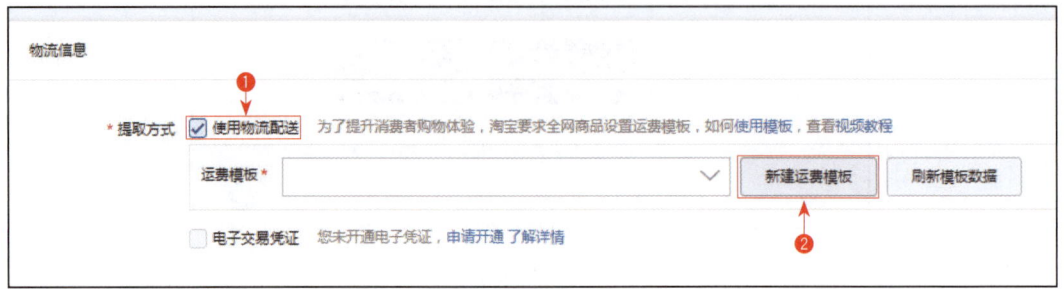

▲ 图5-50

Step 8 在弹出的窗口中对"新增运费模板"进行相应的设置，设置完毕后单击"保存并返回"按钮，如图 5-51 所示。

▲ 图5-51

> **专家提点**
> 不同快递公司在各地区的收费是不同的，发货量越大，快递费用也越优惠。卖家可以根据收费标准和服务来选择快递公司。

Step 9 此时系统将自动关闭"新增运费模板"页面，"运费模板"选项将自动匹配新增的运费模板，如图 5-52 所示。

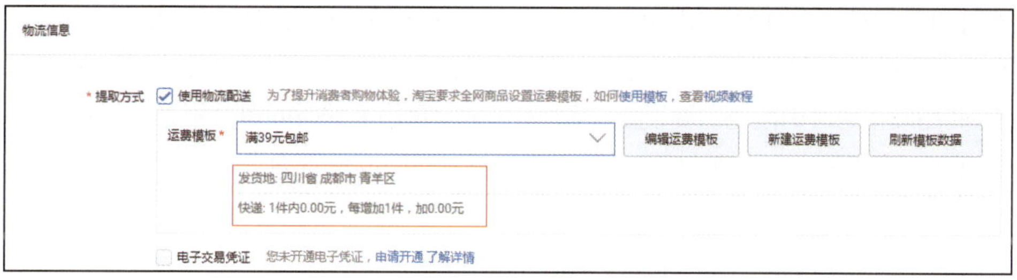

▲ 图5-52

Step 10 在"售后服务"区域中进行相应的设置，如图5-53所示。

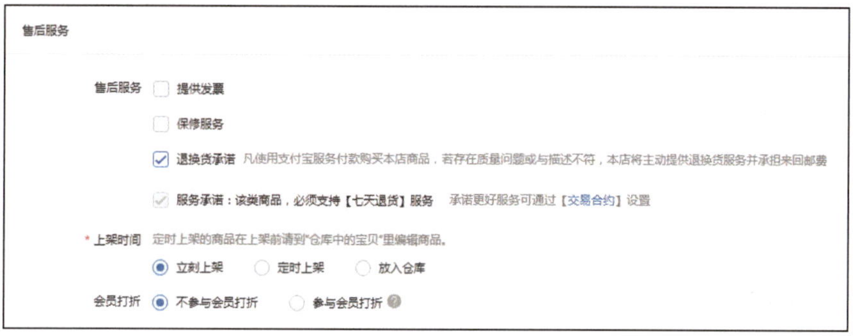

▲ 图5-53

Step 11 设置完成后，单击"提交宝贝信息"按钮，系统自动跳转到发布成功提示页面，即商品发布成功。

5.5 秘技一点通

技巧1 巧用图片的"复制链接"功能

在图片空间中，可以通过"复制链接"功能复制图片。在使用"复制链接"功能复制图片之前，需要在图片空间中选择图片，再单击"复制链接"按钮，如图5-54所示。然后粘贴到其他需要使用该图片装修的模块中。

技巧2 巧用时间段发布商品

消费者在淘宝搜索某商品时，商品排列方式为离下架时间越近，在搜索结果页中的排列位置越靠前（淘宝平台根据商品

▲ 图5-54

的上架时间，会对商品自动下架和再次上架）。如果店铺所有的商品同时发布，那么这个星期只有一天商品是排在最前面的！因此，可以将商品分成3次隔天发布，以提高商品的搜索展现率。商品发布的时间段也需要设定，因为网上成交量最高的时间段分别是上午9点到12点、下午2点到5点和晚上8点到10点，因此建议将发布时间设置为上午10点、下午3点或者晚上9点。

为商品设置具体发布时间的操作步骤如下。

❶ 进入卖家后台，在"智能发布"选项卡中单击出售中的商品的文字超链接，再单击对应商品右侧的"编辑商品"按钮，如图5-55所示。

▲ 图5-55

❷ 在"售后服务"的"上架时间"区域中，将上架时间设定为"定时上架"，单击"提交宝贝信息"按钮完成设置，如图5-56所示。

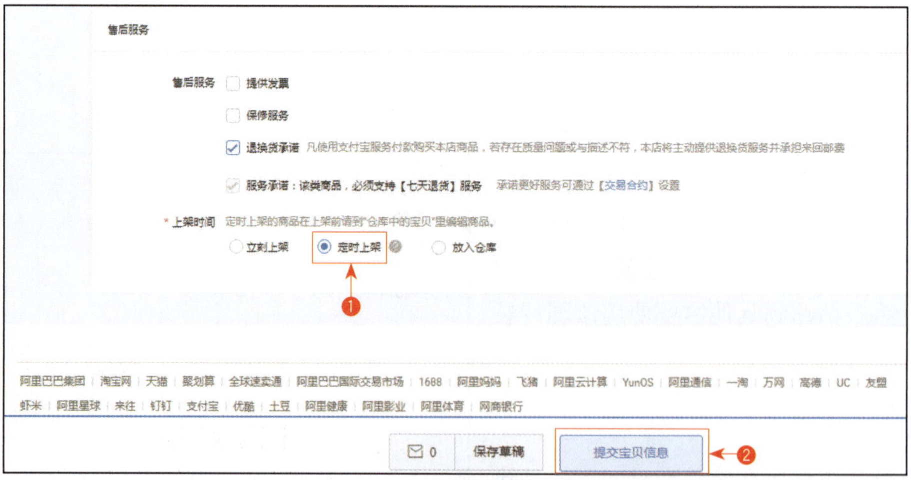

▲ 图5-56

第6章
店招、店标的设计与装修

本章导言 ● ● ●

店招和店标是店铺设计中非常重要的一部分，相当于淘宝店铺的"脸面"。它不但是展示店铺品牌形象的地方，更是店铺活动或商品促销信息展示，以及引导消费者浏览店铺的黄金位置。本章将介绍如何设计和装修店招和店标。

本章学习要点 ● ● ●

- ✪ 店招的尺寸与设计原则
- ✪ 店招的设置与发布
- ✪ 店标的设计与发布

6.1 店招的尺寸与设计原则

店招就是店铺的招牌，用来展示店铺名称和店铺形象。一个特色鲜明的店招有助于店铺展示品牌和主营方向。

1. 店招的尺寸

店招位于店铺首页的顶端，一般有两种尺寸，常规店招的尺寸为 950 像素 ×120 像素，而通栏店招的尺寸为 1920 像素 ×150 像素。图 6-1 所示为淘宝店铺的通栏店招。

▲ 图6-1

2. 店招的设计原则

在设计店招时，需遵循以下两个基本原则。

（1）专业性。

店招是店铺的标志，是向消费者传达信息的核心要素。在店招的设计中，要强调自家品牌的价值和店铺的经营理念，彰显专业性，使设计的店招能最大程度地吸引并留住消费者。

（2）识别性。

如何让消费者在众多店铺中一眼就看到你的店铺，并且能快速记住你的店铺呢？一个易识别且具有独特个性和视觉冲击力的店招无比重要。

6.2 店招的设置与发布

店招的设置方式主要有两种：一种是默认店招，另一种是自定义店招。默认店招的设置方式相对简单，适合新手卖家。下面将详细介绍如何设置并发布店招。

6.2.1 设置默认店招和导航

1. 设置默认店招

设置默认店招的操作步骤如下。

Step 1 进入卖家后台，单击页面左侧"店铺管理"选项组中的"店铺装修"文字超链接，如图6-2所示。

Step 2 在弹出的窗口中切换至PC端页面，单击"首页"选项组中的"装修页面"按钮，打开店铺装修窗口，进入"页面编辑"页面。将鼠标指针移动至页头区域，页头区域的右上方会出现"编辑""删除"两个按钮，单击"编辑"按钮，如图6-3所示。

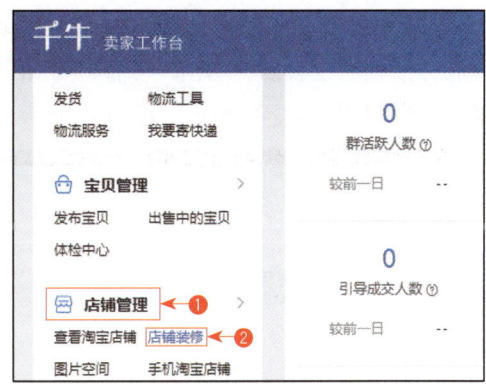

▲ 图6-2

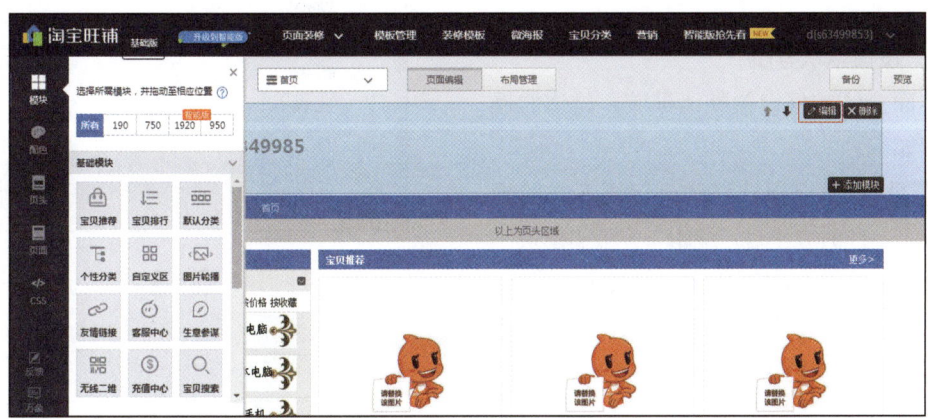

▲ 图6-3

Step 3 弹出"店铺招牌"对话框，在"招牌内容"选项卡中单击"选择文件"按钮，如图6-4所示。

Step 4 切换到"从淘盘选择"选项卡，在"图片空间"中找到需要的店招图片，单击选择该图片，如图6-5所示，系统将自动关闭当前对话框。

▲ 图6-4   ▲ 图6-5

Step 5 在"店铺招牌"对话框中对其他参数进行相应的设置后,单击"保存"按钮即可完成默认店招的设置操作,如图6-6所示。

▲ 图6-6

2. 设置默认导航

下面介绍如何设置默认导航,具体的操作步骤如下。

Step 1 将鼠标指针移动至店招下方的导航模块上,此时会出现"编辑""添加模块"两个按钮,单击"编辑"按钮,如图6-7所示。

▲ 图6-7

Step 2 在弹出的"导航"对话框中切换至"导航设置"选项卡,单击"添加"按钮,如图6-8所示。

▲ 图6-8

Step 3 在弹出的"添加导航内容"对话框中,切换至"宝贝分类"选项卡,勾选相应的分类,单击"确定"按钮,如图6-9所示,系统将自动关闭当前对话框。

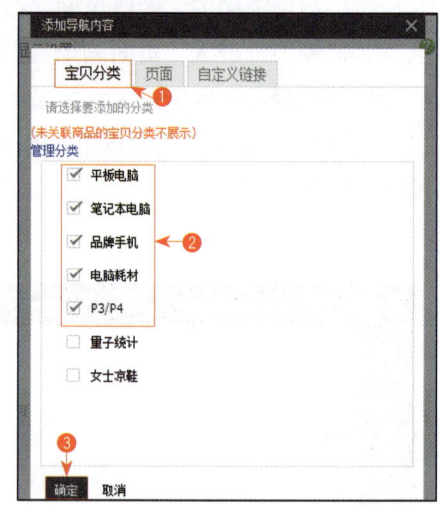

▲ 图6-9

> **专家提点** 商品分类需要先在后台添加后,才会显示在"添加导航内容"对话框中。

Step 4 此时"导航"对话框中已经添加了相应的分类,单击"确定"按钮,如图6-10所示,系统将关闭当前对话框。

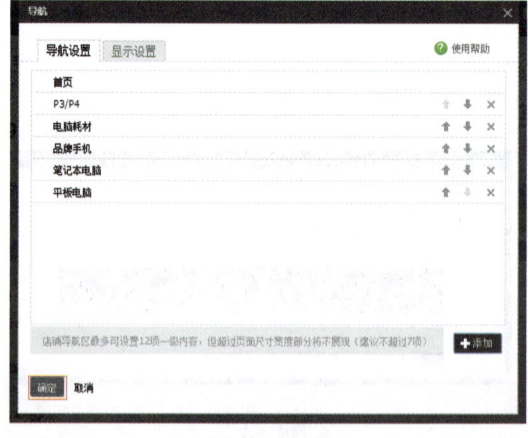

▲ 图6-10

Step5 单击窗口中的"发布站点"按钮，如图 6-11 所示。根据提示即可完成操作。

▲ 图6-11

> **专家提点**
> 系统导航不能改变样式。虽然只能添加分类，但是该导航分类自带CSS效果，加强了消费者与店铺的互动。

6.2.2 店招设计实例

默认店招虽然操作简单，但是它远远不能满足卖家个性化的需求，而自定义店招则可以让卖家根据店铺的需求，制作出个性化店招，展现店铺别具特色的一面。一般的店招主要由店铺名称、商品分类导航、店铺收藏和最新店铺促销信息等组成。

注意：淘宝店铺所有的页面只能使用一个公共店招，不能单独设置其他店招。另外，在制作和发布店招之前，还需要注意以下3点。

❶ 店招图片应画面清晰，文字信息表达明确，彰显店铺的品牌形象。

❷ 店招图片只支持 JPGE、GIF 和 PNG 格式。

❸ 店招图片的大小需符合平台要求，超出标准的图片，系统会自动裁剪多余的部分。

下面使用 Photoshop 制作一个汽车用品的店招，具体的操作步骤如下。

1. 制作店招图片

Step1 打开 Photoshop，选择"文件"|"新建"菜单命令，弹出"新建文档"对话框。设置名称为"自定义店招"，"宽度"为"950"，"高度"为"150"，如图 6-12 所示。

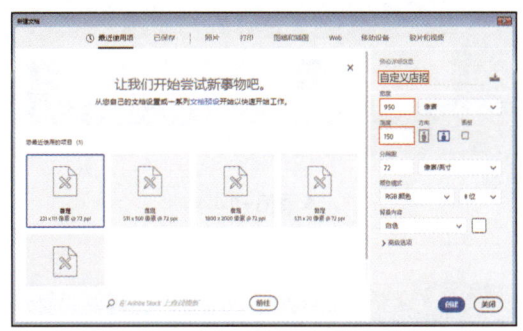

▲ 图6-12

Step2 选择"文件"|"打开"菜单命令，打开素材文件夹 | 第 6 章 | 6.2 | "商标"图片文件，将其拖曳到"自定义店招"文档中，如图 6-13 所示。

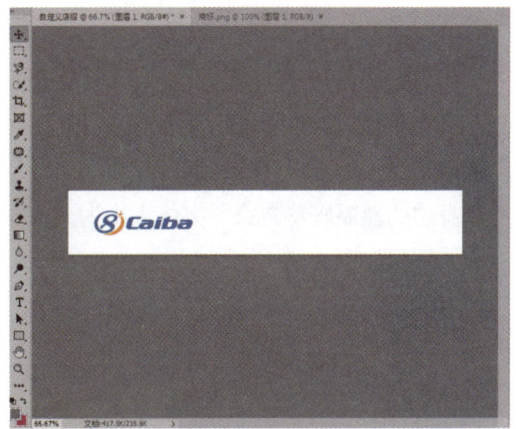

▲ 图6-13

Step3 重复 Step2，将素材文件夹 | 第 6 章 | 6.2 | "汽车"图片文件置入"自定义店招"文档中，如图 6-14 所示。

Step4 在"图层 1"上面新建"图层 3"。选择工具箱中的"画笔工具"，设置画笔"大小"为"35"，"不透明度"为"10%"，在汽车下面涂抹出阴影，效果如图 6-15 所示。

▲ 图6-14

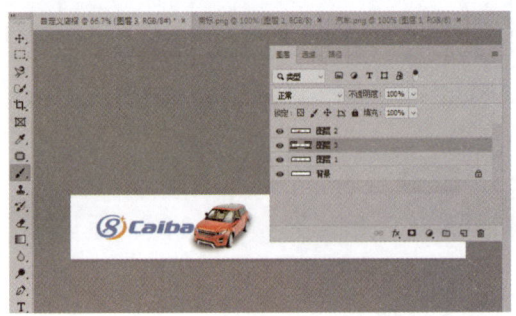

▲ 图6-15

Step 5 在商标下方输入文本"彩八•您身边的丝圈脚垫专家",设置文本颜色为"#0061af","彩八"字体大小为"17.5点","您身边的丝圈脚垫专家"字体大小为"13.5点",效果如图6-16所示。

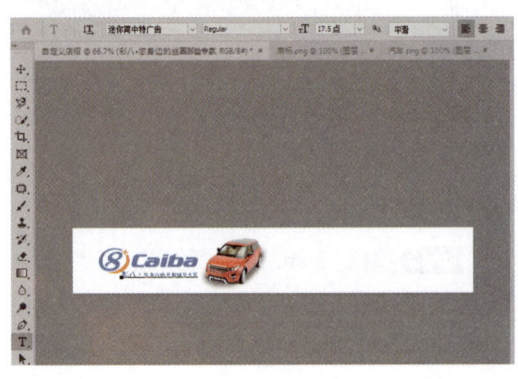

▲ 图6-16

Step 6 选择"窗口"|"字符"菜单命令,在该面板中设置字体为"方正兰亭粗黑简体",单击"仿斜体"按钮 T ,如图6-17所示。

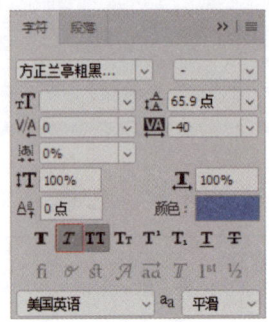

▲ 图6-17

Step 7 选择工具箱中的"椭圆工具" ,按住"Shift"键不放,在文档中绘制一个"W"和"H"均为84像素的白色圆形,效果如图6-18所示。

▲ 图6-18

Step 8 双击该圆形所在的图层,在弹出的"图层样式"对话框中设置描边颜色为"#898989","大小"为"1"像素,如图6-19所示。

Step 9 选择工具箱中的"矩形工具" ,在圆形上方绘制一个"W"为132像素、"H"为28像素的白色矩形,效果如图6-20所示。

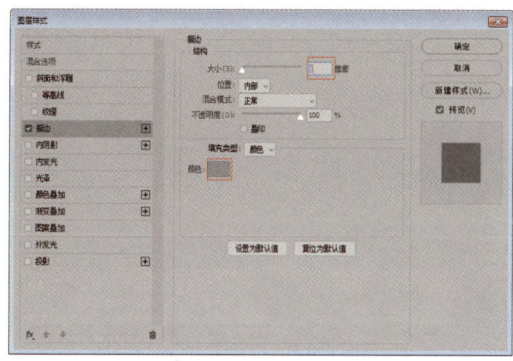

▲ 图6-19

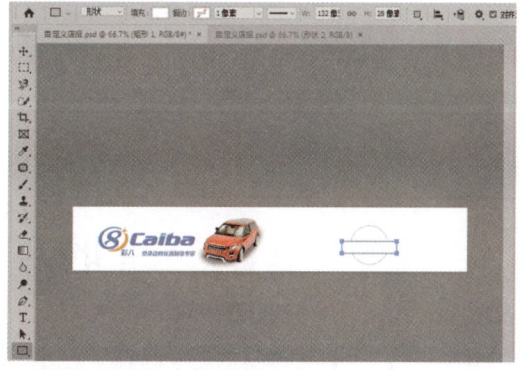

▲ 图6-20

Step 10 选择工具箱中的"横排文字工具" T ,在白色圆形上输入相应文本,设置"送好礼"为"方正榜书行简体",大小为"33点",颜色为"#ff6000";将"买脚垫送尾箱垫"文本设置为"方正兰亭中黑",颜色设置为黑色,并将文本调整至合适大小,最后将"送"字稍微调大,效果如图6-21所示。

▲ 图6-21

Step 11 继续使用"横排文字工具"输入相应的文本,设置字体为"方正兰亭中黑"。分别给"收"和"藏"图层添加图层蒙版,用黑色画笔涂抹需要隐藏的部分,效果如图6-22所示。

▲ 图6-22

Step 12 选择工具箱中的"直线工具" ,绘制一条竖直线和一条斜线,设置大小为1像素,颜色为"#888888",效果如图6-23所示。

▲ 图6-23

Step 13 选择工具箱中的"矩形工具" ,在图像底部绘制一个矩形,设置颜色为"#373030",效果如图6-24所示。

Step 14 选择工具箱中的"横排文字工具" T ,在矩形上输入导航文本,设置字体为"方正兰亭粗黑简体",大小为"16 点",效果如图 6-25 所示。

▲ 图6-24

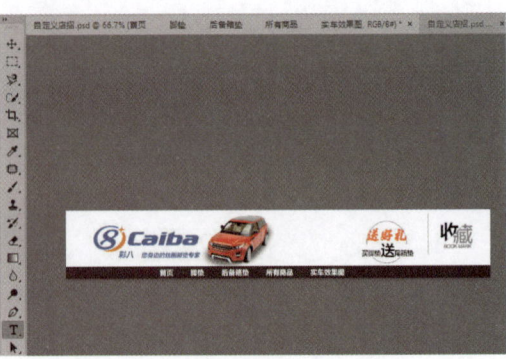

▲ 图6-25

Step 15 选择工具箱中的"自定形状工具" ,在工具选项栏中单击"形状"右侧的下拉按钮,在弹出的下拉列表中选择相应的形状。在导航文本右侧分别绘制一个白色倒三角形状,如图 6-26 所示,此时已完成自定义店招图片的制作。

▲ 图6-26

2. 给店招导航添加分类超链接

店招图片制作完成后,需要给店招图片中的导航分别添加分类超链接,以便消费者快速找到需要的商品。下面介绍如何给店招导航添加分类超链接,具体的操作步骤如下。

Step 1 将自定义店招图片上传到图片空间,将鼠标指针移动至该图片上,在显示的按钮中,单击"复制代码"按钮 ,即可复制该图片的代码,如图 6-27 所示。

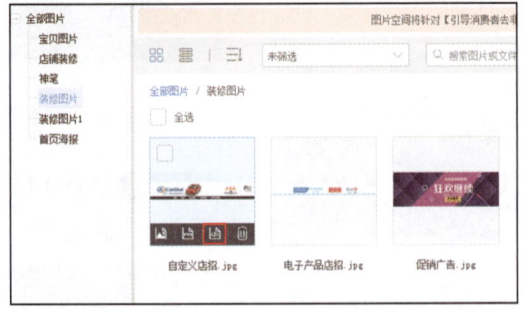

▲ 图6-27

Step 2 打开 Dreamweaver 软件，单击"HTML"选项，新建一个空白文档，如图 6-28 所示。

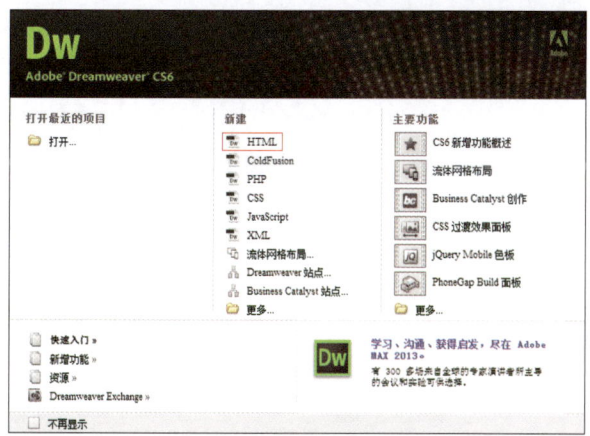

▲ 图6-28

Step 3 单击"拆分"按钮，切换至"拆分"窗口，按"Ctrl"+"A"组合键选择左侧窗口中的代码，如图 6-29 所示，按"Delete"键删除。

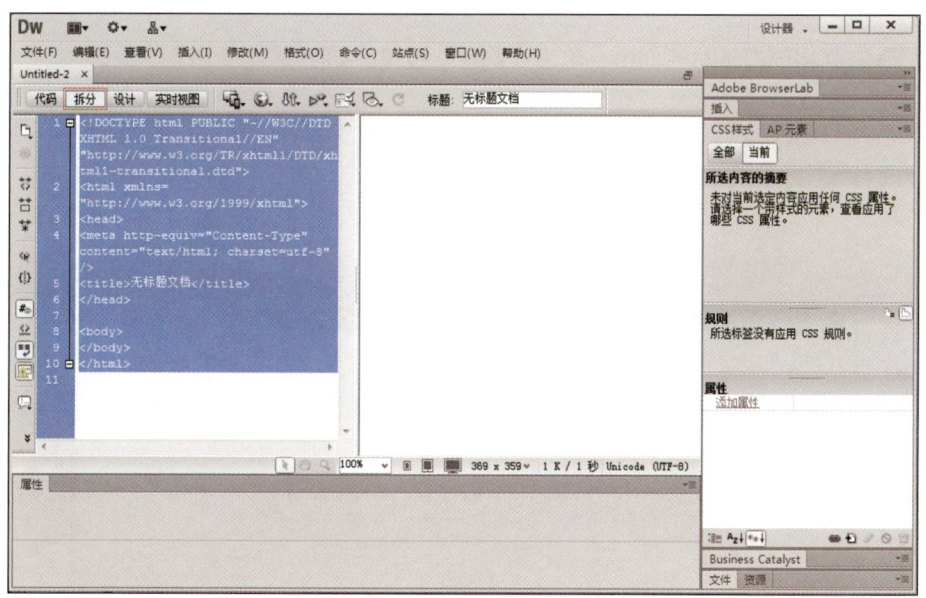

▲ 图6-29

Step 4 按"Ctrl"+"V"组合键将图片代码粘贴到左侧的窗口中，此时右侧窗口将出现对应的图片，如图 6-30 所示。

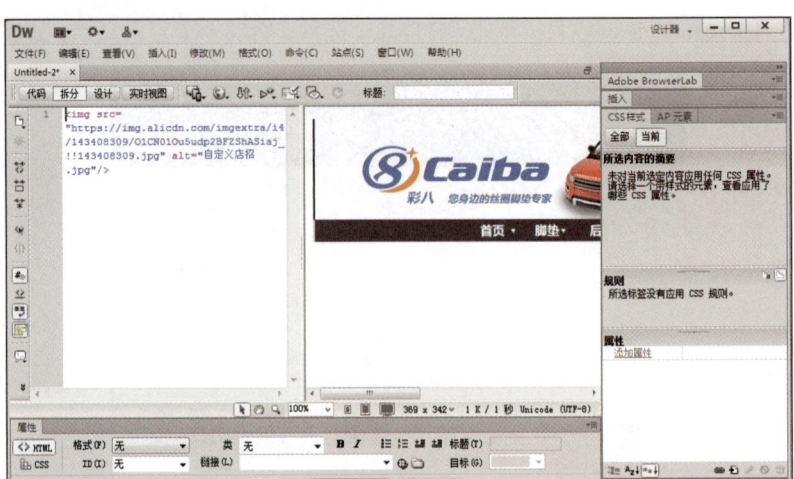

▲ 图6-30

Step 5 单击"设计"按钮，切换至"设计"窗口。单击"属性"面板中的"热点矩形工具"按钮，按住鼠标左键不放，在"首页"字样处绘制一个矩形，如图6-31所示，然后释放鼠标左键。

Step 6 在弹出的提示对话框中，单击"确定"按钮，如图6-32所示。

▲ 图6-31

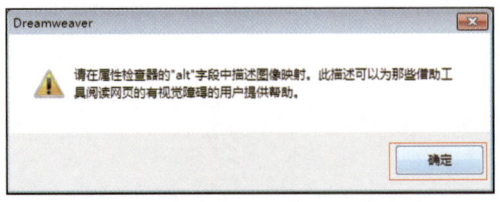

▲ 图6-32

> **专家提点**
> 在给图片添加热点区域前,一定要保证图片是处于选中的状态,否则将无法添加相应的热点。

Step 7 在窗口下方的"属性"面板中将店铺首页的链接粘贴到"链接"右侧的文本框中,设置"目标"为"_blank",如图 6-33 所示。

▲ 图6-33

Step 8 重复 Step 4 ~ Step 7,给所有分类区域添加热点并加上超链接,如图 6-34 所示。此时已经完成给各导航添加分类超链接的操作。

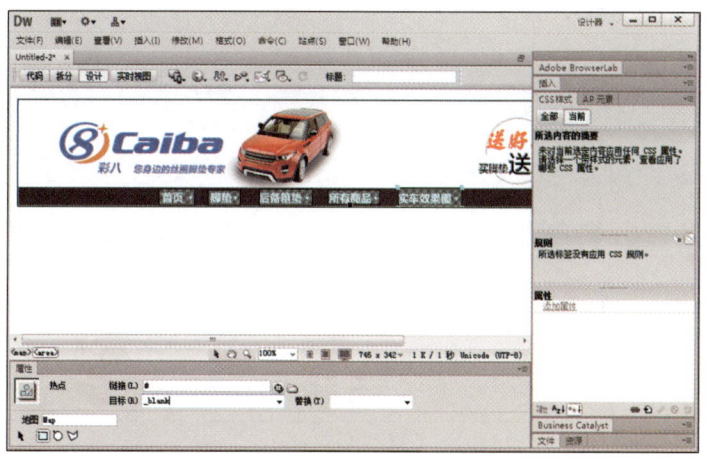

▲ 图6-34

Step 9 单击"代码"按钮,切换至"代码"窗口。按"Ctrl"+"A"组合键全选窗口中的代码,单击鼠标右键,在弹出的快捷菜单中选择"拷贝"命令,如图 6-35 所示。

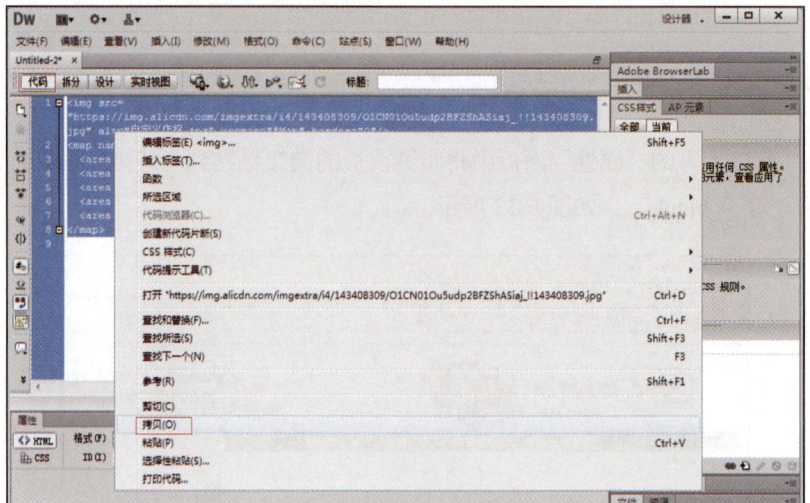

▲ 图6-35

3. 发布店招

此时，自定义店招的代码已经制作完成。下面介绍如何将店招代码应用到店铺中，具体的操作步骤如下。

Step 1 进入店铺装修后台，将鼠标指针移动至店招上，店招上会出现两个按钮，单击其中的"编辑"按钮，如图6-36所示。

▲ 图6-36

Step 2 在弹出的"店铺招牌"对话框中选择"自定义招牌"单选按钮，再单击"源码"按钮，在编辑框中按"Ctrl"+"V"组合键将自定义店招代码粘贴过来，单击"保存"按钮，关闭当前对话框，如图6-37所示。

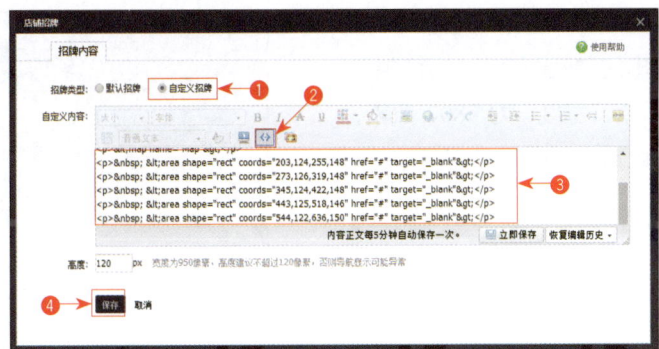

▲ 图6-37

> **专家提点**
> 如果自主设计的店招中有导航功能，那么需要在"招牌内容"选项卡中将"高度"设置为"150"，这样，系统才会显示自定义导航分类。

Step 3 单击"发布站点"按钮，根据操作提示完成自定义店招的发布，如图 6-38 所示。

▲ 图6-38

6.3 店标的设计与发布

店铺标志简称店标，是店铺的标识符。消费者在搜索店铺时，店铺将以"店标+店铺名称、主营项目"的方式展示。好的店标不仅能表现出店铺的独特风格，而且辨识度高，容易引起消费者的注意。

6.3.1 设计店标

通常围绕店铺品牌或店铺名称来设计店标，建议店标的尺寸设计为 80 像素 ×80 像素，文件大小为 80KB，店标的图片格式为 GIF、JPG、JPEG、PNG。下面使用 Photoshop 制作一个汽车用品店铺的店标，具体的操作步骤如下。

Step 1 打开Photoshop，选择"文件"|"新建"菜单命令，在弹出的"新建文档"对话框中，设置名称为"店标"，"宽度"为"80"像素，"高度"为"80"像素，如图6-39所示。

▲ 图6-39

Step 2 选择"文件"|"打开"菜单命令，打开素材文件夹|第6章|6.3|"商标2"图片文件，将商标拖曳到"店标"文档中，如图6-40所示。

▲ 图6-40

Step 3 选择"编辑"|"变换"|"缩放"菜单命令，商标将处于编辑状态，按住"Shift"键不放，将图像等比例缩小，如图6-41所示。

Step 4 选择工具箱中的"横排文字工具"，输入文本"彩八 脚垫"，设置字体为"方正兰亭粗黑简体"、字体大小为"12点"，颜色为"#0061af"，仿斜体，效果如图6-42所示。

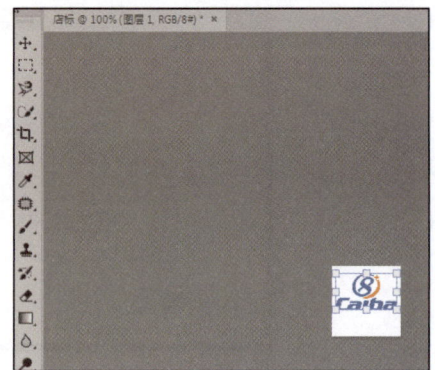

▲ 图6-41

▲ 图6-42

Step 5 按"Ctrl"+"Alt"+"Shift"+"E"组合键盖印所有图层。双击该图层，在弹出的"图层样式"对话框中设置描边"大小"为"2"像素，"位置"为"内部"，"颜色"为"#0061af"，如图6-43所示。

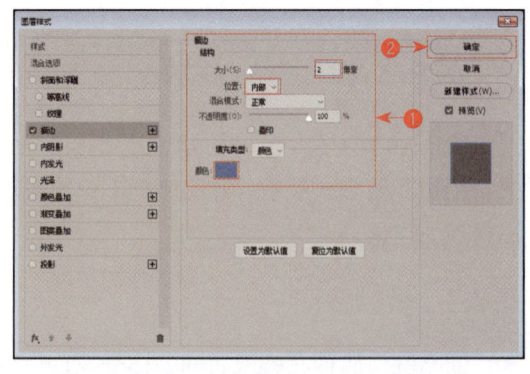

▲ 图6-43

Step 6 单击"确定"按钮即可完成店标的制作，效果如图6-44所示。

▲ 图6-44

6.3.2 发布店标

制作好店标后，就可以通过淘宝后台将其发布到店铺了，具体的操作步骤如下。

Step 1 进入卖家后台，单击"店铺管理"选项组中的"店铺基本设置"文字超链接，如图6-45所示。

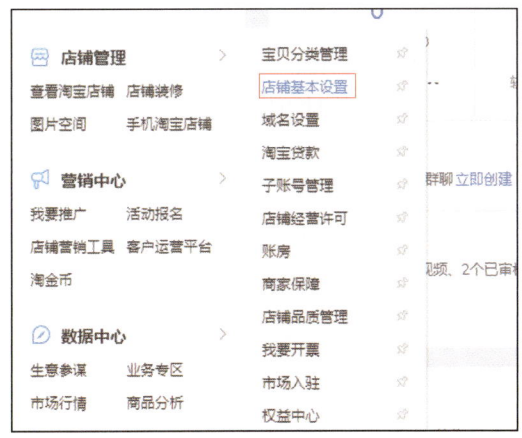

▲ 图6-45

Step 2 在弹出的对话框中单击"上传图标"按钮，如图6-46所示。

▲ 图6-46

Step 3 在弹出的"打开"对话框中选择"店标"图片文件，如图6-47所示。

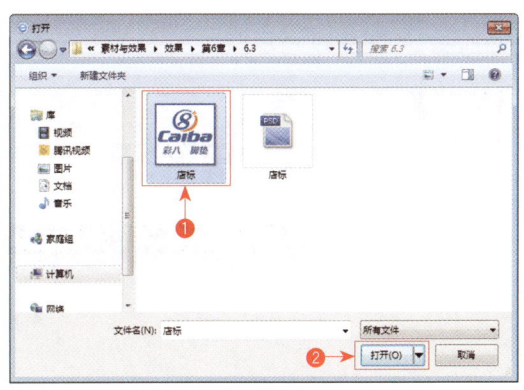

▲ 图6-47

Step 4 单击"打开"按钮，即可完成店标图片的上传，效果如图6-48所示。

▲ 图6-48

6.4 秘技一点通

技巧1 巧用店招背景铺放方式

如果所用的电脑显示器的分辨率是 1920 像素 ×1080 像素，在制作有规律的店招背景图案时，若图片宽度小于 1920 像素，为了避免店招背景出现空白，在设置"铺放方式"时需要选择"平铺"模式；若其宽度大于或等于 1920 像素，则可以选择任意一种铺放方式。如果店招的背景图案无规律可循，在前期制作时，背景图片的宽度应至少设置为 1920 像素。

技巧2 店招设计要点

一个优质的店招应包含以下 4 个方面：醒目的品牌 Logo 和店铺名；体现店铺的特点、风格和形象的广告语；当前的促销信息、优惠信息等；能让消费者一键关注或收藏店铺的功能部件，如图 6-49 所示。

▲ 图6-49

在设计店招时要注意以下几点。

① 店招一定要凸显店铺或品牌特点，让消费者一眼就能看出店铺销售的商品类型。

② 促销信息不宜过多，1～2 条就足够了。

③ 店招的整体风格要与店铺的风格统一，切记使用过多的颜色。

④ 如果店招设计有明显季节性的要素，需要根据季节变换及时更换。

⑤ 店招导航应根据商品的性质来分类，一般包括首页、商品大致分类、收藏店铺、品牌故事、店铺活动等。

第7章
网店常见的模块设计

本章导言 •••

  淘宝店铺的页面一般采用左右两栏布局,并且根据人们的视觉浏览习惯,基本都被设置成左窄右宽。其中,左栏模块主要以收藏店铺、商品分类、促销商品及友情链接等为主,这样的布局不但丰富了页面排版,还可以让消费者快速找到所需商品的页面,提升购物体验。本章介绍左栏常用模块的设计方法,掌握这些设计方法,可以让你的店铺看起来更加专业、美观。

本章学习要点 •••

- ✪ 设计店铺收藏
- ✪ 设计商品分类
- ✪ 设置旺旺和客服中心
- ✪ 设计图片轮播
- ✪ 设计商品推荐
- ✪ 设计宝贝排行榜

7.1 设计店铺收藏

收藏店铺的人数越多，代表店铺的人气越旺。消费者收藏了店铺，便会经常关注店铺商品上新和店铺活动等信息。从一定程度上来说，这能提高店铺的搜索权重和排名。因此，很多卖家都会在左栏添加一个店铺收藏模块。

7.1.1 制作店铺收藏图片

下面介绍如何制作店铺收藏图片，具体的操作步骤如下。

Step 1 打开 Photoshop，选择"文件"|"新建"菜单命令，在弹出的"新建文档"对话框中设置名称为"店铺收藏"，"宽度"和"高度"均为 200 像素，如图 7-1 所示。

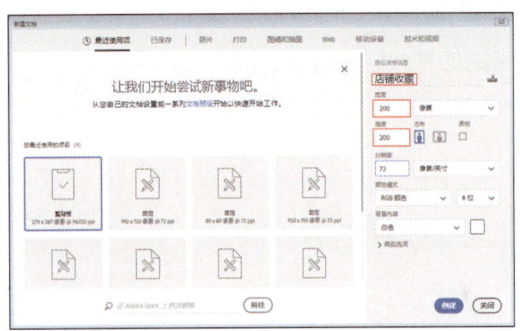

▲ 图7-1

Step 2 设置前景色为"#b11523"，选择工具箱中的"油漆桶工具" ，单击文档窗口，即可将画面填充为指定的颜色，如图 7-2 所示。

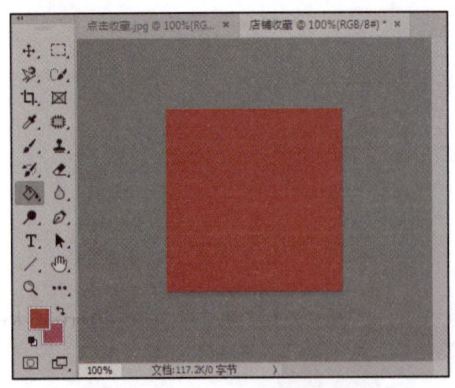

▲ 图7-2

Step 3 选择工具箱中的"自定形状工具" ，在"形状"下拉列表框中选择"会话 1"形状，绘制一个颜色为"#ffffff"，"W"和"H"均为 80 像素的会话框形状，效果如图 7-3 所示。

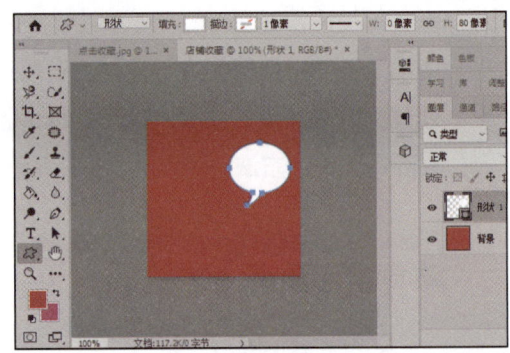

▲ 图7-3

Step 4 选择工具箱中的"直接选择工具" ，在会话框形状上单击，显示出锚点。移动相应锚点的位置，变换会话框形状，如图 7-4 所示。

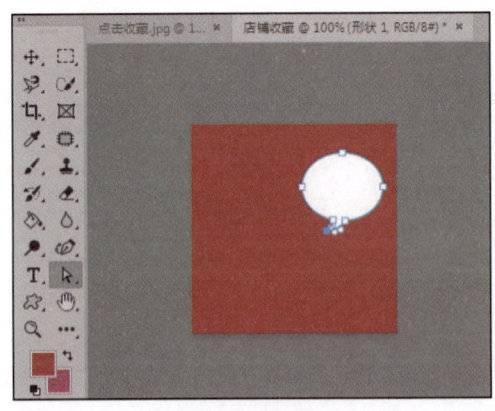

▲ 图7-4

Step 5 选择工具箱中的"矩形工具" ，绘制一个颜色为"#ffffff"、"W"为173像素、"H"为26像素的矩形，效果如图7-5所示。

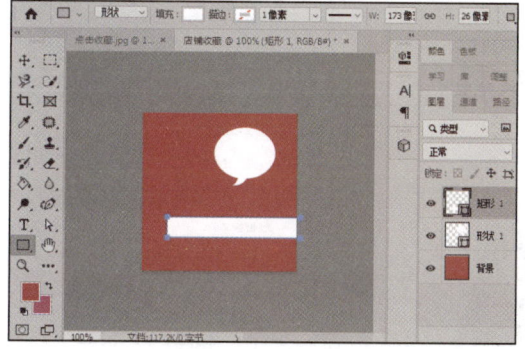

▲ 图7-5

Step 6 选择工具箱中的"横排文字工具" ，输入文本"BOOK MARK"。设置文本颜色为"#ca0519"，字体大小为"17点"，效果如图7-6所示。

▲ 图7-6

Step 7 选择"窗口"|"字符"菜单命令，在该面板中，设置字体为"方正兰亭粗黑简体"；单击"粗体"按钮 ，文本将变成粗体；设置行距为"20点"，如图7-7所示。

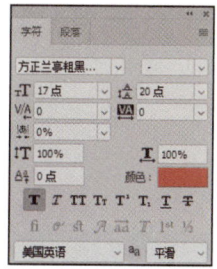

▲ 图7-7

Step 8 选择工具箱中的"横排文字工具" ，输入文本"点击收藏"。设置字体为"方正兰亭粗黑简体"，文本颜色为"#ffffff"，字体大小为"45点"，效果如图7-8所示。

▲ 图7-8

Step 9 选择工具箱中的"横排文字工具" ，输入文本"惊喜不断"。设置字体为"方正兰亭中黑_GBK"，文本颜色为"#ca0519"，字体大小为"20点"，如图7-9所示。至此，完成了店铺收藏图片的制作。

▲ 图7-9

7.1.2 获取店铺链接地址

制作完店铺收藏图片后，还需要在店铺收藏图片上添加自己店铺的链接地址，才能让消费者成功收藏店铺。下面介绍如何获取店铺的链接地址。

打开自己的淘宝店铺首页，右击右上角的"收藏店铺"按钮，在弹出的快捷菜单中选择"复制链接地址"命令，即可获取链接地址，如图7-10所示。

▲ 图7-10

7.1.3 添加自定义模块

店铺收藏一般是在"自定义区"模块中设置。下面介绍如何在左栏中添加自定义模块，具体的操作步骤如下。

Step 1 进入店铺装修后台，在"页面编辑"选项卡左侧的模块列表中选择"自定义区"模块，如图7-11所示。

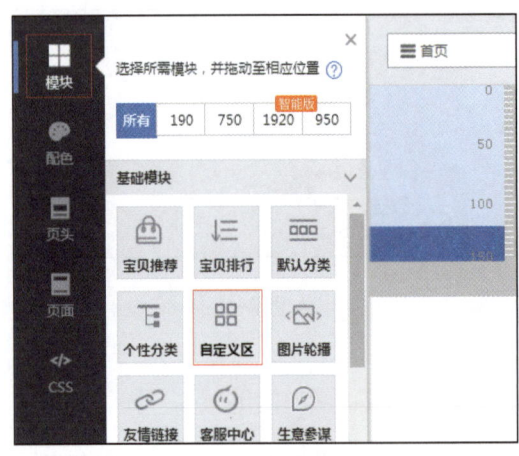

▲ 图7-11

Step 2 按住鼠标左键不放，将"自定义区"模块拖曳到淘宝页面左栏中，如图7-12所示。

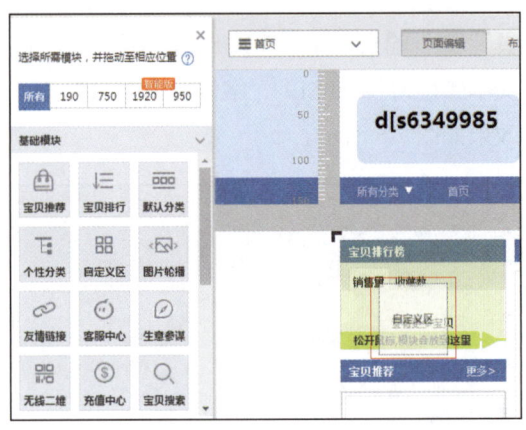

▲ 图7-12

7.1.4 设置和发布店铺收藏模块

下面介绍如何将店铺收藏图片应用到左栏模块中，具体的操作步骤如下。

Step 1 继续7.1.3小节的操作。此时，左栏中已添加了一个"自定义内容区"模块，单击该模块中的"编辑"按钮，如图7-13所示。

▲ 图7-13

Step 2 在弹出的"自定义内容区"对话框中单击"插入图片空间图片"按钮，在下面的"从图片空间选择"选项卡中选择"点击收藏"图片，再分别单击"插入"按钮和"完成"按钮，如图7-14所示。

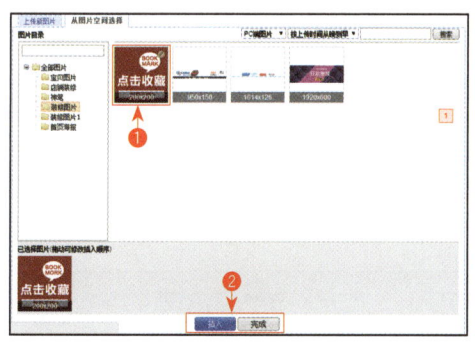

▲ 图7-14

Step 3 选择插入的图片，单击"插入链接"按钮，如图7-15所示。

▲ 图7-15

Step 4 弹出"链接"对话框，在"链接网址"文本框中粘贴7.1.2小节获取的店铺链接地址，单击"确定"按钮，完成添加链接地址的操作，如图7-16所示。

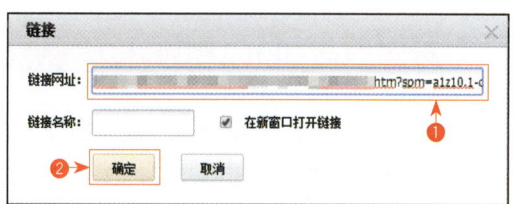

▲ 图7-16

Step 5 选择"显示标题"中的"不显示"单选按钮，单击"确定"按钮，完成店铺收藏模块的编辑，如图7-17所示。

▲ 图7-17

Step 6 单击页面右侧的"发布站点"按钮，根据操作提示即可完成店铺收藏模块的发布，如图7-18所示。

▲ 图7-18

> **专家提点**
>
> 显示标题是指显示该模块的名称，可根据需要设置显示或不显示。如果设置显示标题，可以根据需要对默认标题名称进行修改。

7.2 设计商品分类

在左栏模块中，个性分类是重要的模块之一，它影响消费者查找商品的便捷性。商品分类清晰能提高消费者对店铺商品的浏览量。店铺的商品分类一般都是按照商品的类型来划分的，例如在服装店铺中，春装、夏装、秋装和冬装为一级分类，T恤、连衣裙和短裤等夏装为二级分类。

7.2.1 添加商品分类模块

在给商品分类前，需要先添加商品分类模块，具体的操作步骤如下。

Step 1 进入店铺装修后台，在"页面编辑"选项卡左侧的模块列表中选择"个性分类"模块，如图7-19所示。

Step 2 按住鼠标左键的同时将"个性分类"模块拖曳到淘宝页面左栏中"点击收藏"模块的下方，如图7-20所示。

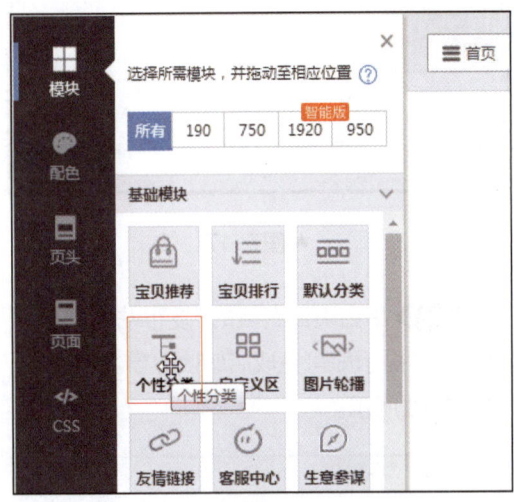

▲ 图7-19

▲ 图7-20

7.2.2 设置和发布商品分类

下面介绍如何设置和发布商品分类，具体的操作步骤如下。

Step 1 继续7.2.1小节的操作。此时在淘宝页面左栏中已添加了一个"个性化宝贝分类"模块，单击该模块中的"编辑"按钮，如图7-21所示。

Step 2 在弹出的"宝贝分类（个性化）"对话框中单击"编辑宝贝分类"文字超链接，如图 7-22 所示。

▲ 图7-21

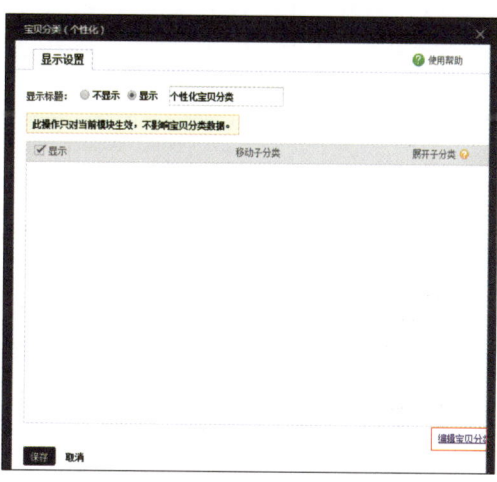

▲ 图7-22

Step 3 在弹出的对话框中单击"添加手工分类"按钮，即可新建一个一级分类。在文本框中输入该分类名称，如图 7-23 所示。

Step 4 单击一级分类下方的"添加子分类"按钮，即可新建二级分类。可根据商品分类，多添加几个子分类，如图 7-24 所示。

▲ 图7-23

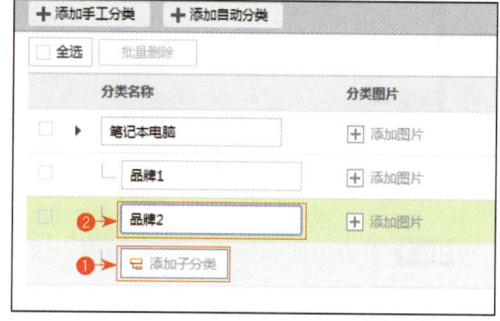

▲ 图7-24

> **专家提点** 在添加商品分类后，可以通过拖曳分类右侧的按钮进行上移或下移，也可以通过分类右侧的"添加图片"按钮给商品分类添加分类图片。

Step 5 重复 Step 3 ～ Step 4，根据店铺商品的类型完善商品分类。添加完成后，单击"保存更改"按钮完成商品分类的添加，如图 7-25 所示。

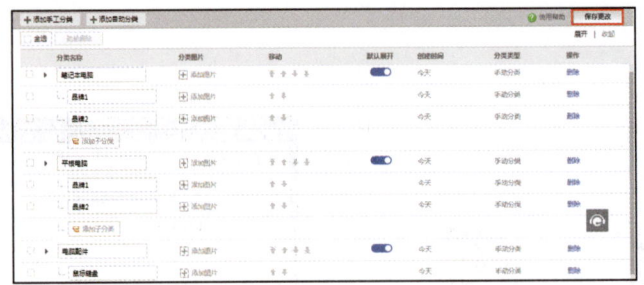

▲ 图7-25

Step 6 返回店铺装修页面，单击"宝贝分类（个性化）"对话框中的"保存"按钮，此时编辑框中会出现新添加的商品分类，如图7-26所示。

Step 7 选择"显示标题"中的"不显示"单选按钮；选择"显示"复选框，显示所有商品分类；再次单击"保存"按钮关闭当前对话框，如图7-27所示。

▲ 图7-26

▲ 图7-27

Step 8 单击页面右侧的"发布站点"按钮，根据操作提示即可完成商品分类模块的发布，如图7-28所示。

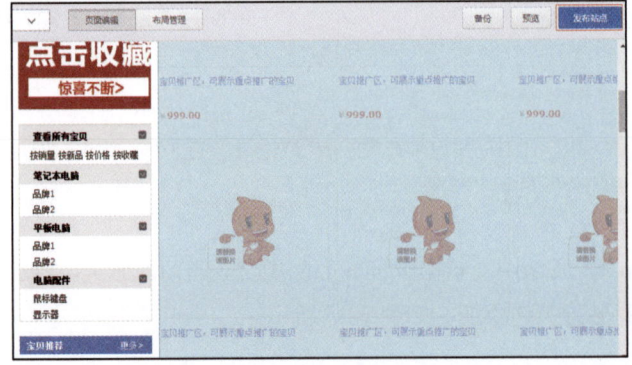

▲ 图7-28

7.2.3 添加商品到商品分类

添加商品分类模块后，商品并不会自动归类到商品分类中，需要手动添加。下面介绍如何将商品添加到商品分类中，具体的操作步骤如下。

Step 1 进入卖家后台，单击页面左侧"宝贝管理"选项组中的"出售中的宝贝"文字超链接，单击商品右侧的"编辑商品"按钮，如图 7-29 所示。

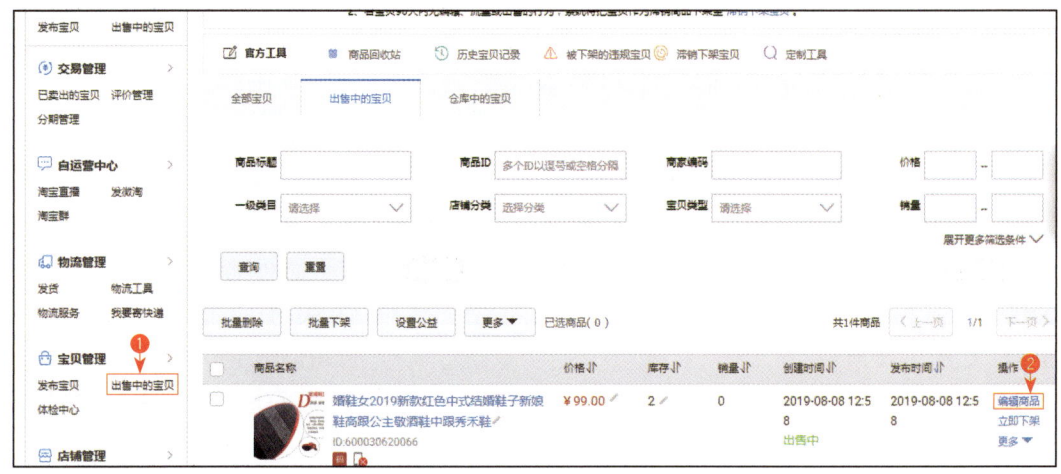

▲ 图7-29

Step 2 在弹出的对话框中，在"店铺中分类"区域勾选相应的商品分类，单击页面底部的"提交宝贝信息"按钮即可完成操作，如图 7-30 所示。

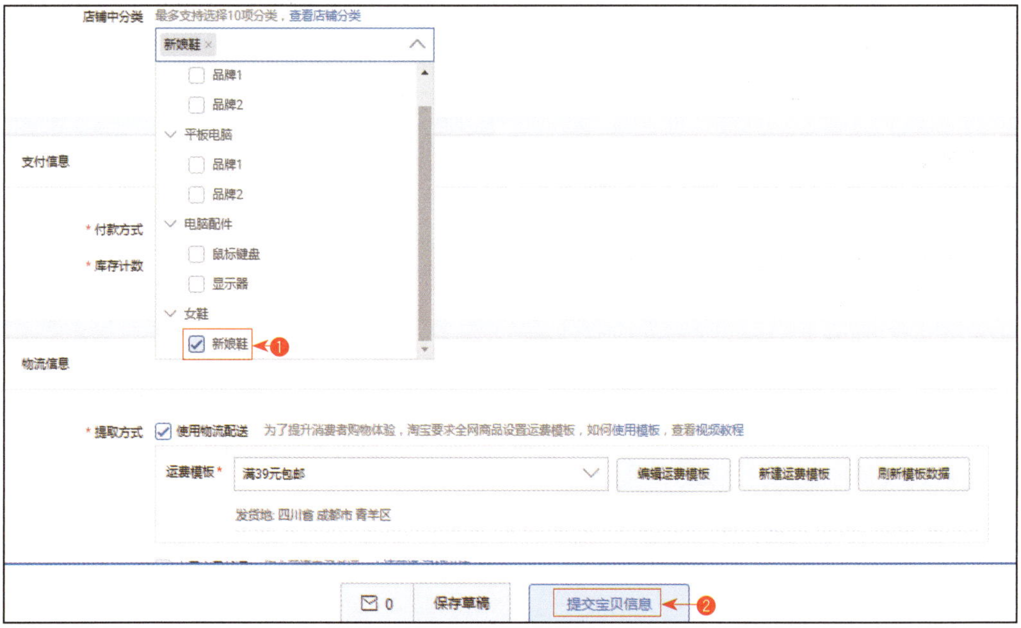

▲ 图7-30

7.3 设置旺旺和客服中心

旺旺在店铺的售前和售后沟通中起着非常重要的作用。淘宝店铺默认的旺旺隐藏在店铺顶端，因此在左栏中新建一个"客服中心"模块有利于消费者找到卖家的旺旺，及时与卖家进行沟通。

7.3.1 添加旺旺子账号

当淘宝店铺的运作逐渐走向成熟时，店铺可能会需要多个客服人员，这时候如果只有一个旺旺主账号，就不能满足工作需求。

淘宝装修后台提供了新建旺旺子账号的功能。下面介绍如何在淘宝装修后台新建旺旺子账号，具体的操作步骤如下。

Step 1 进入卖家后台，单击页面左侧"店铺管理"选项组中的"子账号管理"文字超链接，如图7-31所示。

▲ 图7-31

Step 2 在弹出的页面中单击"新建员工"按钮，如图7-32所示。

Step 3 此时页面将跳转至"新建员工"编辑状态，填写相关的基本信息，然后单击"确认新建"按钮，即可创建一个子账号，如图7-33所示。如果还需要创建一个子账号，则在填写完相关的基本信息后，单击"创建并继续添加"按钮。

▲ 图7-33

> **专家提点**
> 基本信息前带"*"的是必填选项，反之为选填选项。

7.3.2 添加"客服中心"模块

新建子账号后，需要先添加"客服中心"模块，才能将子账号客服添加到"客服中心"模块里。下面介绍如何添加"客服中心"模块，具体的操作步骤如下。

▲ 图7-32

Step 1 进入店铺装修后台,在"页面编辑"选项卡左侧的模块列表中选择"客服中心"模块,如图7-34所示。

模块,单击该模块中的"编辑"按钮,如图7-36所示。

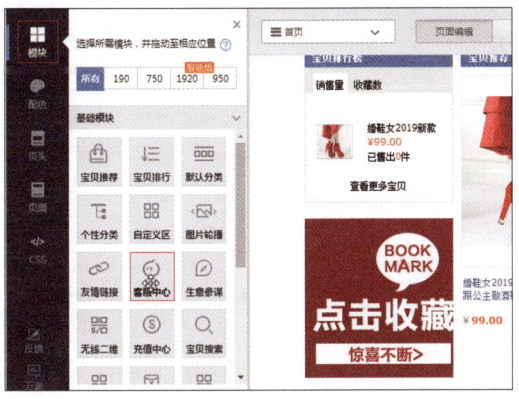

▲ 图7-34

▲ 图7-36

Step 2 按住鼠标左键的同时将"客服中心"模块拖曳到淘宝页面左栏中"点击收藏"模块的下方,如图7-35所示。

Step 2 弹出"客服中心"对话框,在该对话框的"内容设置"选项卡中设置相关的工作时间和联系方式,然后单击"分流设置"文字超链接,如图7-37所示。

▲ 图7-35

7.3.3 设置和发布"客服中心"模块

添加"客服中心"模块后,就可以设置添加子账号客服。下面介绍如何设置并发布"客服中心"模块,具体的操作步骤如下。

Step 1 继续7.3.2小节的操作。此时,淘宝页面的左栏中已添加了一个"客服中心"

▲ 图7-37

Step 3 在弹出的页面中单击"分组设置"选项卡中的"添加分组"按钮,如图7-38所示。

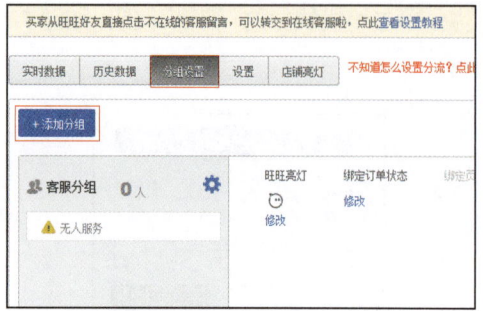

▲ 图7-38

Step 4 打开"新建分组"对话框,在"输入分组名称"文本框中输入"售前客服",然后单击"确定"按钮,如图 7-39 所示。

▲ 图7-39

Step 5 在弹出的"售前客服–添加客服"对话框中选择需要添加的子账号,单击"确定"按钮,如图 7-40 所示。此时"售前客服"旺旺亮灯分组中已添加了一个子客服,如图 7-41 所示。

Step 6 重复 Step3 ～ Step5,新建一个"售后客服"旺旺亮灯分组,为其添加一个子客服,效果如图 7-42 所示。

▲ 图7-40

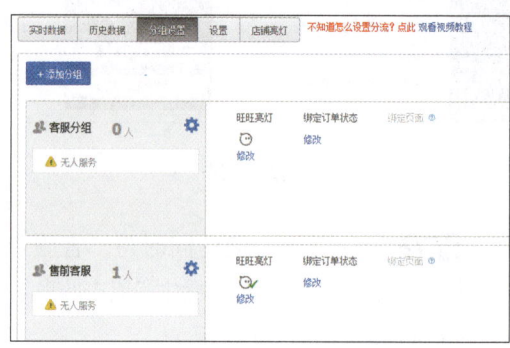

▲ 图7-41

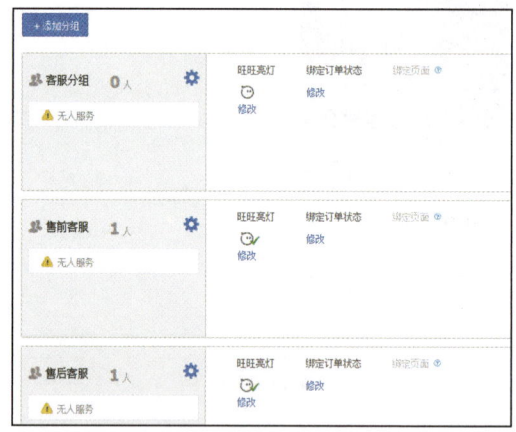

▲ 图7-42

Step 7 添加完成后,返回店铺装修后台。单击页面右侧的"发布站点"按钮,根据操作提示即可完成"客服中心"模块的发布。

7.4 设计图片轮播

"图片轮播"模块的作用就是允许多张图片在同一区域中以不同的切换方式进行展示，从而达到使用较少的模块来展示更多的商品或者促销信息的目的。图 7-43 所示为其中一张图片轮播图。

▲ 图7-43

7.4.1 添加"图片轮播"模块

下面介绍如何添加"图片轮播"模块，具体的操作步骤如下。

Step 1 进入店铺装修后台，在"页面编辑"选项卡左侧的模块列表中选择"图片轮播"模块，如图 7-44 所示。

▲ 图7-44

Step 2 按住鼠标左键的同时将"图片轮播"模块拖曳到淘宝页面右侧"宝贝推荐"模块的上方，如图 7-45 所示。

▲ 图7-45

7.4.2 设置和发布"图片轮播"模块

下面介绍如何设置和发布"图片轮播"模块，具体的操作步骤如下。

Step 1 继续 7.4.1 小节的操作。此时淘宝页面右栏中已添加了一个"图片轮播"模块，单击该模块中的"编辑"按钮，如图7-46所示。

▲ 图7-46

Step 2 在弹出的"图片轮播"对话框中单击"图片地址"文本框右侧的"插入图片"按钮，在"从图片空间选择"选项卡中找到需要的图片，单击该图片即可完成添加操作，如图7-47所示。

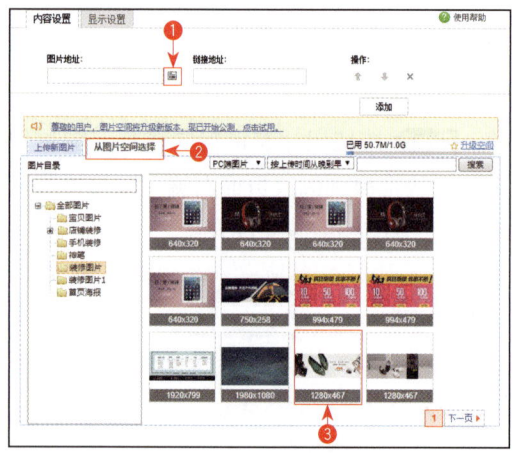

▲ 图7-47

Step 3 单击"添加"按钮即可新建一个图片编辑项，如图7-48所示。

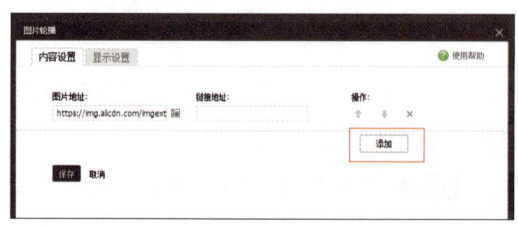

▲ 图7-48

Step 4 重复Step2，插入第2张图片，并分别为两张图片添加链接地址，如图7-49所示。

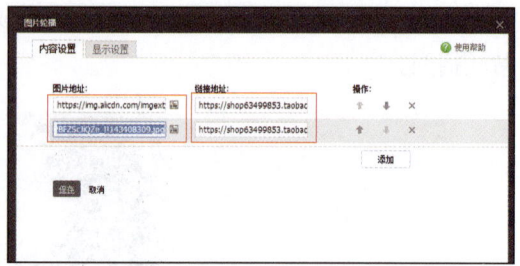

▲ 图7-49

Step 5 切换到"显示设置"选项卡，设置"显示标题"为"显示"，"模块高度"为"467"像素，"切换效果"为"渐变滚动"，单击"保存"按钮，完成"图片轮播"模块的编辑，如图7-50所示。

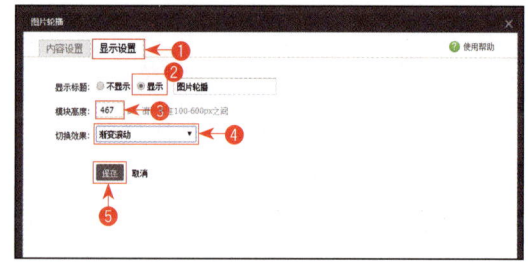

▲ 图7-50

Step 6 单击页面右侧的"发布站点"按钮，根据操作提示即可完成"图片轮播"模块的发布，如图7-51所示。

▲ 图7-51

第7章 网店常见的模块设计

> **专家提点**
> 模块高度是指该模块中图片的高度，图片的高度应设置为100～600像素，过低或过高都会影响播放效果。

7.5 设计商品推荐

不少卖家会在店铺左栏推荐一些热销的商品，增加热销商品的曝光率。因此，在商品种类非常多的店铺里，添加"宝贝推荐"模块是非常有必要的。

7.5.1 添加"宝贝推荐"模块

下面介绍如何添加"宝贝推荐"模块，具体的操作步骤如下。

Step 1 进入店铺装修后台，在"页面编辑"选项卡左侧的模块列表中选择"宝贝推荐"模块，如图7-52所示。

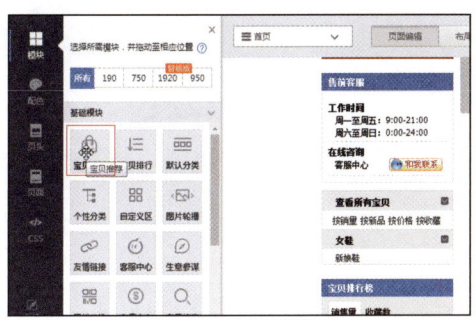

▲ 图7-52

Step 2 按住鼠标左键的同时拖曳"宝贝推荐"模块到淘宝页面的右栏中，如图7-53所示。

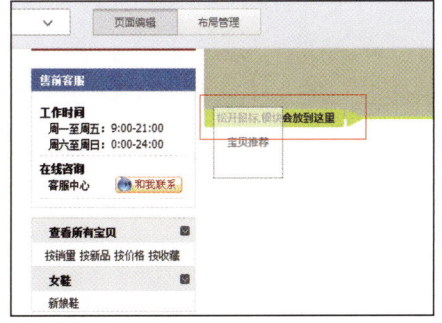

▲ 图7-53

7.5.2 设置和发布"宝贝推荐"模块

下面介绍如何设置和发布"宝贝推荐"模块，具体的操作步骤如下。

Step 1 继续7.5.1小节的操作。此时已在淘宝页面的右栏中添加了一个"宝贝推荐"模块，单击该模块中的"编辑"按钮，如图7-54所示。

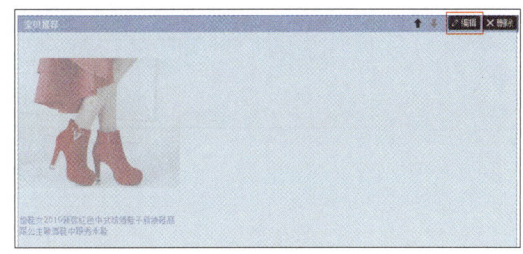

▲ 图7-54

Step 2 在弹出的"宝贝推荐"对话框中，"推荐方式"选择"手工推荐"。找到需要推荐的商品，单击其右侧的"推荐"文字链接，如图7-55所示。

145

Step 3 切换至"电脑端显示设置"选项卡，将"显示标题"设置为"热销商品"，勾选"累计评价数"复选框，单击"保存"按钮，完成"宝贝推荐"模块的设置，如图7-56所示。

▲ 图7-55

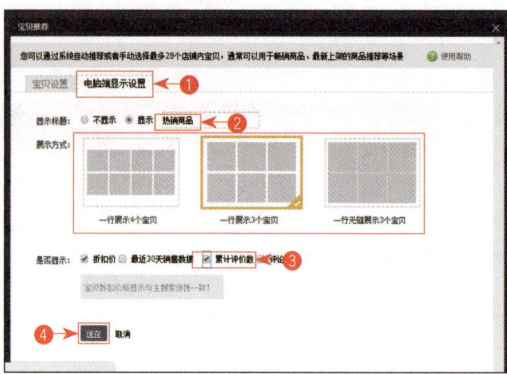

▲ 图7-56

Step 4 单击页面右侧的"发布站点"按钮，根据操作提示即可完成"宝贝推荐"模块的发布，如图7-57所示。

▲ 图7-57

7.6 设计宝贝排行榜

"宝贝排行榜"模块是淘宝店铺装修中必用的一个基础模块，它能更直观地显示店铺的商品排名和收藏情况，也能提高消费者对店铺热销商品的关注度和购买欲。

7.6.1 添加"宝贝排行"模块

下面介绍如何添加"宝贝排行"模块，具体的操作步骤如下。

Step 1 进入店铺装修后台,在"页面编辑"选项卡左侧的模块列表中选择"宝贝排行"模块,如图7-58所示。

Step 2 按住鼠标左键的同时拖曳"宝贝排行"模块到淘宝页面的左栏中,如图7-59所示。

▲ 图7-58

▲ 图7-59

7.6.2 设置和发布"宝贝排行榜"模块

下面介绍如何设置和发布"宝贝排行榜"模块,具体的操作步骤如下。

Step 1 继续7.6.1小节的操作。此时,淘宝页面的左栏中已添加了一个"宝贝排行榜"模块,单击该模块中的"编辑"按钮,如图7-60所示。

▲ 图7-60

Step 2 在弹出的"宝贝排行榜"对话框中进行相应的设置,然后单击"保存"按钮,如图7-61所示。

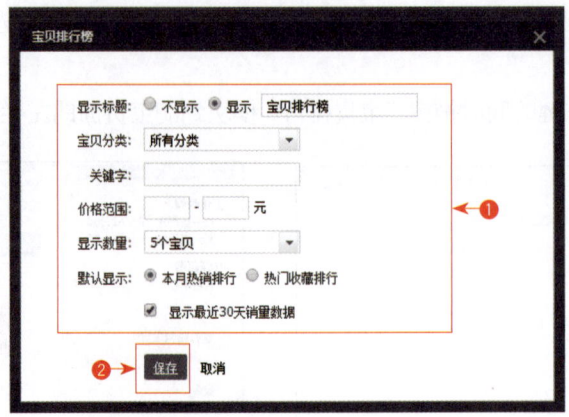

▲ 图7-61

Step 3 单击页面右侧的"发布站点"按钮，根据操作提示即可完成"宝贝排行榜"模块的发布，如图7-62所示。

▲ 图7-62

> **专家提点**
> 在淘宝页面中设置和发布完一系列的模块后，如果觉得有些模块的位置不合适，需要调整，则可以通过按住鼠标左键移动模块来调整其位置。

7.7 秘技一点通

技巧1 优化商品的陈列顺序

优化商品的陈列顺序对提高商品的转化率有一定的帮助。一般情况下，可以采用以下两种方法来优化商品的陈列顺序。

1. 根据点击率来优化

点击率高说明消费者对此商品比较感兴趣，因此，将其排列到前面，让更多喜欢该商品的消费者看到，进而点击查看商品的详情，这会提高店铺的转化率，同时也会增加访问页面的深度，加大成交量。

2. 根据比较的方式来优化

当店铺需要做促销活动或者需要为某页面增加流量的时候，就需要根据比较的方式来选出同款商品（可以是不同颜色或者不同尺寸）中点击率最高的那款产品，并将其排列到前面。这也是引流的一种有效的方法。

技巧52 优化"图片轮播"模块

店铺的热卖商品常常会用轮播的方式展现，因此动态效果更能引起消费者的注意。店铺左侧和店铺中心都可以使用"图片轮播"模块。

"图片轮播"模块要添加两张以上的图片后才会有轮播效果，并且应保证这两张图片的尺寸一致。另外，轮播图片应选择相对完整的场景图片，也可以选择单张完整的商品图片。注意：应尽量保持图片的完整性，避免给人残缺的感觉，如图7-63所示。

（a）截图不完整　　　　（b）截图完整

▲ 图7-63

第8章
商品主图与详情页设计

本章导言 ● ● ●

通常来讲，店铺的商品主图决定了商品详情页的点击率，而商品详情页的点击率决定了商品转化率。商品主图是商品详情页的精华所在，是整个详情页的缩影。因此，要想详情页吸引人，让消费者对商品产生购买欲望，商品主图的设计必须具有专业性和视觉吸引力。本章将重点介绍淘宝店铺商品主图和详情页的设计方法。

本章学习要点 ● ● ●

✪ 商品主图设计
✪ 商品详情页设计

8.1 商品主图设计

商品主图也是展示卖点和创意的主要商品图。商品主图由文案和商品图组成，文案主要突出卖点、价格、赠品、售后服务等相关信息。

8.1.1 商品主图的展示位置

商品主图主要在淘宝搜索结果页、商品详情页和商品分类页中展示。

1. 在搜索结果页中的展示位置

图 8-1 所示为商品主图在淘宝搜索结果页中的展示位置。在淘宝店铺中，消费者通过关键词搜索自己需要的商品，搜索后，系统将搜索结果的主图展示给消费者，消费者可以选择符合自己需要的商品主图，单击该商品主图，可进入对应商品的详情页进一步了解该商品。

▲ 图8-1

在淘宝搜索结果页中展示的商品主图是最关键的，它是增加店铺流量的第一步。它主要是通过设置商品橱窗推荐来展示的，这里的展示关系到商品的人气、销量、评论等因素。例如，在淘宝上搜索"吸尘器"，搜索出来的商品主图如图 8-2 所示，每张主图下面都有该商品的价格、销量等信息。

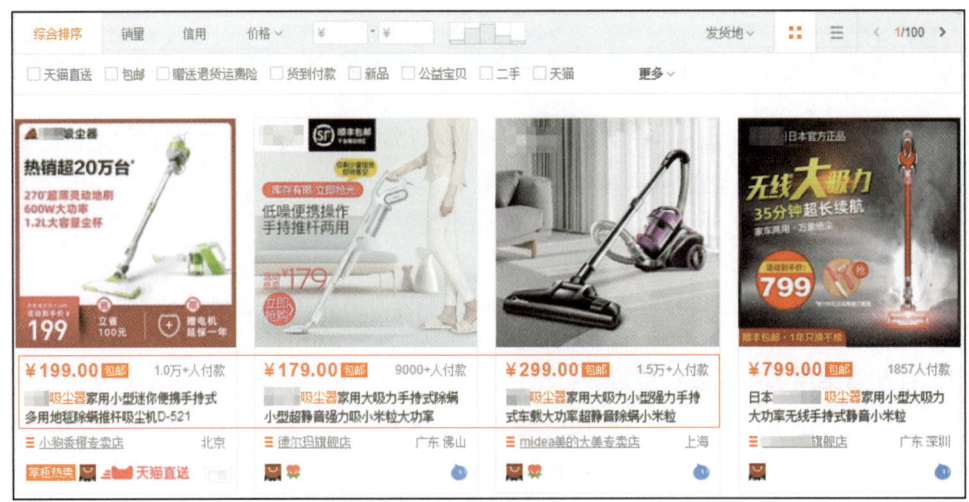

▲ 图8-2

2. 在商品详情页中的展示位置

图 8-3 所示为商品主图在淘宝店内商品详情页中的展示位置。左上侧为商品主图的显示位置，其下方为同一商品的 5 张主图。

▲ 图8-3

3. 商品分类页中的展示位置

图 8-4 所示为商品主图在淘宝店内商品分类页中的展示位置。

▲ 图8-4

8.1.2 商品主图的设计要点

一张好的商品主图不仅能够吸引消费者的眼球，还可以提高点击率和转化率，因此卖家要用心去设计。在设计商品主图时，要注意以下几个方面。

1. 拍摄

❶ 拍摄背景应该干净、整洁，并且要与商品风格相符，避免产生违和感。
❷ 注意拍摄的角度、光线、色彩等，兼具美感与真实感，突出商品品质。
❸ 商品要正面展现，主体要完整，且需占满整个画面，避免留白边。

> **专家提点**
> 商品主图必须是实拍，且至少上传1张；不能盗图盗链接；建议第5张图为白底图，这样商品将有机会出现在手机端淘宝的首页。

2. 制作

❶ 商品主图必须是正方形的，如果制作时不是正方形，那么在展示时系统会自动将它处理成正方形，这样就可能会导致画面变形。淘宝平台规定，当商品主图尺寸大于（或等于）700像素×700像素时，就提供放大镜功能。消费者是很重视商品细节图的，具有放大功能

的细节图会增加商品的吸引力。因此，建议将商品主图的尺寸设置为大于（或等于）700像素×700像素。

❷ 商品主图文件的大小不能超过3MB。

❸ 支持的图片格式包括JPG、PNG、GIF。

❹ 为了突出商品的卖点，最好选用较浅的颜色作为主图的背景（通常为白色）。但是，如果商品本身就是浅色调的，则背景可以选用深一点儿的颜色。例如，银饰品可用黑色作为背景。

❺ 整个商品主图的版式要吸引消费者，让消费者感到舒适。建议商品最好占到主图的2/3以上，而且商品的位置不能太靠边，主体要突出，把消费者想要了解的内容都表现出来，让消费者可以清楚地了解商品的功能和特点。

3. 创意

❶ 文案创意。文案要简洁易懂，要能突出商品的卖点，引起消费者的兴趣，激发消费者的购买欲望。

❷ 卖点创意。根据商品的特色、功能，以及差异化，提炼出商品的独特卖点，把最能吸引消费者的卖点放在商品主图上。

8.1.3 商品主图的设计实例

下面介绍如何制作商品主图，具体的操作步骤如下。

Step 1 打开Photoshop，选择"文件"|"新建"菜单命令，在弹出的"新建文档"对话框中设置名称为"宝贝主图"，"宽度"为800像素，"高度"为800像素，如图8-5所示。

Step 2 设置前景色为"#ca0861"，选择工具箱中的"油漆桶工具" ，单击文档窗口，即可将画面填充为指定的颜色，效果如图8-6所示。

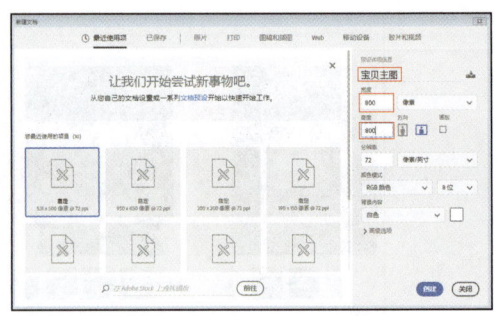

▲ 图8-5

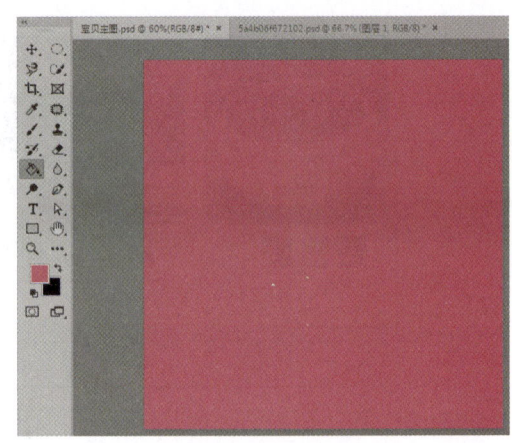

▲ 图8-6

Step 3 选择工具箱中的"椭圆工具" ，设置填充颜色为"#ff00ff"，在图像上绘制一个"W"和"H"均为136像素的圆形，效果如图8-7所示。

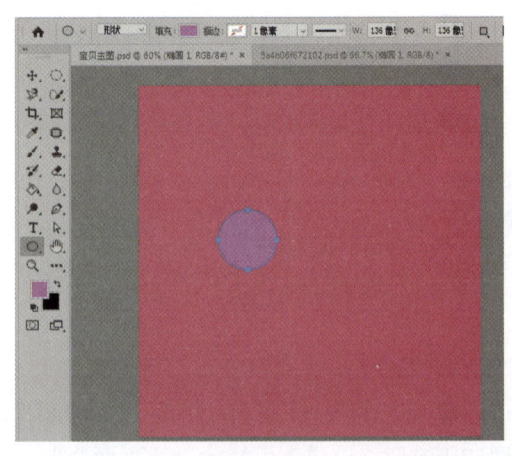

▲ 图8-7

Step 4 双击"椭圆1"图层,打开"图层样式"对话框,选择"投影"复选框,再设置对应的参数值,如图8-8所示。

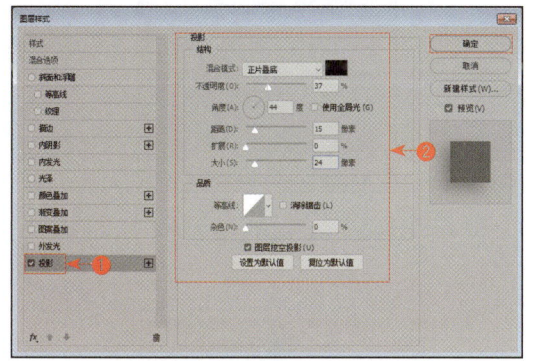

▲ 图8-8

Step 5 单击"确定"按钮,应用"投影"图层样式,然后将圆形移动到合适的位置,效果如图8-9所示。

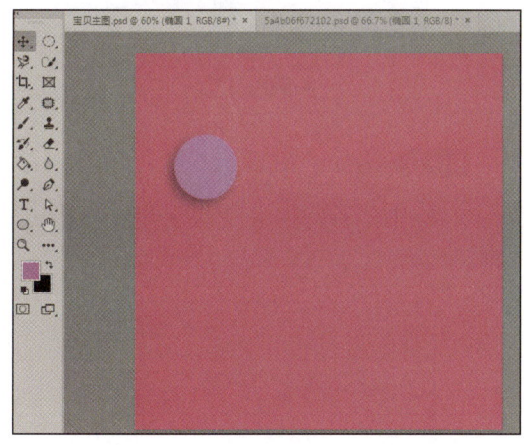

▲ 图8-9

Step 6 重复Step3~Step5,在图像上绘制多个圆形,效果如图8-10所示。

Step 7 选择"文件"|"打开"菜单命令,打开素材文件夹|第8章|8.1|"香水"图片文件,将图片拖曳到"宝贝主图"文档中,效果如图8-11所示。

▲ 图8-10

▲ 图8-11

Step 8 双击"图层1"图层,打开"图层样式"对话框,选择"投影"复选框,再设置对应的参数值,然后单击"确定"按钮,如图8-12所示。

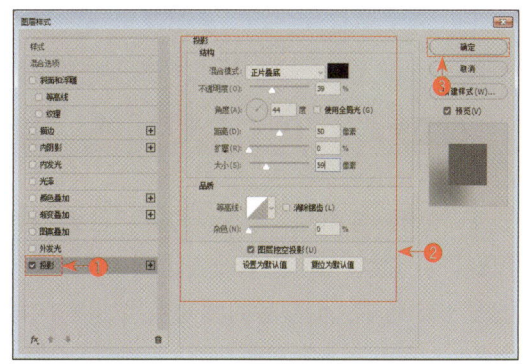

▲ 图8-12

Step 9 选择"图层1"图层，单击"创建新的填充或调整图层"按钮，展开列表，选择"照片滤镜"命令，如图8-13所示。

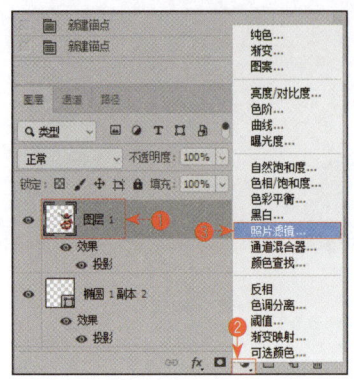

▲ 图8-13

Step 10 打开"照片滤镜"的"属性"面板，修改"颜色"和"浓度"的参数值，如图8-14所示。

▲ 图8-14

Step 11 选择"图层1"图层，单击"创建新的填充或调整图层"按钮，展开列表，选择"色相/饱和度"命令。打开"色相/饱和度"的"属性"面板，修改各选项的参数值，如图8-15所示，调整后的图像效果如图8-16所示。

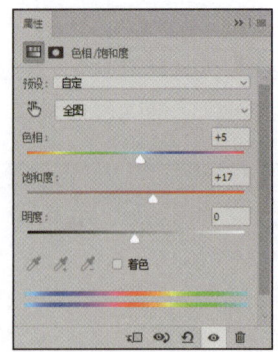

▲ 图8-15

▲ 图8-16

Step 12 选择"图层1"图层，单击"添加图层蒙版"按钮，添加图层蒙版，如图8-17所示。

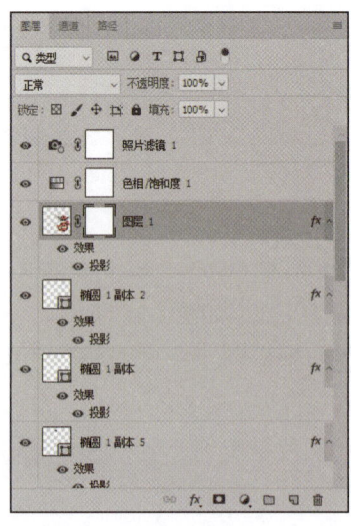

▲ 图8-17

Step 13 选择工具箱中的"画笔工具" ，设置"前景色"为"#000000"，在合适的位置上涂抹，涂抹后的图像效果如图8-18所示。

▲ 图8-18

Step 14 选择"图层1"图层，单击"创建新的填充或调整图层"按钮 ，展开列表，选择"亮度/对比度"命令。打开"亮度/对比度"的"属性"面板，修改各选项的参数值，如图8-19所示。

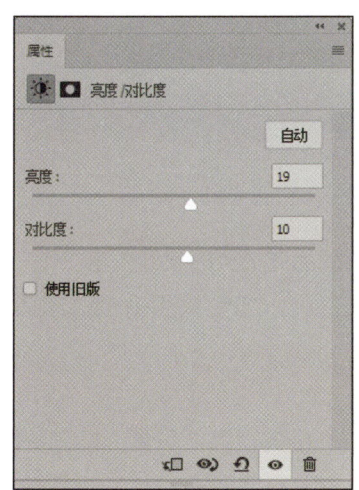

▲ 图8-19

Step 15 依次选择新添加的调整图层，将其创建为"剪贴蒙版"图层组，其图像效果如图8-20所示。

▲ 图8-20

Step 16 选择工具箱中的"横排文字工具" ，输入标题文本。设置字体为"方正兰亭粗黑简体"、字体大小为"45点"、颜色为白色，效果如图8-21所示。

▲ 图8-21

Step 17 选择工具箱中的"横排文字工具" ，输入中间文本。设置字体为"方正大黑简体"、字体大小为"24点"、颜色为白色，效果如图8-22所示。

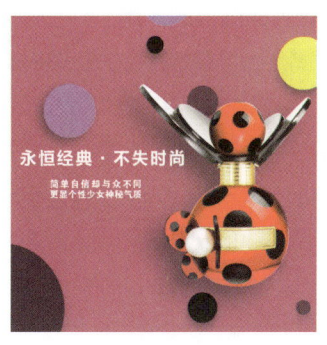

▲ 图8-22

Step 18 选择工具箱中的"横排文字工具" T.，输入日期文本。设置字体为"方正兰亭黑体简体"、字体大小为"24点"、颜色为白色，如图8-23所示。

Step 19 选择工具箱中的"直线工具" /，设置描边颜色为白色、描边类型为第3个样式、"粗细"为"2"像素，在中间文本的上方和下方绘制一条水平直线，如图8-24所示。至此，商品主图制作完成。

▲ 图8-23

▲ 图8-24

8.2 商品详情页设计

许多新手美工认为做商品详情页就是摆放几张商品图，配上一些参数表，最后放个5星好评。其实不然，商品详情页至关重要，需要卖家重点设计、维护和优化。

8.2.1 商品详情页的作用与设计要求

如果说商品主图是吸引消费者关注店铺的试金石，那么，详情页就是提高转化率、促成交易的催化剂。

1. 商品详情页的作用

消费者搜索某商品后，如果对该商品有兴趣，就会点击主图进入详情页对商品进行详细了解，这时详情页就显得非常重要了。一个成功的详情页不仅可以通过展示商品的主要价值来吸引消费者的关注，激发消费者的购买欲望，还可以建立消费者对该店铺的信任感，消除其购买疑虑，促使其快速下单，从而大大提高店铺的转化率。

详情页的作用可以归纳为如下几点。

❶ 展示商品价值。
❷ 引发消费者的兴趣。
❸ 激发消费者潜在的购买欲望。
❹ 赢得消费者的信任。
❺ 帮助消费者做决定。

2. 商品详情页的设计要求

淘宝官方对PC端和手机端的商品详情页均有一定的要求。

（1）PC端设计要求。

图片的宽度为750像素，长度没有限制；格式为JPG、GIF、PNG；单张图片的大小需控制在200KB内，图片总的大小不得大于3MB。

（2）手机端设计要求。

❶ 图片要求。

- 宽度：480～1242像素，建议宽度为750像素。
- 高度：≤1546像素，建议高度为960像素。
- 格式：JPG、GIF、PNG。
- 图片大小：150KB～200KB。

❷ 文字要求。
- 中文的字号大于等于30，英文和阿拉伯数字的字号大于等于20。
- 详情页文字应该精练简洁，如果文字太多，建议使用纯文本的方式编辑，这样看起来更清晰。

> **专家提点**
> 不要为了省事，直接用PC端的详情页来生成手机端的详情页，必须根据手机端的设计要求"量身定做"，否则不仅会影响消费者的视觉体验，还会影响店铺的权重。详情页的尺寸没有最佳这一说法，只要上传的图片不模糊且不影响浏览速度，卖点表达清楚就没问题。

8.2.2 商品详情页的设计思路和制作流程

要设计并制作一款优秀的商品详情页，在时间分配上应大致遵循"60%的时间用于构思与调研，40%的时间用于设计与制作"这一原则。

1. 设计思路

详情页构思来源于两个方面，一方面是市场调查与分析，另一方面是商品定位与卖点挖掘。

（1）市场调查与分析。

在设计商品详情页之前，不仅要做好市场调查，特别是对同行店铺的分析，还要做好消费者的调查，分析消费者的消费能力和消费习惯，重点收集消费者购买商品时所在意的问题等。

> **专家提点**
> 可以通过淘宝指数收集消费者的喜好、消费能力和所在地域等，通过生e经查看和分析同行的数据和评价，到买家评价、问大家中收集消费者最在意的问题。

根据市场调查结果，结合自身商品的特点进行系统分析与归纳，将消费者所在意的问题及同行商品的优缺点一一罗列出来。

（2）商品定位与卖点挖掘。

❶ 根据市场调查和自身商品的特点确定消费群体。例如，女性连衣裙，低端的为200元以下，中端的为400～500元，高端的为1200元以上。

❷ 针对消费群体挖掘自身商品的卖点。卖点挖掘就是解决消费者的痛点，满足消费者的个性需求。商品的卖点包括价格、款式、特色、品质、人气、服务等。

2. 制作流程

制作商品详情页的一般流程为确定风格→准备素材→页面布局→选择配色→排版设计→切片存储→上传图片。

（1）确定风格。

根据店铺商品的特色、店铺的活动、节日等来确定风格。

（2）准备素材。

根据商品详情页的构思与风格，准备一些与详情页有关的素材，例如详情页文案、商品图片、装饰图片，以及检验报告、质量证书等素材图片。

> **专家提点**
> 淘宝美工要养成收集、整理有用素材图片的习惯，以便设计时使用与参考。

（3）页面布局。

商品详情页的布局应该按照"商品描述→展示商品优势→说服消费者→购买成交"这一思路对页面进行合理布局。

（4）选择配色。

根据店铺整体风格及店铺的背景色，选择合适的配色方案。

（5）排版设计。

使用 Photoshop 对详情页中的文字、图片进行设计。

（6）切片存储。

将制作好的商品详情页进行切片保存，并通过 Dreamweaver 进行编辑操作，再添加链接并替换为网络图片。

（7）上传图片。

将商品详情页上传到"宝贝发布"页面|"图文描述"选项卡中的对应位置，发布后即可完成商品详情页的装修工作。

8.2.3 商品详情页的内容模块详解

一个合格的商品详情页，应该包括商品描述、商品优势、信任和保障等几部分的内容。

1. 商品描述

商品详情页中的商品描述即商品的介绍，主要包括商品的功能、特性和作用等。商品详情页的首屏应当使用展示商品特色的创意场景海报大图，第一时间吸引消费者的注意力。

2. 商品优势

商品优势主要包括商品卖点、好处（利益点）等。可以通过对比的方式展示商品的独特卖点，触达消费者的需求痛点。另外，通过促销活动让利于消费者，也可以促进转化。

3. 信任和保障

商品详情页中的信任和保障部分应当向消费者展示有关商品的质量检验报告、行业证书、生产工艺，以及品牌认证和原料加工现场等内容，增强消费者的信任感。另外，售后服务也是保障消费者权益的方式之一。

> **专家提点**
> 商品详情页主要是依靠内容来吸引消费者的，总长度一般控制在6~8屏为宜。其上半部分通常用来展示商品价值，下半部分用来培养消费者的信任感。

根据商品详情页的组成内容，可以将其划分为商品展示模块、商品细节模块、商品规格参数模块、关联营销模块、客服体系模块、搭配展示模块、活动信息模块、功能展示模块、包装展示模块等，每个模块都有自己独特的功能与作用。

1. 商品展示模块

消费者购买商品时主要看的就是商品展示的部分，在这里需要让消费者对商品有一个直观的了解。通常这个部分是使用实物图的形式来展现的。实物图可分为摆拍图和场景图。

摆拍图就是通过直接拍摄摆放的商品所得的商品图片。摆拍图能够把商品如实地展现出来，并且拍摄成本相对较低，大多数卖家自己也能够拍摄。这种实物图也是最能够打动消费者的。图 8-25 所示为某吸尘器的摆拍图。

> **专家提点**
> 摆拍时最好使用纯色背景突出主体,这样拍摄出的图片更干净、简洁、清晰,并且后期处理也更方便。

> **专家提点**
> 虽然场景图可以衬托商品,并且不影响商品展示,但它分散了属于主体的注意力,不能很好地突出主体。

▲ 图8-25

场景图就是将商品置于一定场景中的图片,可以通过直接拍摄或者后期处理得到。场景图不仅能够展示商品,还可在一定程度上烘托商品的环境氛围,让消费者产生极强的代入感。图8-26所示为某床上用品的场景图。

▲ 图8-26

2. 商品细节模块

细节是让消费者进一步了解商品的主要途径,也会对最后的成交起到关键性作用。通常情况下,如果消费者有意识购买该商品,他们往往会查看商品的细节展示图,因此商品细节模块要尽可能展示商品细节,如材质、做工等。图8-27所示为某行李箱内部的细节展示图。

▲ 图8-27

3. 商品规格参数模块

图片只能直观地反映商品的外观,但不能反映商品的规格与特点。商品的参数是消费者判断商品是否适合自己的主要途径,因此,加入商品规格参数模块便于消费者对商品的规格有正确的认识。图8-28所示为某商品的尺码说明表。

尺码说明
SIZE DESCRIPTION

测量说明 \ MEASURE
以下均为手工平铺测量，我们尽量做到准确测量，若出现1-3CM误差，均属正常差值，请以实物为准，谢谢！

商品尺码	型号	肩宽	胸围	腰围	臀围	袖长	衣长
M	160/84A	37	94	--	--	23	110
L	165/88A	38	98	--	--	24	111
XL	170/92A	39	102	--	--	25	112
2XL	175/95A	40	106	--	--	25	113
3XL	180/100A	41	110	--	--	26	114
4XL	185/104A	42	114	--	--	26	115

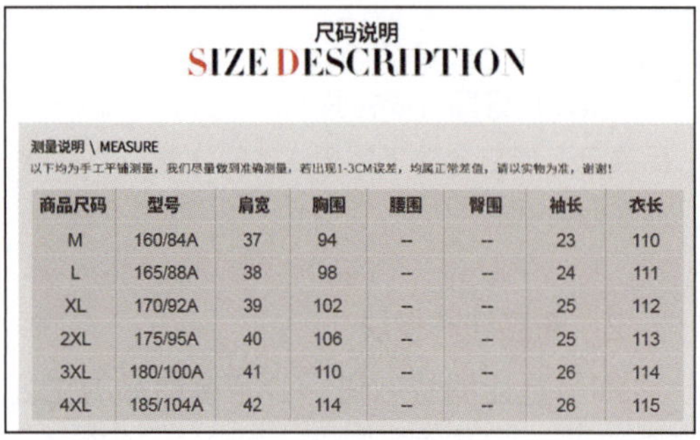

▲ 图8-28

4. 关联营销模块

关联营销模块主要有以下两个方面的功能。

一方面是当消费者确定要购买某件商品时，再给消费者推荐与之搭配的另外一件商品，这在某种程度上可以提高成交的客单价。

专家提点

消费者在决定购买一件商品时，往往会下意识想降低邮费成本，那么多选购几件商品就是一个不错的方法。对有此想法的消费者，客服可进行适当的关联销售。

另一方面是当消费者对某商品不满意时，可推荐相似的几款。消费者既然选择了解这个商品，就证明他对这个商品还是有部分认同的，因此推荐相似款，很可能挽回此次交易。

要注意的是，关联推荐的商品一定要具有相关性，例如在风格、款式、功能、价格或内容上的相似等，并且要根据营销的目标选择商品。图 8-29 所示为某女性连衣裙的关联商品。

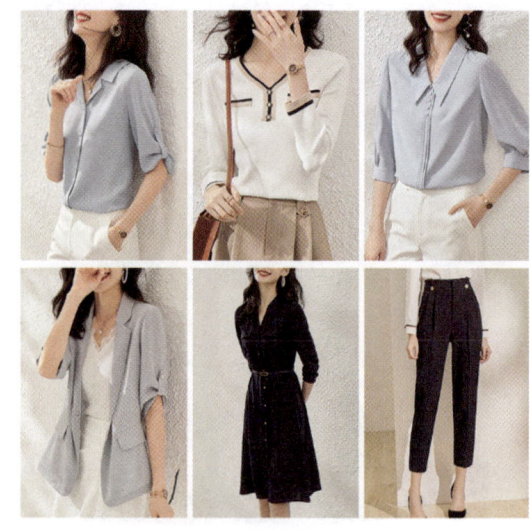

▲ 图8-29

5. 客服体系模块

客服体系就是指在整个销售过程中，售前咨询、售后服务、问题投诉等一整套沟通渠道的建立。完善的客服体系可以快速解决消费者的问题，大大提高客服的工作效率。

专家提点

普通店铺的流量也许并没有达到需要设立客服体系的必要，但在商品详情页合适的位置放置咨询链接能够更快地将消费者的购买想法转化为实际行动。图8-30所示为某店铺的客服体系模块。

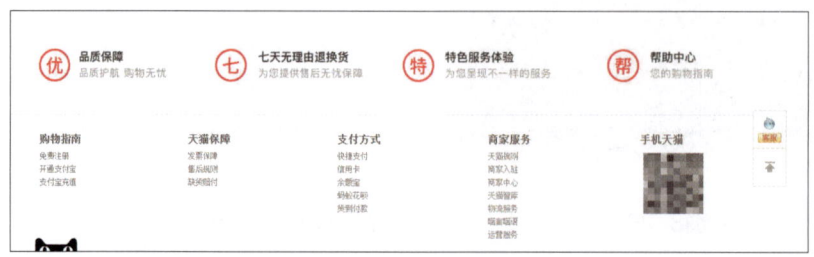

▲ 图8-30

6. 搭配展示模块

消费者去逛淘宝可能不是为了单纯地购物，有可能是在寻找适合自己的穿着风格。因为很多消费者并不擅长搭配，他们更需要专业店主的搭配推荐。图 8-31 所示为某衣服的搭配展示。

7. 活动信息模块

商品详情页中的商品促销信息能够在消费者的购买决策中起到催化剂的作用。图 8-32 所示为某包包的活动信息。

▲ 图8-31

▲ 图8-32

8. 功能展示模块

功能展示模块主要是通过图片配说明文字的方式对商品的主要功能做详细介绍，这样能快速而准确地提高消费者对商品的认知。图 8-33 所示为某包包的功能展示。

▲ 图8-33

> **专家提点**
> 现在许多店铺开始使用视频或直播的方式来展示其所售商品的功能与使用方法,这样更直观和实用。

9. 包装展示模块

一个好的包装不仅可以增加观赏性和安全性,还能体现店铺的经营实力,让消费者放心,并延续购物之前和购物之中的快乐体验。图 8-34 所示为某包包的内外包装展示。

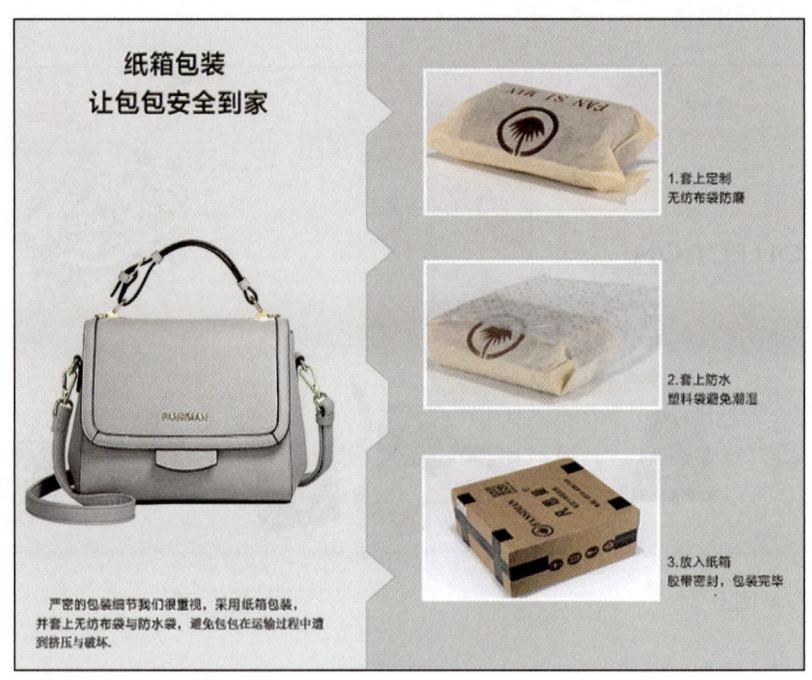

▲ 图8-34

> **专家提点**
> 初学者在设计与制作商品详情页时,最好先模仿后创作。收集并分析同行业销量前十名店铺的商品详情页,学习其结构布局、文案设计等,然后融入自己的创作思路和想法,设计并制作出具有个人特色的商品详情页。

8.3 秘技一点通

技巧1 如何制作高点击率的商品主图

一张优秀的商品主图主要是从文案、创意、卖点、性能这几个方面来击中消费者的痛点,让其产生购买的欲望。

1. 突出商品

商品主图一定要突出商品，让消费者瞬间记住，并留下深刻印象。

2. 商品主图与关键词保持一致

如果消费者搜索某商品时，发现搜索到的商品主图与搜索词不一样，那么他们就不会点击而是会直接略过，所以商品主图应该与关键词关联起来，以提高点击率。

3. 直击消费者需求

消费者购买的不仅仅是商品，更是需求，如果商品主图上正好有消费者需要的内容，就会吸引他们来进一步了解。

4. 文案简洁，条理清晰

商品主图上的文案主要用来展示商品的卖点和促销信息，因此，内容要简洁明了，条理要清晰，可以在短时间内刺激消费者点击。

5. 符合目标消费者的品位

由于每个消费者的审美标准不一样，商品主图的设计不可能满足所有消费者的审美需求，只要符合购买此商品的大部分消费者的审美需求即可。

技巧52 商品详情页内容的设计顺序和设计原则

商品详情页内容的设计顺序：① 激发兴趣；② 满足需求；③ 赢得信任；④ 替客户做决定。因此，在设计商品详情页内容时，应遵循如下原则。

①运用情感营销的文案来引发消费者共鸣。

②提炼的卖点要简短易记并反复强调。

③运用好FAB法则引导消费者感性下单。其中，F指特性；A指作用；B指好处。

> **专家提点**
> 淘宝美工在设计完商品详情页之后，还需要分析询单率、停留时间、转化率、访问深度等数据，然后根据数据不断优化商品详情页。

第9章
网店营销推广图设计

本章导言 ●●●

　　每一家淘宝店铺的运营都离不开活动海报、直通车图与钻展图。活动海报、直通车图与钻展图作为店铺重要的营销推广图,其作用是引起消费者的情感共鸣,激发消费者的购买欲望,进而促使消费者下单购买商品。本章主要介绍活动海报、直通车图与钻展图的设计过程,帮助读者快速掌握设计活动海报、直通车图与钻展图的技巧。

本章学习要点 ●●●

- ✪ 设计活动海报
- ✪ 设计直通车图
- ✪ 设计钻展图

9.1 设计活动海报

设计活动海报时,除了遵循通用的设计原则外,还应注意海报内容的设计。海报内容不能仅传达优惠信息,还需加一些限定的条件。例如,每人限购一件、× 月 × 日活动截止等,让消费者产生紧迫感,最大限度地促使消费者点击海报。

9.1.1 店铺活动策划

店铺活动策划是以提升店铺经营效果为导向的营销活动策划,主要根据店铺纪念日、节假日和淘宝平台活动来策划。

1. 根据店铺纪念日策划

可根据店铺开业、店庆日和会员日等一些值得纪念的日子来策划店铺活动。这些固定日期的优惠促销活动更容易让消费者关注店铺,也是留住老客户的重要营销手段之一,因此使用率比较高。图 9-1 所示为一家店铺开业的活动海报。

▲ 图9-1

2. 根据节假日策划

利用节假日开展店铺促销活动也很常见。例如,在每年的端午节、国庆节、中秋节和元旦等,都可以策划相应的促销活动。这类活动是促使消费者在节假日期间进行网购的重要手段。图 9-2 所示为一家店铺中秋节的活动海报。

▲ 图9-2

3. 根据淘宝平台活动策划

近年来，淘宝平台发起的大型网购活动取得了惊人的销售额，如淘宝每年的"双11"网购狂欢节不仅能给店铺带来较大的访问量，更能带来较高的成交量。淘宝平台还有一些其他的网购节日，如"手机淘宝3·8生活节""双12"等。图9-3所示为一家店铺"双11"的活动海报。

▲ 图9-3

9.1.2 设计前的准备工作

本小节通过制作一张护肤品的"618"活动海报，来解析在策划、收集素材及制作海报等过程中应注意的一些细节问题。

1. 明确活动主题

在制作海报前，应先分析本次活动的主题，然后再收集相关的素材进行制作。图9-4所示为这次活动海报的最终效果图。可以看出，这张海报的主题是围绕"618"活动设计的，突出了"618"年中活动的促销力度。

▲ 图9-4

2. 收集适合主题的素材

在确定好活动主题后，就可以着手在网上收集素材图片了。目前大型的素材网有昵图网、汇图网、千图网等，这些素材网提供的素材文件格式齐全，使用起来非常方便，但大部分素材需要注册后花费相应的积分才能下载。因此，很多美工选择自己动手制作素材，这样不会涉及版权问题。

9.1.3 制作活动海报

在收集好相关的素材后，就可以开始动手制作海报了。制作时需注意，淘宝网首页通栏模块的宽度是 1920 像素，高度不限。

1. 制作海报背景

如果没有找到适合做海报背景的图片素材，可以自己制作海报背景，具体的操作步骤如下。

Step 1 打开 Photoshop，选择"文件"|"新建"菜单命令，新建一个 1920 像素 ×900 像素的空白文档，并保存为"活动海报.psd"，如图 9-5 所示。

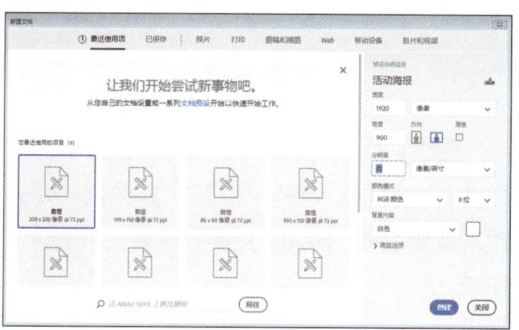

▲ 图9-5

Step 2 设置前景色为"#7e0200"，选择工具箱中的"油漆桶工具"，在文档窗口中单击填充背景色，效果如图 9-6 所示。

▲ 图9-6

Step 3 新建"图层 1"图层，设置前景色为"#c51c19"、背景色为"#fcf5f5"。选择工具箱中的"矩形选框工具"，绘制一个矩形选区。再选择工具箱中的"渐变工具"，将鼠标指针移至画面中，按住鼠标左键不放并拖曳，释放鼠标即可填充渐变颜色，效果如图 9-7 所示。

▲ 图9-7

Step 4 选择"图层 1"图层，更改图层混合模式为"划分"，效果如图 9-8 所示。

▲ 图9-8

Step 5 选择"文件"|"打开"菜单命令，打开素材文件夹|第 9 章|9.1|"背景 1"图片文件，将图片拖曳到"活动海报"文档中，效果如图 9-9 所示。

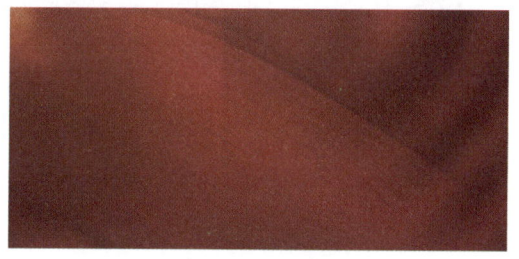

▲ 图9-9

2. 制作海报元素

处理完海报背景后,就可以开始制作海报的各种元素效果了,具体的操作步骤如下。

Step 1 选择"文件"|"打开"菜单命令,打开素材文件夹|第 9 章|9.1|"装饰 1"图片文件,将图片拖曳到"活动海报"文档中,如图 9-10 所示。

▲ 图9-10

Step 2 选择"文件"|"打开"菜单命令,打开素材文件夹|第 9 章|9.1|"装饰 2"图片文件,将图片拖曳到"活动海报"文档中,如图 9-11 所示。

▲ 图9-11

Step 3 选择"图层 4"图层,更改图层混合模式为"滤色","不透明度"为"60%",效果如图 9-12 所示。

Step 4 选择"文件"|"打开"菜单命令,打开素材文件夹|第 9 章|9.1|"商品"图片文件,将图片拖曳到"活动海报"文档中,并调整图片的显示大小,效果如图 9-13 所示。

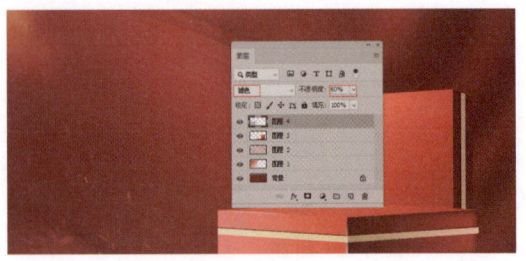

▲ 图9-12

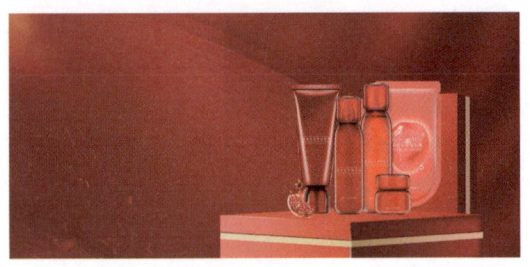

▲ 图9-13

Step 5 双击"图层 5"图层,打开"图层样式"对话框,勾选"投影"复选框,并修改对应参数值,添加"投影"效果,如图 9-14 所示。

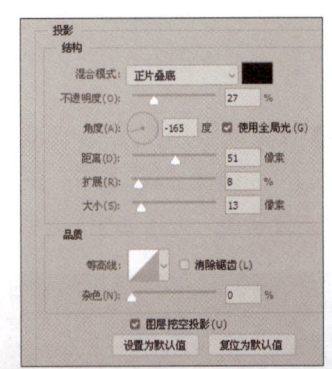

▲ 图9-14

3. 添加海报文字

制作完活动海报的装饰元素后，还需要添加各种文本，具体的操作步骤如下。

Step 1 选择工具箱中的"横排文字工具" T.，输入主题文本。设置字体为"方正兰亭特黑简体"、字体大小为"124点"、颜色为白色，如图9-15所示。

▲ 图9-15

Step 2 双击新添加的文本图层，在弹出的"图层样式"对话框中对"渐变叠加"选项进行相应的设置，如图9-16所示。

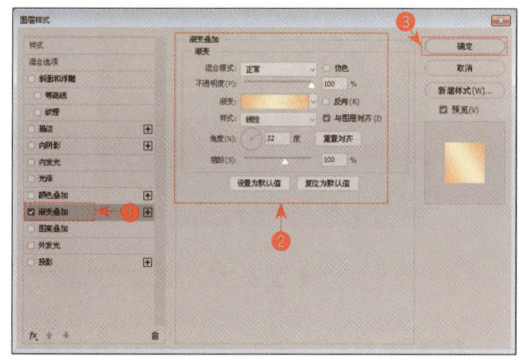

▲ 图9-16

完成"渐变叠加"图层样式的添加后，效果如图9-17所示。

Step 3 选择工具箱中的"直线工具" ，在主题文本下方绘制一条"W"为784像素、"H"为5像素的水平直线，效果如图9-18所示。

▲ 图9-17

▲ 图9-18

Step 4 选择主题文本图层的图层样式并右击，选择"拷贝图层样式"命令，将图层样式复制后粘贴到直线形状上，效果如图9-19所示。

▲ 图9-19

Step 5 复制"形状1"图层，将复制后的形状移动至合适的位置，效果如图9-20所示。

171

淘宝 美工从入门到精通
配色设计、图片后期、视频制作、店铺装修、广告海报 一本就够

▲ 图9-20

Step 6 选择工具箱中的"横排文字工具" T.，输入促销信息文本。设置字体为"方正兰亭中黑简体"、字体大小为"60 点"、颜色为白色，效果如图 9-21 所示。

▲ 图9-21

Step 7 双击创建的主题文本图层，在弹出的"图层样式"对话框中，对"投影"选项进行相应的设置，如图 9-22 所示。

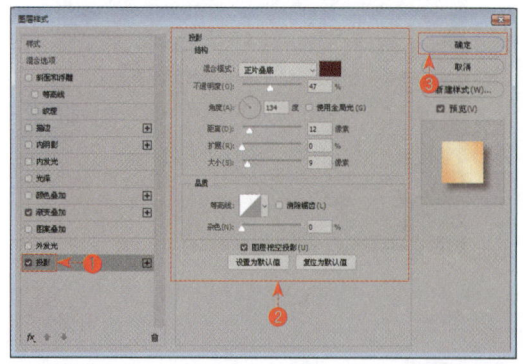

▲ 图9-22

Step 8 选择创建的主题文本图层的图层样式，使用"拷贝图层样式"命令，将图层样式复制、粘贴到创建的促销信息文本图层上，效果如图 9-23 所示。

▲ 图9-23

Step 9 选择工具箱中的"椭圆工具" ◯.，在促销信息文本左侧绘制一个"W"和"H"均为 32 像素的圆形，并为其复制文本图层的图层样式，效果如图 9-24 所示。

▲ 图9-24

Step 10 复制"圆 1"图层，将复制的圆形状移动至合适的位置，效果如图 9-25 所示。

▲ 图9-25

Step 11 选择工具箱中的"圆角矩形工具" ，绘制一个"W"为280像素、"H"为86像素、"半径"为43像素的圆角矩形，并为其复制文本图层的图层样式，如图9-26所示。

文件，将图片拖曳到"活动海报"文档中，得到最终的海报效果，如图9-28所示。

▲ 图9-28

▲ 图9-26

Step 12 选择工具箱中的"横排文字工具" ，输入文本"立即购买"。设置字体为"方正正中黑简体"、字体大小为"48点"、颜色为"#c8070f"，效果如图9-27所示。

9.1.4 发布活动海报

活动海报制作完成后，只需要将其发布在店铺页面就大功告成了。下面介绍如何发布海报，具体的操作步骤如下。

Step 1 进入店铺装修后台，在"页面编辑"选项卡左侧的模块列表中选择"自定义区"模块，如图9-29所示。

▲ 图9-29

▲ 图9-27

Step 13 选择"文件"|"打开"菜单命令，打开素材文件夹 | 第9章 | 9.1 | "标识"图片

Step 2 按住鼠标左键并拖曳，将"自定义区"模块添加至"图片轮播"模块的下方，如图9-30所示。

▲ 图9-30

Step 3 此时右栏中添加了一个"自定义内容区"模块，单击"编辑"按钮，如图9-31所示。

▲ 图9-31

Step 4 在弹出的"自定义内容区"对话框中设置为"不显示"标题。单击"插入图片空间图片"按钮，在弹出的"从图片空间选择"选项卡中选择"活动海报"图片，单击"插入"按钮，再单击"确定"按钮，完成模块的编辑，效果如图9-32所示。

▲ 图9-32

Step 5 单击页面右侧的"发布站点"按钮，根据操作提示即可完成海报的发布，如图 9-33 所示。

▲ 图9-33

9.1.5 设置并发布全屏海报

全屏海报能给店铺的装修带来更具个性化的效果。卖家无须购买特定的模板也能实现全屏海报效果。全屏海报的宽度一般为 1920 像素，高度不限。图 9-34 所示为全屏海报效果。

▲ 图9-34

系统默认淘宝店铺的海报尺寸为950像素，如果需要做成全屏的海报，必须要用到全屏的代码，具体的操作步骤如下。

Step 1 进入"店铺装修"页面，单击"PC端"按钮，然后单击"首页"右侧的"装修页面"按钮，如图9-35所示。

▲ 图9-35

Step 2 在模块列表中，选择"950"的模板，然后单击"自定义区"模块，如图9-36所示。

▲ 图9-36

Step 3 把"自定义区"模块拖入右侧的区域，然后单击"编辑"按钮，如图 9-37 所示。

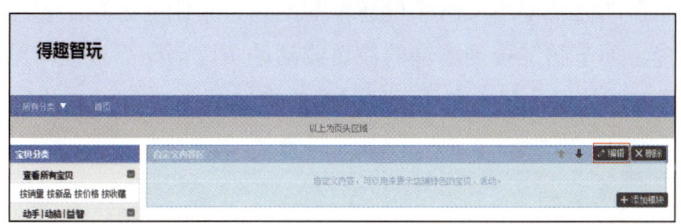

▲ 图9-37

Step 4 在弹出的"自定义内容区"对话框中，单击"源代码"按钮，然后在文本框中粘贴下载好的代码，如图 9-38 所示。

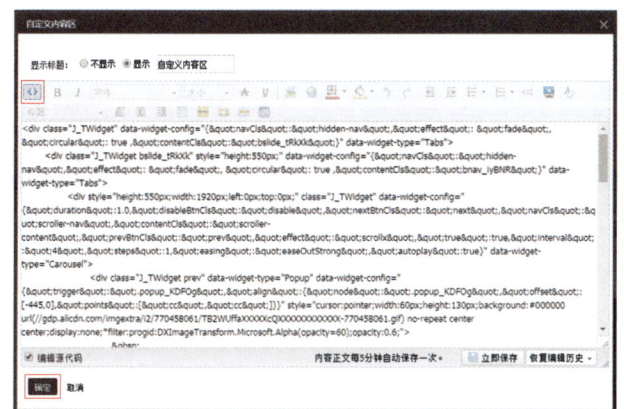

▲ 图9-38

> **专家提点**
>
> 在淘宝店铺装修时，经常会使用到一些简易代码，如全屏代码、轮播代码、自定义页代码等，这些代码需专业人士才能编写出来。作为入门卖家，我们只需在百度中搜索、下载这些代码，然后保存到自己的电脑中，供后期店铺装修过程中随时复制、粘贴使用。

Step 5 编辑并保存源代码，最后单击"确定"按钮。

9.2 设计直通车图

直通车是为淘宝、天猫卖家量身定制的一款按点击付费，实现商品精准推广的营销工具。通过淘宝直通车推广的商品，不仅会出现在淘宝网搜索页的靠前、右栏和下方的位置，还可以出现在其他指定的推广页面上。卖家可以为推广的每一款商品设置 200 个关键词，并可以针对每个关键词自由竞价。竞价越高，商品推广位置越靠前。

9.2.1 认识直通车图

消费者点击直通车图进入店铺，产生一次甚至多次的店铺内点击跳转，这种以点带面的关联效应可以降低整体推广的成本，提高店铺的关联营销效果。

1. 直通车图的尺寸说明

直通车图分为店铺直通车图和商品直通车图两种，它们的区别主要在于设计尺寸和链接方式不同。店铺直通车图链接到店铺的首页或活动页，而商品直通车图则链接到商品的详情页。两款直通车图的设计尺寸和展示尺寸的要求如图9-39所示。

店铺直通车图 设计尺寸：210像素×315像素 （文件不得超过480KB） 展示尺寸：180像素×270像素（最小）	商品直通车图 设计尺寸：800像素×800像素 （文件不得超过480KB） 展示尺寸：200像素×200像素（最小）

▲ 图9-39

专家提点　这里的展示尺寸是指在广告位上展示出来的尺寸，这是最小的设计尺寸。如果尺寸再小的话，就会显示不了或者显示模糊。

2. 直通车的推广位置

在PC端淘宝网的搜索框中输入关键词并单击"搜索"按钮后，在搜索结果页面中，直通车的展示位置在右侧有16个，中间靠左侧有1～3个，底部有5个（带有"掌柜热卖"标识的位置）。部分推广位展示如图9-40和图9-41所示。

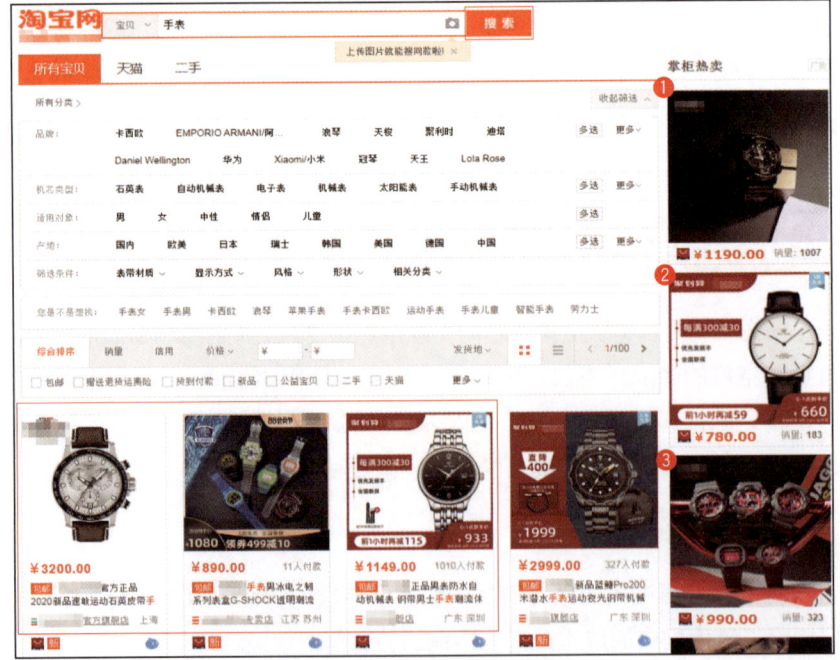

▲ 图9-40

▲ 图9-41

在手机端的搜索结果页中，商品图片上带有"HOT"标识的展示位就是直通车的推广位。

3. 直通车图的判定标准

一张直通车图制作得好或不好，可以从以下3个方面进行判定。

❶ 主题。主题卖点只需要一个，并且简洁精确，标题尽量控制在6字以内，紧扣消费者诉求。

❷ 构图。直通车图的设计讲究整齐和统一，图文搭配的比例要均匀，所有文字都居左或者居右，重点信息可以通过改变字体大小或者颜色来呈现；逻辑清晰，遵循从左至右或从上至下或先中间后两边的视觉流程，合理控制图片重心；文字信息量不宜多，并且不要覆盖在商品上，否则将影响商品的展示效果。

❸ 对比效果。与周边同类推广图相比，通过拍摄差异化、设计排版差异化或卖点文案差异化，形成鲜明的对比，从众多图片中脱颖而出。

> **专家提点**
> 此外，还可利用商品搭配的方法来吸引消费者的注意力，但不能主次不分，作为主角的商品一定要突出，这样才能明确销售主体。

9.2.2 直通车图的设计

想让自己的直通车图在众多同类直通车图中引起更多消费者的关注，除了商品本身要具有个性和卖点外，直通车图的设计也需要与众不同。

1. 直通车图的创意设计要点

在设计直通车图时，必须把握以下几个设计要领。

（1）卖点明确。

在设计直通车图时，重点突出商品的一到两个卖点。因为卖点放得太多，给消费者的信息量也会变多，消费者反而会觉得没有卖点。

（2）文案突出。

当商品图片不足以准确地传达卖点信息时，精练有创意的文案就显得尤为重要。

（3）视觉差异化。

视觉差异化主要表现在商品图片拍摄创意和直通车图排版设计两个方面。通过视觉差异化，可让本商品直通车图从同类商品直通车图中脱颖而出，并以此来吸引消费者点击。

> **专家提点**
> 可以利用不同的卖点、不同的设计形式多做几张直通车图，以此来测试直通车图的点击率，并最终确认使用哪一张直通车图做推广。

充分研究其他同类商品直通车图的特点，找出它们的共性，然后走差异化路线。除了视觉差异化，寻找差异化还可以从素材、色彩、构图、文案和创意等方面入手。

❶ 素材差异化。在图9-42中，后两张直通图中只有商品的图片，而第1张直通车图则使用了商品的场景实拍图，更写实，更有代入感。

▲ 图9-42

❷ 色彩差异化。在图9-43中，前两张直通车图使用的背景颜色分别是浅灰色和白色，而第3张直通车则使用了黑色背景，对比效果明显，所以更能吸引消费者的眼球。

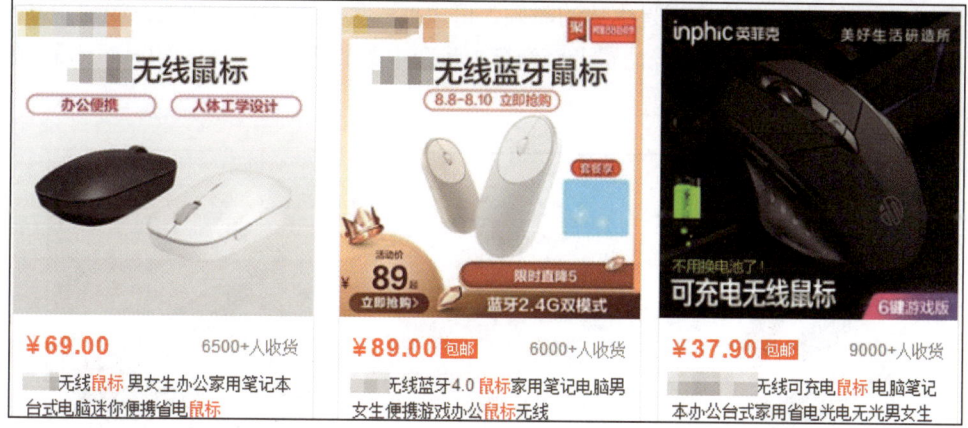

▲ 图9-43

如果一张图中商品的颜色与背景色相同或相近，那么就很容易降低商品的辨识度，从而导致消费者不易注意到本商品。

> **专家提点**
> 在设计直通车图时要注意选择背景色，或者尽量在拍摄中使用与商品本身色彩差异较大的颜色作为背景，但是不要让背景的颜色过于复杂，否则不能突出商品在图片中的主体地位。

❸ 构图差异化。在图9-44中，第1张直通车图采用了均衡化的构图，相比第2张直通车图，更符合人们的视觉习惯，主体商品更突出。

▲ 图9-44

❹ 文案差异化。当价格不是优势的时候，可以换一种表达方式。例如，在图9-45中，虽然商品价格都一样的，但是当消费者看到第1张图中的"第二支1元"的时候，第一感觉就是比其他两张图中的商品更便宜。

▲ 图9-45

❺ 创意差异化。根据某一卖点引申出具象的创意差异化。例如，在图9-46中，第2张直通车图就采用了漫画风格来展示创意的差异化。

▲ 图9-46

2. 直通车图的版式设计

前面讲解了直通车图的创意设计要点，下面将主要从文字、排版、配色这3个方面来介绍各类型直通车图的版式设计要点。

（1）利益驱动型的直通车设计图。

此类型的直通车图画面色彩多，留白少，注重排版，有醒目的优惠或价格标识，目的是向消费者传达"很便宜""性价比高"等信息，如图9-47所示。

▲ 图9-47

❶ 文字：建议主标题使用有视觉冲击力的字体或较粗的字体，如微软雅黑、综艺体等。

❷ 排版：不宜采用中规中矩的排版，主题促销信息要放大，采用对比的手法将主题信息与辅助信息在字体的粗细和大小等方面形成强烈对比，但要保持整体画面的美感。

❸ 配色：采用对比强烈的配色来营造画面张力。

（2）款式驱动型的直通车设计图。

此类型的直通车图重点在于展示款式，不需要太多的文字，有时只需一个Logo。背景可大量留白，色彩单一，着重体现商品的品质感，画面和谐，比例协调，如图9-48所示。

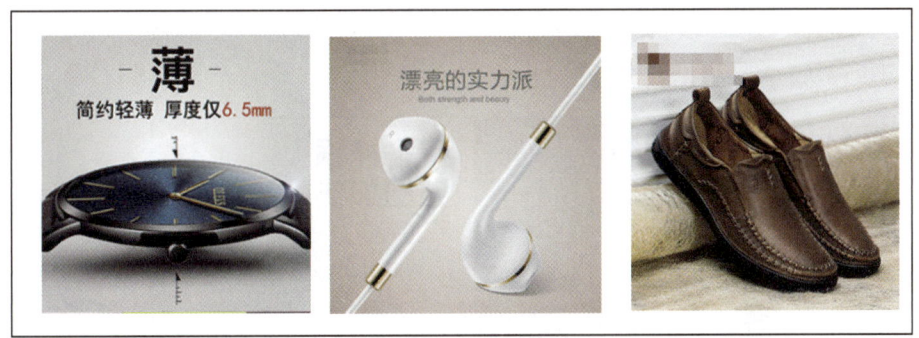

▲ 图9-48

❶ 文字：主题文字不宜使用怪异的变形字体，并且需要将重要的文字信息进行放大、突出，适当留白。

❷ 排版：以简洁、工整的排版为主，对齐方式可采用左对齐、右对齐或居中对齐，合理设计主题文字与辅助文字的字体、字号、粗细和间距，以增加画面的美感。

❸ 配色：背景配色尽量单一，可参照商品本身的颜色或邻近色来选择配色。若要突出折扣、价格或者重要的功能等信息，可用反差较大的颜色来展示。

（3）概念驱动型的直通车设计图。

此类型的直通车图宜采用夸张的手法，突出一个让消费者产生好奇的卖点，如图9-49所示。

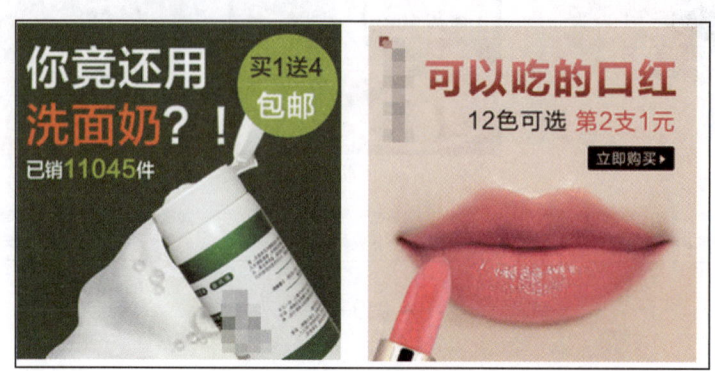

▲ 图9-49

❶ 文字：根据主题思想选择相应的字体，并且主题文字要明确、显眼。
❷ 排版：简洁、大方，突出主题思想，图片与文字协调。
❸ 配色：根据主题配色，遵守配色规则。

（4）归属感驱动型的直通车设计图。

此类型的直通车图通过产品寄托情感，利用心理暗示对消费者进行消费群体划分，向消费者传递一种情感信息：只要你使用或拥有了某商品，你就属于这类消费群体中的一员，如图9-50所示。

▲ 图9-50

❶ 文字：需要有明确、醒目的主题文字，可以较少或不用辅助信息。
❷ 排版：根据主题排版，无具体要求。
❸ 配色：根据主题配色，遵守配色规则。

（5）增值服务驱动型的直通车设计图。

此类型的直通车图利用增值服务引起消费者的兴趣，让消费者觉得售后有保障，买了放心，如图 9-51 所示。

▲ 图9-51

❶ 文字：突出增值服务内容，如 2 年质保、终身换新、免费试用等。
❷ 排版：根据主题排版，凸显主题，版面活跃。
❸ 配色：根据主题配色，遵守配色规则。

（6）好评驱动型的直通车设计图。

此类型的直通车图通常突出超高销售记录和好评率，如图 9-52 所示。

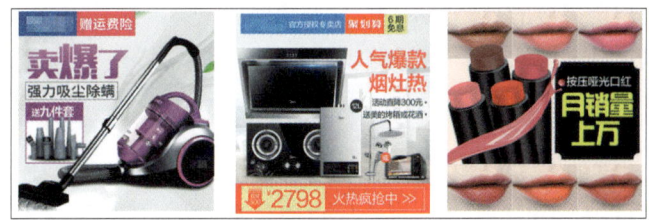

▲ 图9-52

❶ 文字：将大众好评和销量数据突出放大。例如，已售"×××××台""人气爆款""月销量上万"等。
❷ 排版：突出主题，版面活跃。
❸ 配色：根据主题配色，遵守配色规则。

9.3 设计钻展图

钻展图的全称为钻石展位图，依靠图片创意在钻石展位吸引消费者点击，可获取较大流量。

9.3.1 钻展图设计要求

钻石展位是按照流量竞价售卖的广告位，是为淘宝、天猫卖家提供的一种营销工具。钻石展位按照从高到低的出价进行展现。

钻展图的设计要求如下。

1. 图片的尺寸、大小与格式

与直通车图不同，钻展图的位置多且尺寸各异。

❶ PC端首页焦点图的尺寸为520像素×280像素，图片大小≤80KB；淘宝首页焦点图右侧的小图尺寸为170像素×200像素，图片大小≤26KB。

❷ 手机端淘宝首页的焦点图尺寸为640像素×200像素，图片大小≤72KB。

❸ 图片格式为JPG或PNG。

> **专家提点**
> 在钻石展位，仅投放大类就包括天猫首页、淘宝首页、淘宝旺旺、站外门户、站外社区、无线淘宝等，每个投放位置对应的钻展图尺寸也不同，因此在制作钻展图时，要根据位置、尺寸等信息灵活调整设计图。

2. 图片制作

❶ 图片必须要清晰。

❷ 图片要求无边框、无阴影。

❸ 图片上不能出现"×××媒体""×××演员推荐""OS认证"等字样。

❹ 图片上严禁出现拼接形式，也不得出现白色竖条。

❺ 图片上严禁出现禁用的广告词，如全网最低价、销量第一、销售冠军、热荐、顶级等。

3. 创意设计

❶ 主图突出。钻展的主图既可以是商品图片，也可以是创意方案，还可以是消费者诉求的呈现。由于钻展图的尺寸相对要大一些，比直通车图还大，因此要求主图一定要突出，这样才能够吸引消费者点击。

❷ 目标明确。在设计及制作钻展图时，首先需要明确自己的营销目标，再根据营销目标进行针对性的素材选择和设计，这样点击率才更有保障。钻展图的创意首先要有一个明确的主标题，主标题尽量控制在6字以内，紧扣消费者诉求，让消费者一看就想点击图片去了解产品。

❸ 形式美观。钻展图不仅要讲究版式布局，还要讲究信息内容结构和层次，以及色彩搭配。这样才可能做到既具有视觉冲击力的美观效果，又能突出主题。

> **专家提点**
> 钻展图的布局应遵循适当留白、黄金分割的定律；文字与图片的搭配比例适宜，合理控制图片重心、视平线和视觉比重；色彩不超过3种，灰度、纯度对比应平衡。

9.3.2 钻展图版式设计

钻展图的版式设计主要是从整体的版面、字体与字号、商品图片、配色，以及装饰元素等几个方面来呈现。本小节将介绍钻展图中商品图片与文字的排版关系。

（1）两栏式。

两栏式是最简单的构图方式，也就是商品图片与文字各排一边。一般情况下，主体占整个画面的 7/10，并且在文字排版上一定要突出中心点，如图 9-53 所示。

▲ 图9-53

（2）三栏式。

三栏式是图片在两边、文字在中间的版式设计。通过不同大小和不同位置的图片摆放，营造出一种空间感，这种版式设计适合展示多件商品，或者多色的商品，如图 9-54 所示。

▲ 图9-54

（3）上下式。

上下式是文字在上面、图片在下面的版式设计。图片中的商品或文字占画面的 2/3，这种版式设计主要用于商品促销活动或品牌宣传，如图 9-55 所示。

▲ 图9-55

（4）组合式。

组合式是同时有模特图、文字及商品图的版式设计，这种版式设计的特点是画面饱满，内容丰富，非常适合化妆品等钻展图的设计，如图9-56所示。

此外，也有的组合式采用左右两边为模特图，文字与商品图放中间的形式，这种版式设计适合多系列促销商品的钻展图设计。

▲ 图9-56

(5)纯文字式。

纯文字钻展图的版式设计主要突出文字信息,简单、直白地表达促销内容,如图9-57所示。

▲ 图9-57

(6)正反三角形构图式。

采用正反三角形构图的画面稳定自然,空间感强,可给消费者营造一种稳定可靠的视觉效果,如图9-58所示。

▲ 图9-58

(7)垂直构图式。

各个商品在页面中的占比相同,并且分配均衡,有较强的秩序感,这种版式设计适合多个款式、多个颜色的商品展示,如图9-59所示。

▲ 图9-59

（8）放射性构图式。

由一个视觉中心点向外发射散开，画面具有极强的透视感，这种版式设计特别适合大促活动的 Banner、专题设计，如图 9-60 所示。

▲ 图9-60

9.4 秘技一点通

技巧1 制作夸张的主题字体

如果想要制作具有特殊氛围的海报，应尽量使用比较夸张的字体，可以在原有文字的基础上进行变形，也可以事先在纸上绘制出变形文字的大概轮廓，然后拍成图片，再导入 Photoshop 中，用"钢笔工具"绘制出来。

技巧2　设计直通车图时的注意事项

直通车作为重要的推广工具，商品、关键词、推广时段等的选择都是影响流量的重要因素。当然，直通车图的视觉效果同样不容忽视，商品图片、包装设计、文案卖点等都会影响消费者的视觉感官，进而影响商品的点击率。因此，好的图片能吸引消费者，促使消费者下单，从而提升直通车推广的效果。

接下来，介绍几个设计直通车图的注意事项。

1. 突出商品与背景的色彩差异

在拍摄商品图片时，背景尽量使用与商品本身色彩差异较大的颜色，但同时也要注意背景的颜色切勿太杂、太乱，否则会影响商品在图片中的主体地位。如果是必须使用的颜色，可以把图片的背景适当模糊，以突出商品。

2. 保证商品图不被遮盖

商品图不能被任何素材或文字遮盖，应保证图片与素材或文字的间距至少为 10 像素。

3. 保证商品的主体位置

在拍摄和展示商品的时候，要找一些"配角"衬托，但要注意商品永远占主体位置。因为消费者会自动根据图片中的比例关系去区分主次，应避免给消费者造成误解。

4. 保证图片的清晰度

在处理直通车图时，如果直接缩放图片，图片会变模糊，此时可以对缩放的图片进行锐化处理，这样既可以解决图片的模糊问题，又可以让图片中的商品看上去更有质感。要注意的是，当对图片进行了缩小操作时，如果需要再次将其放大，应使用高精度原图重新进行制作。

第10章
网店的其他装修设计

本章导言 ●●●

　　一个好的网店，除了商品主图、商品详情页、营销推广图要装修设计外，其他细节方面也需要装修设计，如店铺背景、店铺页尾、店铺的背景音乐，以及千牛头像和店铺的二维码等。本章将带领读者一起来实操这些细节方面的装修设计。

本章学习要点 ●●●

- ✪ 店铺背景装修
- ✪ 店铺页尾设计与装修
- ✪ 添加店铺背景音乐
- ✪ 设置千牛头像
- ✪ 设置店铺二维码

10.1 店铺背景装修

店铺背景一般由店招页头背景和店铺页面背景构成。目前常见的店铺背景装修有自定义背景和全屏固定背景两种方式,本节将分别介绍这两种方式的装修要点。

10.1.1 店铺背景的视觉要点

店铺背景的装修也是店铺装修的重点。店铺的背景与店铺风格息息相关,在进行设计时,应重点关注以下视觉要点。

❶ 尺寸:通常设置的宽度为1920像素,高度不限;如果是装修固定背景,尺寸最好设置为1920像素×1080像素。

❷ 格式:店铺背景图的文件格式为GIF、JPG、PNG。

❸ 颜色:店铺的背景色作为辅助色,起着衬托作用,因此背景的颜色不可太过抢眼,避免喧宾夺主;背景色宜选用单色调、淡色调、冷色调、暗色调等。

图10-1所示的店铺的背景色为绿色,绿色的背景色不仅与店铺整体风格一致,而且突出了商品安全、健康的特性。

❹ 内容:店铺背景通常不会有太多内容,有时为了装饰页面,可以添加一些简单的、与商品相关的元素。另外,为了宣传的需要,还可以在店铺背景上添加手机端淘宝店铺的二维码,以及优惠活动的提示信息等。

> **专家提点**
> 背景图的大小不应超过1MB,否则会影响图片的加载速度。

▲ 图10-1

10.1.2 自定义背景装修

淘宝旺铺专业版可以自定义设置背景颜色,还可以通过上传自定义背景图来装修。店铺自定义背景的装修步骤如下。

Step 1 进入店铺装修后台,在左侧栏中单击"页面"选项,展开页面背景设置模块。

Step 2 在页面背景设置模块中可以看到自定义背景装修有"页面背景色"和"页面背景图"两种方式,如图10-2所示。

▲ 图10-2

> **专家提点**　"页面背景色"和"页面背景图"的设置默认只应用到当前页面，如果要应用到整个店铺，需要单击右下角的"应用到所有页面"按钮。

Step 3 单击"页面背景色"后面的正方形颜色框，在弹出的"调色器"对话框中选择想要的背景色，或者输入颜色对应的色值，然后单击"确定"按钮，如图10-3所示。

▲ 图10-3

Step 4 勾选正方形颜色框后面的"显示"复选框，若背景色的设置没有生效，可尝试删除背景图，如图10-4所示。

▲ 图10-4

Step 5 页面背景色设置完成后,单击"预览"按钮预览背景效果,如图 10-5 所示。

▲ 图10-5

Step 6 单击"页面背景图"下的"更换图片"按钮,在弹出的"打开"对话框中上传设计好的页面背景图,如图 10-6 所示。

Step 7 根据需要,设置"背景显示"为"纵向平铺","背景对齐"为"居中",如图 10-7 所示。

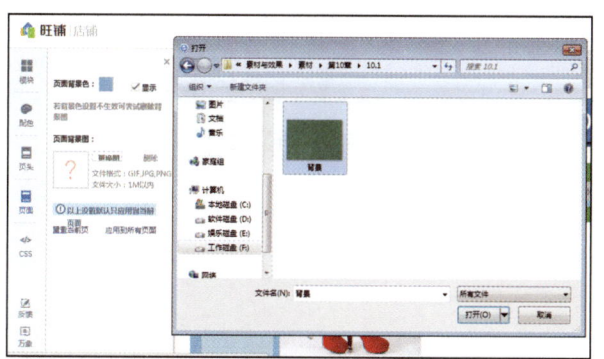

▲ 图10-6

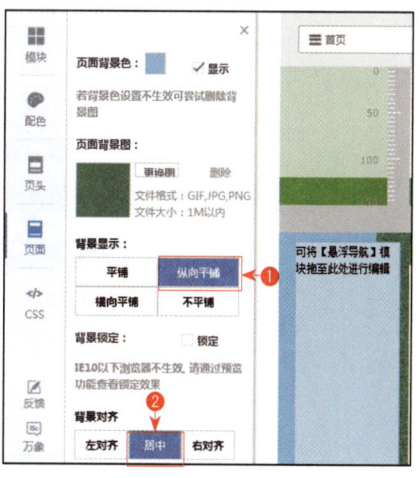

▲ 图10-7

> **专家提点**
> 新版的旺铺还可实现固定背景效果,不过在IE 10以下的浏览器中无法生效,读者可以根据需要选择是否使用。

Step 8 页面背景图设置完成后,单击"预览"按钮预览背景效果,如图 10-8 所示。

▲ 图10-8

10.1.3 全屏固定背景装修

全屏固定背景是指背景为全屏图，当滚动页面时，背景为固定状态，不会因为页面的滚动而发生变化，这是目前特别流行的一种背景装修方式。全屏固定背景的装修不仅操作简单，而且能给人带来更好的视觉效果。全屏固定背景装修的具体操作步骤如下。

Step 1 选择一张已经设计好的全屏背景图，将其上传到图片空间。

Step 2 在店铺装修后台单击"编辑"按钮，如图10-9所示。

▲ 图10-9

Step 3 在打开的"导航"对话框中单击"显示设置"按钮，进入"显示设置"界面，如图10-10所示。

Step 4 将素材文件夹 | 第10章 | 10.1 | "全屏固定背景代码"文档中的代码复制并粘贴到此文本框内，如图10-11所示。

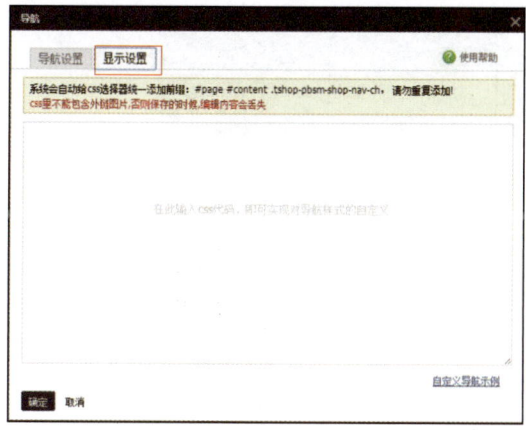
▲ 图10-10

▲ 图10-11

Step 5 将代码中的"背景图片地址"替换成 Step1 中上传的背景图片的地址（背景图片的地址获取方法请参照第 5 章的 5.2.3 小节内容），单击"确定"按钮，如图 10-12 所示。

Step 6 设置好代码后，单击店铺装修后台右上角的"预览"按钮，查看全屏固定背景装修效果。确认无误后，单击右上角的"发布站点"按钮选择合适的发布方式，如图 10-13 所示。

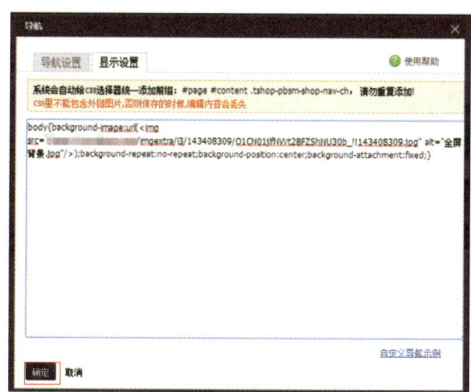
▲ 图10-12

▲ 图10-13

10.2 店铺页尾设计与装修

店铺的页尾是店铺页面的最后一屏。如果页尾利用得好，和首页相呼应，不仅可以让店铺的结构和信息完整展现，还可以起到很好的分流作用。

10.2.1 页尾的视觉要点

店铺页尾通常包含消费保障、售后服务、购物流程、退换货须知、物流快递、客服中心、店铺公告等信息。在设计上要和店铺风格相统一，并且通常使用简短的文字加相关性的图标来传递相关信息，如图 10-14 所示。

▲ 图10-14

页尾一般包含以下几项内容。

❶ 店铺底部导航：便于消费者寻找店内商品。

❷ 返回顶部按钮：在页面过长的情况下，加上返回顶部按钮，以便消费者快速跳转到顶部。

❸ 收藏店铺：在页尾添加收藏店铺链接，方便消费者收藏店铺，进而留住消费者。

❹ 旺旺客服中心：便于消费者联系客服，增强互动，提高转化率。

❺ 买家须知：诸如发货须知、买家必读、购物流程和默认快递等信息，可以帮助消费者快速解决购物过程中的问题，减少消费者对常见问题的咨询量。

消费者可以通过店铺页尾看出这个店铺的品质和专业程度，认真做好店铺的页尾装修，可以提高消费者的信任度。

10.2.2 页尾的设计

下面介绍如何设计页尾，具体的操作步骤如下。

Step 1 打开 Photoshop，选择"文件"|"新建"菜单命令，在弹出的"新建文档"对话框中，设置名称为"页尾"，"宽度"为"1920"像素，"高度"为"799"像素，如图 10-15 所示。

Step 2 设置前景色为"#c7e2e4"，选择工具箱中的"油漆桶工具" ，单击文档窗口，即可将画面填充为指定的颜色，效果如图 10-16 所示。

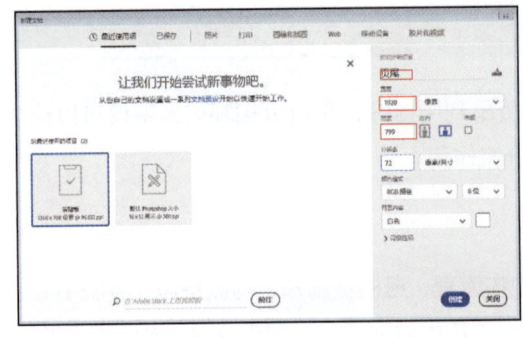

▲ 图10-15

▲ 图10-16

Step 3 选择工具箱中的"矩形工具" ，设置填充颜色为"#000000"，在图像上绘制一个"W"为 1920 像素、"H"为 123 像素的矩形，效果如图 10-17 所示。

Step 4 选择工具箱中的"矩形工具" ，设置描边颜色为"#587a7d"，在图像上绘制一个描边宽度为 12 像素、"W"为 1804 像素、"H"为 587 像素的矩形，效果如图 10-18 所示。

▲ 图10-17　　　　　　　　　　　　▲ 图10-18

Step 5 选择工具箱中的"矩形工具" ，设置填充颜色为白色，在图像上绘制一个"W"为 1647 像素、"H"为 401 像素的矩形，效果如图 10-19 所示。

Step 6 选择"矩形 2"图层，为其添加图层蒙版，然后选择工具箱中的"画笔工具" ，设置前景色为白色，然后涂抹图像，效果如图 10-20 所示。

▲ 图10-19　　　　　　　　　　　　▲ 图10-20

Step 7 选择工具箱中的"横排文字工具" ，在图像上添加多个文本。设置文本的字体为"思源黑体"、大小为"48 点"、字体颜色为"#587a7d"，将字体加粗，然后将新添加的文本放置在合适的位置，效果如图 10-21 所示。

Step 8 选择工具箱中的"横排文字工具" ，在图像上添加多个文本。设置文本的字体为"思源黑体"、大小为"34 点"、字体颜色为"#587a7d"，将新添加的文本移动到合适的位置，效果如图 10-22 所示。

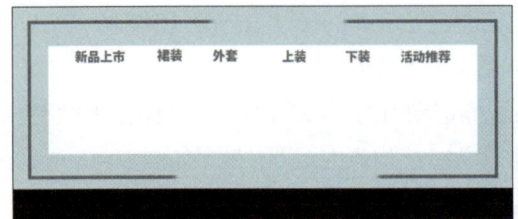
▲ 图10-21

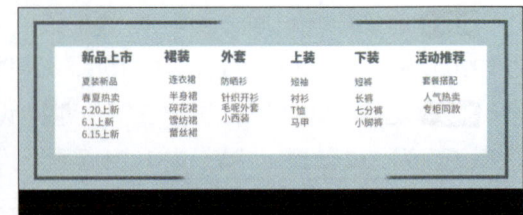
▲ 图10-22

Step 9 选择工具箱中的"圆角矩形工具" ，设置填充颜色为"#afcccf"。绘制一个"W"为1600像素、"H"为8像素、"半径"为10像素的圆角矩形，效果如图10-23所示。

Step 10 选择新绘制的"圆角矩形1"图层，按"Ctrl"+"J"组合键复制图层。将复制后的圆角矩形移动到合适的位置，并修改其"H"参数值为2.5像素，效果如图10-24所示。

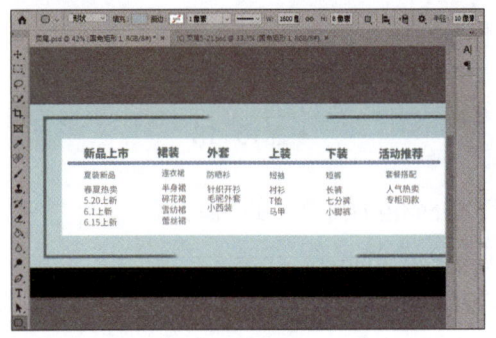
▲ 图10-23

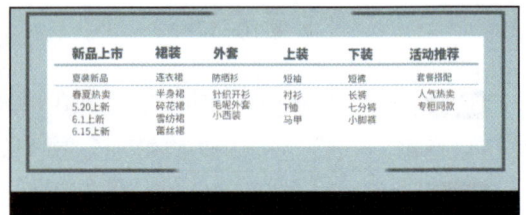
▲ 图10-24

Step 11 选择工具箱中的"自定形状工具" ，设置填充颜色为白色，然后在图像中绘制多个自定形状，效果如图10-25所示。

Step 12 选择工具箱中的"横排文字工具" ，在图像上添加多个文本。设置文本的字体为"思源黑体"、大小为"48点"、字体颜色为"#587a7d"，将字体加粗，调整新添加的文本的位置，效果如图10-26所示。

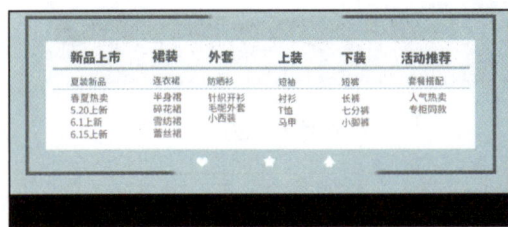
▲ 图10-25

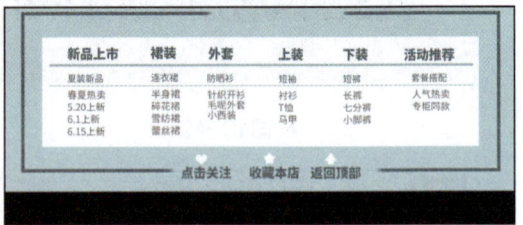
▲ 图10-26

Step 13 选择工具箱中的"椭圆工具" ，设置描边颜色为白色，在图像上绘制一个描边宽度为3像素，"W"和"H"均为80像素的圆形，效果如图10-27所示。

Step 14 选择工具箱中的"横排文字工具" T.,在图像上添加多个文本。设置文本的字体分别为"Adobe 黑体 Std"和"思源黑体",大小分别为"48 点""36 点""30 点",字体颜色均为白色,调整新添加的文本的位置,效果如图 10-28 所示。

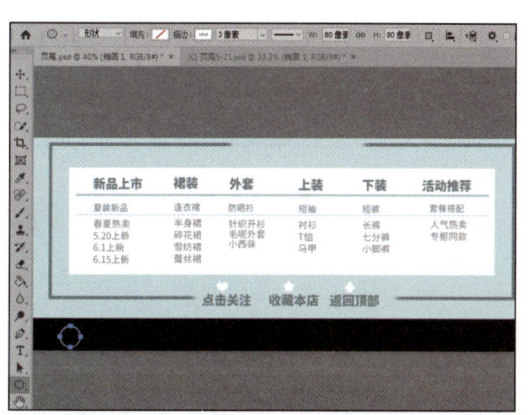

▲ 图10-27

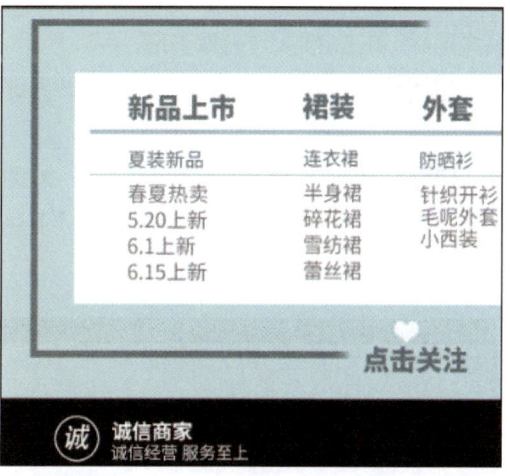

▲ 图10-28

Step 15 选择新添加的圆形和文本,多次按"Ctrl"+"J"组合键复制图层,然后移动复制后的圆形和文本,并修改复制后的文本内容,如图 10-29 所示。至此,页尾效果设计完成。

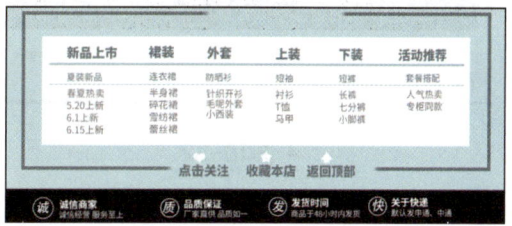

▲ 图10-29

10.2.3 页尾的装修

页尾装修的具体操作步骤如下。

Step 1 进入店铺装修后台,在左侧展开的模块列表中选择"自定义区"模块,按住鼠标左键不放,将"自定义区"模块拖曳到右侧页尾区域,如图 10-30 所示。

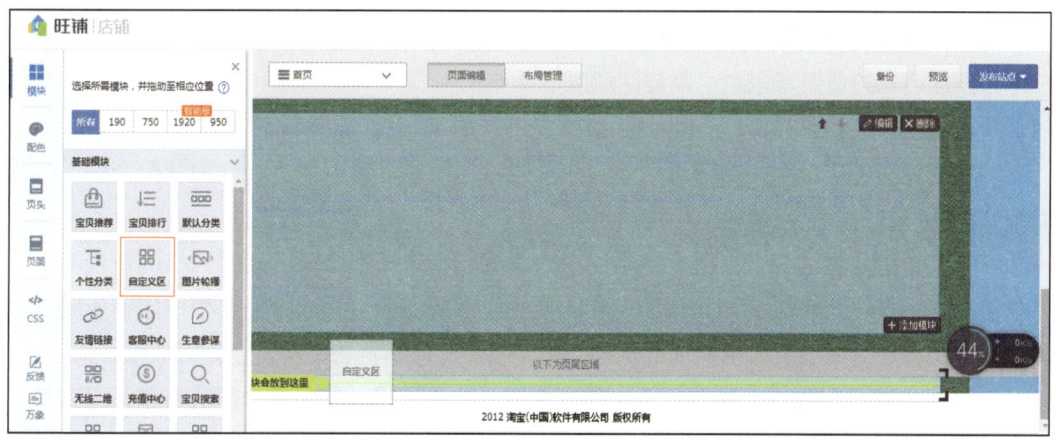

▲ 图10-30

Step 2 单击该区域右上角的"编辑"按钮，在弹出的"自定义内容区"对话框中单击"显示"单选按钮，然后单击"插入图片空间图片"按钮。在"从图片空间选择"选项卡中选择页尾图片，单击"插入"按钮，如图10-31所示。

Step 3 在"自定义内容区"对话框的底部单击"确定"按钮，如图10-32所示。

Step 4 单击"发布站点"按钮，如图10-33所示。再根据提示进行操作，完成页尾的装修。

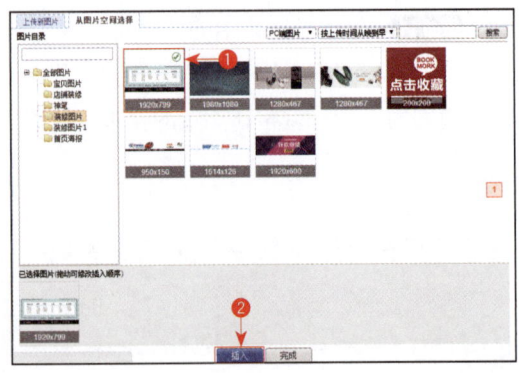

▲ 图10-31

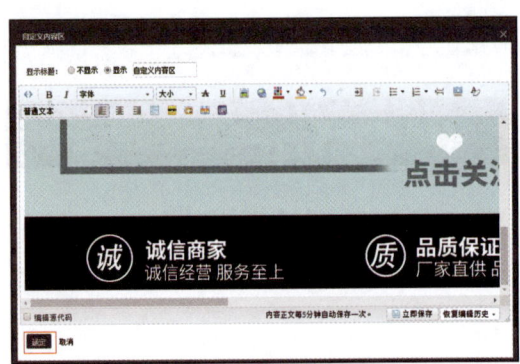

▲ 图10-32

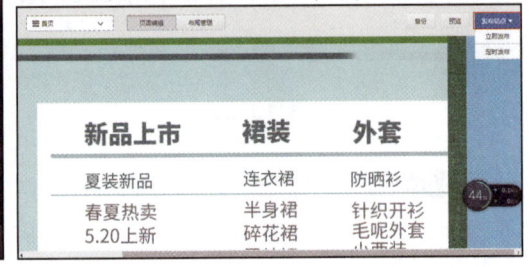

▲ 图10-33

10.3 添加店铺背景音乐

在浏览淘宝店铺时，经常会听到一些美妙的背景音乐。背景音乐营造出来的氛围，不仅可以消除消费者进入店铺的陌生感，还有利于丰富店铺的内涵，提升店铺的档次和品位。

1. 添加店铺背景音乐的注意事项

在添加店铺的背景音乐时，需要注意以下几点。

（1）选择合适的背景音乐。

并不是所有的店铺都适合添加背景音乐，也不是所有的音乐都适合作为背景音乐。店铺背景音乐要选择与自己店铺风格相符的音乐。

首先，分析店铺的受众人群，针对受众人群的喜好选择适合自己店铺风格的背景音乐，这样更易于消费者了解、认同店铺的文化，接受店铺的商品。其次，需要根据店铺所属行业来选择。例如，时尚服装店搭配慵懒情调的英文歌曲会让消费者在浏览店铺时放松心情。

有一些店铺只会在特定的节日添加背景音乐，如儿童节、端午节、国庆节和圣诞节等，以渲染节日氛围，引起消费者的购物欲望。

> **专家提点**
> 如果选择只在节日设置背景音乐,那么背景音乐就要与节日相关联。例如,圣诞节可选择《铃儿响叮当》等音乐。

(2)曲目充足,音量适中。

背景音乐的曲目要尽可能多准备,避免长时间循环播放一首或几首音乐,这会使消费者产生厌烦的心理情绪。播放背景音乐的音量要适宜,因为音量过大,会分散消费者的注意力,更甚者会让消费者认为是噪声,导致心情烦躁;音量过小,消费者听起来费劲,也就无法起到烘托氛围的作用。

(3)不同时间段播放不同的背景音乐。

如果条件允许,可以在不同的时间段播放不同的背景音乐。例如,早上店铺营业时,可以播放一些清新、舒畅的音乐;客流量高峰期,可以播放一些欢快的音乐;店铺打烊时,可以播放一些轻松、舒缓的音乐。

2. 订购店铺音乐服务

淘宝网中的店铺音乐服务不但可以让卖家自选歌曲,还可以根据店铺所属的行业推荐歌曲,能满足不同店铺的个性需求。店铺音乐服务最大的亮点在于订购成功后,它会自动出现在店铺右侧的悬浮栏中,消费者可以手动控制是否播放以及调整播放时的音量大小。

订购店铺音乐服务的具体方法如下。

Step 1 进入卖家服务市场,在搜索栏中输入"音乐",单击"搜索"按钮。

Step 2 在弹出的搜索结果的页面中单击需要购买的音乐服务,如店铺背景音,即可进入"店铺背景音"订购页面。

Step 3 选择服务版本和使用周期,单击"立即购买"按钮,如图10-34所示。

▲ 图10-34

Step 4 在弹出的页面中根据提示进行操作,即可完成店铺音乐服务的订购。

店铺音乐服务订购成功后,系统会自动将之添加到店铺右侧的悬浮栏中。

10.4 设置千牛头像

千牛是阿里巴巴集团出品的卖家工作台，主要用于交易双方售前、售后的沟通。该软件中包含卖家工作台、消息中心、阿里旺旺、量子恒道、订单管理和商品管理等主要功能，极大地方便了卖家对店铺的管理。

很多卖家都会对店铺的千牛头像进行个性化设置，设置后的千牛头像不但能增加店铺品牌感，也能让消费者感受到店铺的专业性。卖家的千牛头像一般是使用与店铺品牌有关的图片或是直接使用店标，设置的过程也非常简单，具体的操作步骤如下。

Step 1 单击卖家工作台中的"聊天"按钮，在弹出的聊天界面中单击自己的账户名称，如图10-35所示。

Step 2 在弹出的"我的资料"对话框中单击头像下方的"修改"按钮，如图10-36所示。

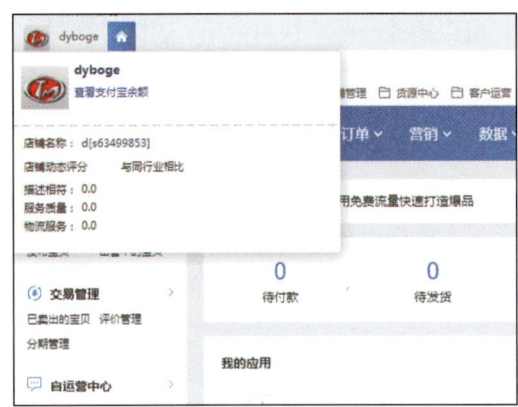

▲ 图10-35

▲ 图10-36

Step 3 在弹出的"修改头像"对话框中单击"选择文件"按钮，如图10-37所示。

Step 4 在弹出的"打开"对话框中选择"头像"图片文件，单击"打开"按钮，如图10-38所示。

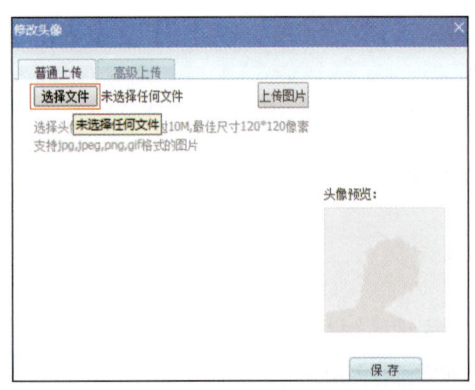

▲ 图10-37

▲ 图10-38

第10章 网店的其他装修设计

Step 5 在"修改头像"对话框中单击"上传图片"按钮,如图10-39所示。

Step 6 图片上传成功后,"头像预览"区域会显示上传的图片,确认无误后单击"保存"按钮,如图10-40所示。

▲ 图10-39

▲ 图10-40

Step 7 在"我的资料"对话框中,单击"确定"按钮,如图10-41所示。此时可以看到千牛卖家工作台中的头像已经设置成功,如图10-42所示。

▲ 图10-41

▲ 图10-42

10.5 设置店铺二维码

如今,越来越多的卖家通过发放红包、评价有礼等方式鼓励消费者扫描店铺二维码进入店铺,进而提高店铺的评分及复购率。店铺二维码多用于店铺的首页、DM单页或店铺名片上。图10-43所示为某家店铺的二维码。

▲ 图10-43

10.5.1 创建店铺二维码

使用店铺二维码是一种直观和方便的引流方式，要想使用二维码，必须先创建二维码。创建店铺二维码的具体操作步骤如下。

Step 1 进入卖家后台，单击页面左侧"店铺管理"选项组中的"手机淘宝店铺"文字超链接，再单击右侧"码上淘"区域中的"进入后台"按钮，如图10-44所示。

Step 2 在弹出的对话框中单击"进入码上淘"按钮，如图10-45所示。

▲ 图10-44

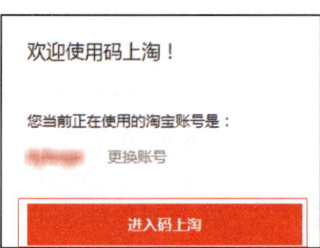

▲ 图10-45

Step 3 跳转至"码上淘"页面后，单击左侧导航栏中的"通过链接创建"按钮，如图10-46所示。

▲ 图10-46

> **专家提点**
> 创建二维码的方式共有3种，分别为"通过工具创建""通过链接创建""通过宝贝创建"。在"通过工具创建"方式中有一些创建二维码的工具，这些工具有些是收费的，也有些是淘宝官方免费提供的。"通过链接创建"是指选择或输入相应的页面链接URL来创建二维码。"通过宝贝创建"是针对店铺商品来创建二维码。

Step 4 进入"通过链接创建二维码"页面,在"二维码页面链接"文本框中输入店铺链接地址,单击"下一步"按钮,如图 10-47 所示。

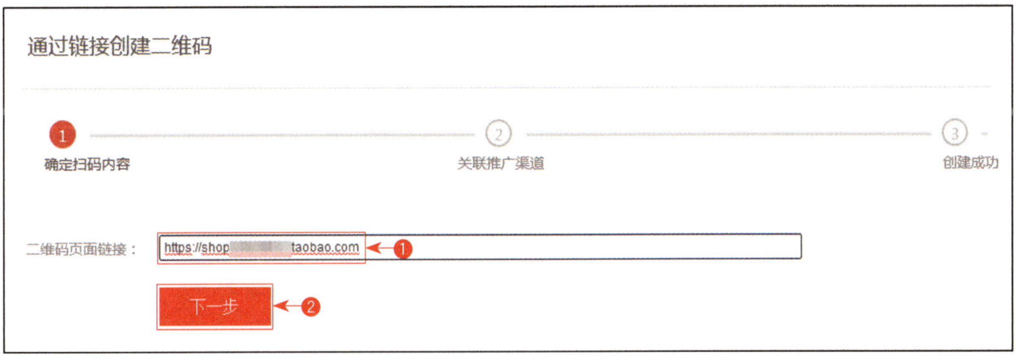

▲ 图10-47

Step 5 在"二维码名称"文本框中输入二维码名称,选择相应的渠道标签,单击"下一步"按钮,如图 10-48 所示。

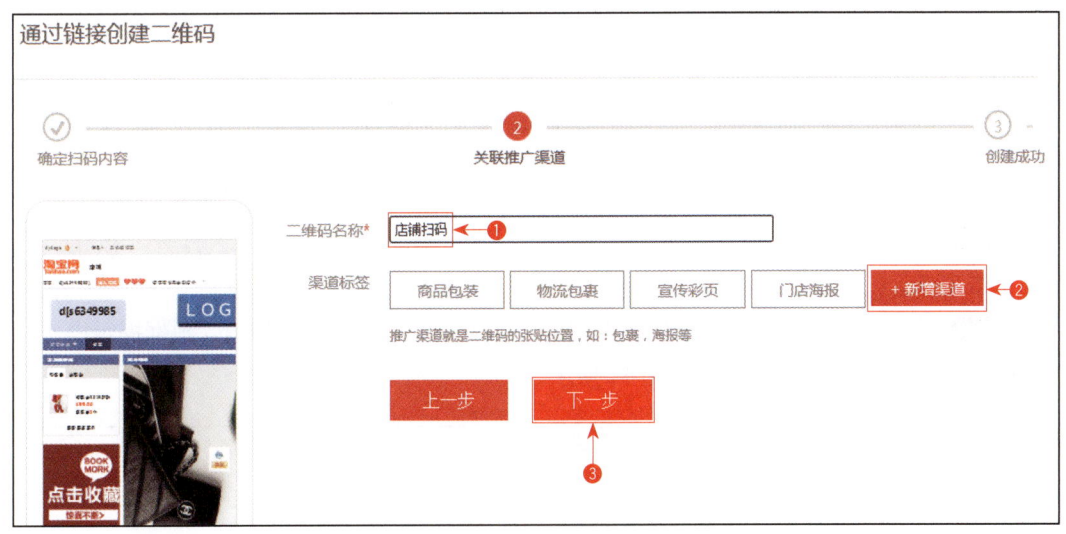

▲ 图10-48

10.5.2 设置和下载二维码图片

设置和下载二维码图片的具体操作步骤如下。

Step 1 在完成 10.5.1 小节中的 Step5 后,页面将跳转到相关无线页面的二维码设置页面,单击二维码下方的"更换 logo"按钮,如图 10-49 所示。

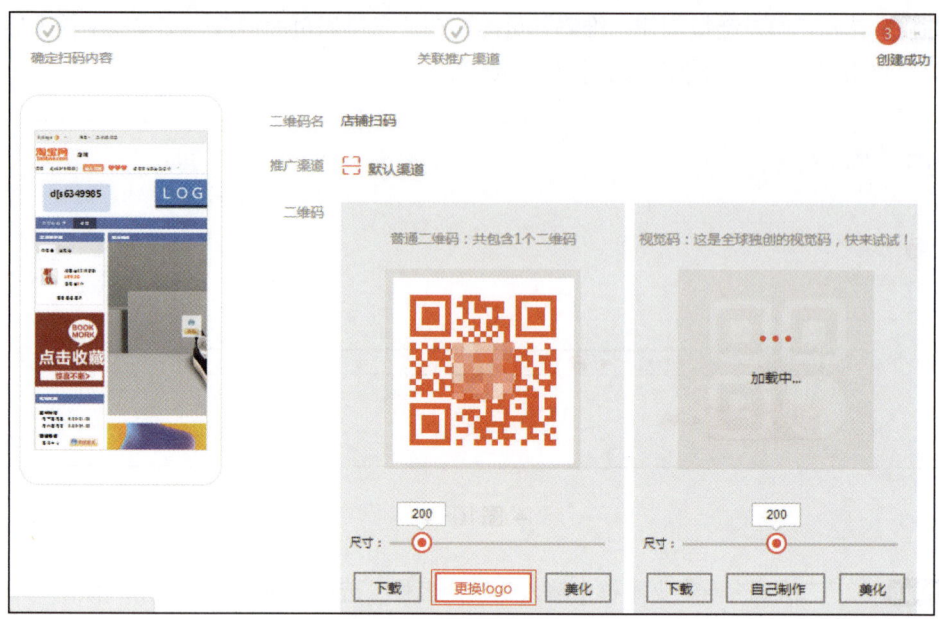

▲ 图10-49

> **专家提点**
>
> 这里所指定的无线页面就相当于PC端淘宝店铺的活动页，消费者通过扫描二维码就可进入相应的无线页面。如果没有页面选择，就需要卖家创建相关无线页面后才能创建二维码。

Step 2 在弹出的"打开"对话框中选择"店标"图片文件，单击"打开"按钮，如图10-50所示。

Step 3 此时会发现图片文件已加载到二维码中了，单击"下载"按钮，根据提示操作，即可完成二维码图片的下载，如图10-51所示。

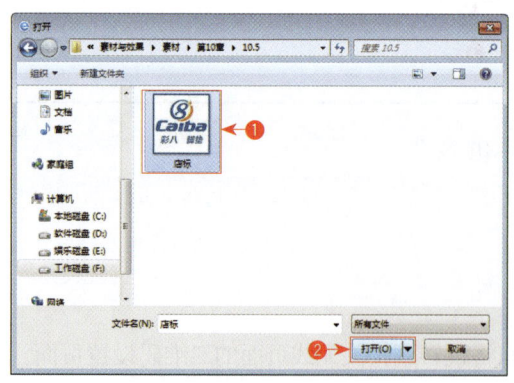

▲ 图10-50

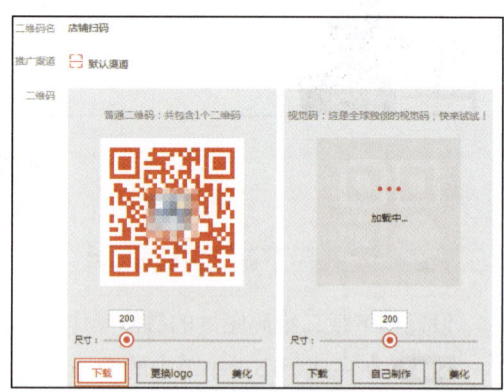

▲ 图10-51

10.6 秘技一点通

技巧1 为商品图片添加"喜欢"组件

"喜欢"组件一般添加在商品海报中,添加的具体操作步骤如下。

Step 1 打开 Dreamweaver,然后打开素材文件 | 第 10 章 | 10.6 | "喜欢"HTML 文件,如图 10-52 所示。

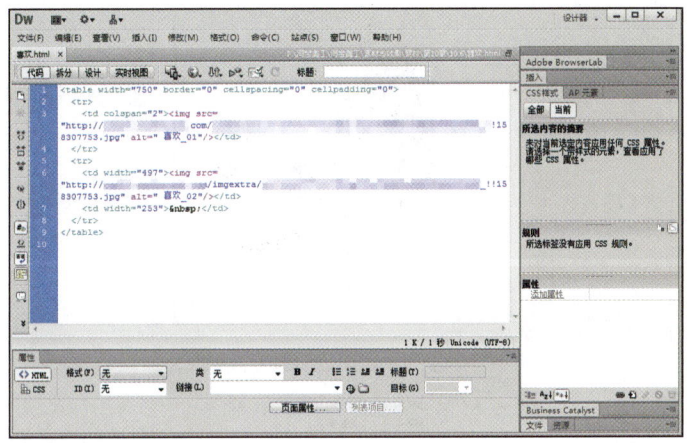

▲ 图10-52

Step 2 选择左侧窗口代码中的" "字符并右击,在弹出的快捷菜单中选择"粘贴"命令,如图 10-53 所示,将"喜欢"组件的代码粘贴过来。

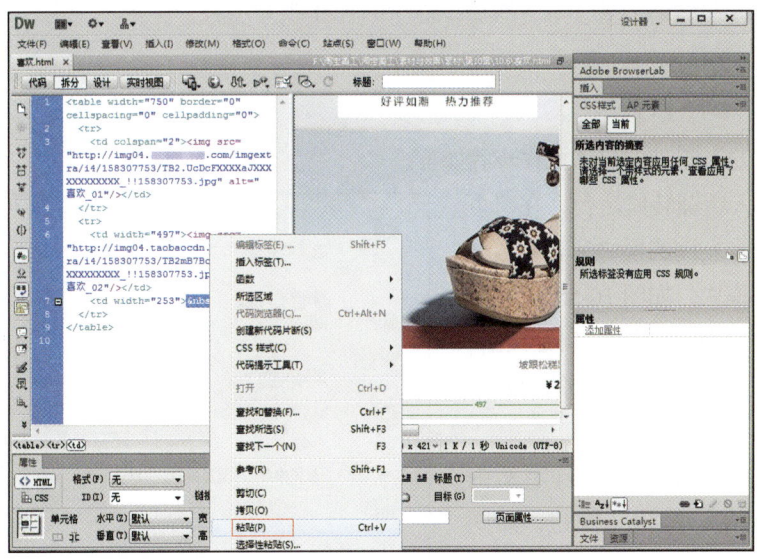

▲ 图10-53

> **专家提点**
>
> " "字符是空格的意思，此处是将"喜欢"组件的代码粘贴到空白的单元格中。

Step 3 按"Ctrl"+"A"组合键全选左侧窗口中的代码，再按"Ctrl"+"C"组合键完成代码的复制，如图10-54所示。

▲ 图10-54

> **专家提点**
>
> "喜欢"组件代码的效果只有在店铺后台发布后才能看到。

技巧2 发布"喜欢"组件

发布"喜欢"组件的具体操作步骤如下。

Step 1 进入店铺装修后台，在"页面编辑"选项卡左侧的模块列表中选择"自定义区"模块，如图10-55所示。

Step 2 按住鼠标左键将"自定义区"模块拖曳到"页眉区域"模块的上方，如图10-56所示。

Step 3 单击新添加的"自定义内容区"模块中的"编辑"按钮，如图10-57所示。

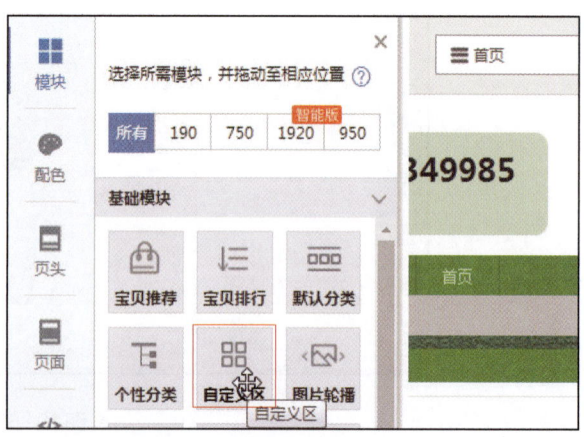

▲ 图10-55

第10章 网店的其他装修设计

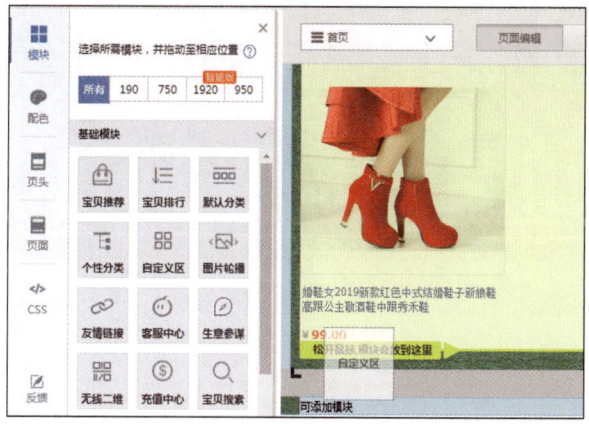

▲ 图10-56

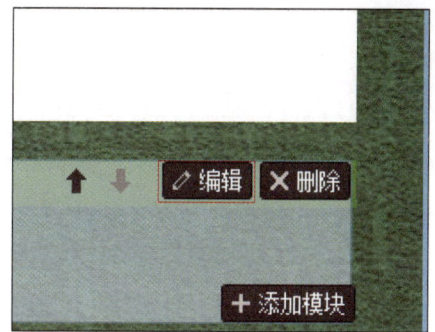

▲ 图10-57

Step 4 在弹出的"自定义内容区"对话框中单击"源码"按钮,将鼠标指针移至编辑框中,按"Ctrl"+"V"组合键将"喜欢"组件的代码粘贴过来,单击"确定"按钮,如图10-58所示。

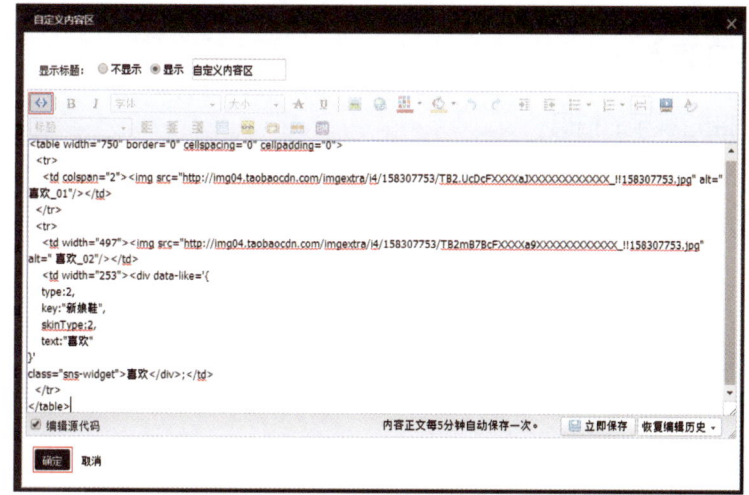

▲ 图10-58

Step 5 单击页面右侧的"发布站点"按钮,根据操作提示即可完成"喜欢"组件的发布。

> **专家提点** 部分浏览器可能不会显示"喜欢"组件的效果,如果显示不了,可以更换浏览器,建议使用淘宝官方浏览器——UC浏览器。

211

第 11 章
淘宝短视频的拍摄与制作

本章导言 ● ● ●

目前,越来越多的商家选择以短视频的方式来展示商品,因为短视频比静态的商品图片更具有说服力和感染力,同时可以全面表现商品的特点。本章主要介绍短视频拍摄与制作的技巧。

本章学习要点 ● ● ●

- 淘宝短视频的拍摄
- 使用爱剪辑编辑视频
- 制作和上传淘宝主图视频

11.1 淘宝短视频的拍摄

当前，短视频在网店中的应用越来越普遍。短视频不仅能快速吸引消费者的目光，还能在短时间内展示商品的信息、特点、功能及使用方法等，进而引发消费者的兴趣，促使其产生购买意愿。淘宝平台对短视频的支持，使得越来越多的卖家也开始把商品短视频的制作纳入网店装修的范围内。淘宝短视频主要包括主图视频、详情页视频、店铺首页视频、内容视频4类。

- 主图视频：位于主图位置，建议视频的宽高比为1∶1，视频大小一般为800像素×800像素。主图短视频用来展示商品的主要卖点，比如展示服装的做工、不掉色等特点。
- 详情页视频：位于商品详情页中，建议视频的宽高比为16∶9，视频大小一般为1280像素×720像素。详情页视频主要用来全方位展示商品的卖点、特性和功能等。
- 店铺首页视频：位于店铺首页，主要用来宣传企业形象、品牌形象或商品的制作工艺等。
- 内容视频：这类视频的拍摄要求很高，要有好的剧本，并由专业团队拍摄、制作，如店铺故事、达人分享等短视频。内容视频通常出现在爱逛街、每日好店、必买清单、有好货、猜你喜欢等营销渠道。

11.1.1　了解商品特点

拍摄短视频前需要对商品有一定的了解，包括商品的特点、功能，以及商品的使用方法等，只有这样，才能选择合适的模特、道具、拍摄场景和拍摄方式，进而全方位地将商品展示给消费者。图11-1所示的主图视频，就很清楚地将手提包时尚的设计、精良的做工等特点展示得一清二楚。

▲ 图11-1

11.1.2 准备拍摄器材、道具与场景

拍摄前，应根据商品的特点，准备相应的拍摄器材、道具和场景等。

1. 拍摄器材

拍摄器材通常包括主要拍摄器材（如单反相机、智能手机）和辅助拍摄器材（如三脚架、静物台、背景布、柔光箱、反光伞、闪光灯等）。图 11-2 所示为反光伞和闪光灯。

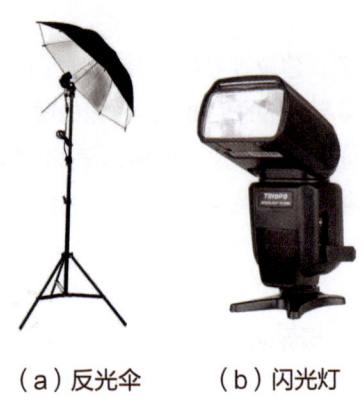

（a）反光伞　　（b）闪光灯

▲ 图11-2

> **专家提点**
> 要拍摄出高质量的淘宝短视频，最好使用专业的数码单反相机，大部分手机无法满足拍摄专业短视频的需求。

2. 道具

可用于短视频拍摄的道具有很多，要根据商品特性来选择。图 11-3 所示为拍摄美食、手机等商品使用的旋转台。

▲ 图11-3

3. 场景

一般情况下，拍摄的场景分为室内拍摄场景和室外拍摄场景。室内拍摄场景需要考虑灯光、

背景、布局等。室外拍摄场景则需要考虑地点和时间，避免在杂乱的环境和天气不好时拍摄。图 11-4 所示为室内拍摄场景。

▲ 图11-4

> **专家提点**
> 对于一些特殊的商品，如服装，还应有符合本商品气质和形象的模特协助拍摄。

11.1.3 拍摄淘宝短视频的注意事项

1. 明确拍摄目的

在拍摄淘宝短视频之前，首先要明确拍摄的目的。例如，是作为主图视频，还是作为详情页视频，是用来推广新商品，还是用来促销商品。不同用途的短视频，拍摄所需的道具和场景也是不同的。

2. 分析目标受众

我们制作的短视频是给店铺的消费者看的，因此，只有分析店铺商品目标受众的年龄、爱好、消费习惯等，制作出的短视频才更有针对性，更符合消费者的喜好。

3. 彰显商品品质

短视频能够更加直观、真实地展示商品的特点和功效。例如，消费者可以通过服装短视频中展示的衣服做工、材质，以及模特的试穿效果等，来判断这件衣服是否适合自己，还可以通过衣服的设计、工艺等细节来了解衣服的品质。

4. 丰富视频内容

如果商品有不同的颜色或款式，在拍摄淘宝短视频时最好变换使用，还要拍摄多种组合搭配，这样可以让短视频内容更加丰富，同时也能匹配不同消费者的喜好。

> **专家提点**
> 黑、白、灰为中性色，它们在大部分场合中都是一种比较万能的搭配色。

5. 突出主体和卖点

在拍摄淘宝短视频时，要将商品主体放在视觉中心的位置，将观看者的兴趣点集中到商品上。另外，短视频应将商品的核心卖点展示（或证明）给消费者，给消费者一个购买的理由。注意，核心卖点应该在短视频的前10秒讲清楚，可以使用文字协助展示。

11.2 使用爱剪辑编辑视频

视频编辑软件有很多，对淘宝美工而言，具体使用哪款软件可以根据个人偏好选择。本节将以爱剪辑为例介绍视频编辑的常用操作方法。

11.2.1 添加视频素材

作为一款操作简单的剪辑软件，爱剪辑的界面设计能够让使用者快速上手，其超快的启动速度、运行速度也使剪辑过程更加顺畅。

Step 1 启动爱剪辑，新建一个空白文件，在"新建"对话框中设置相应的参数，如图11-5所示。

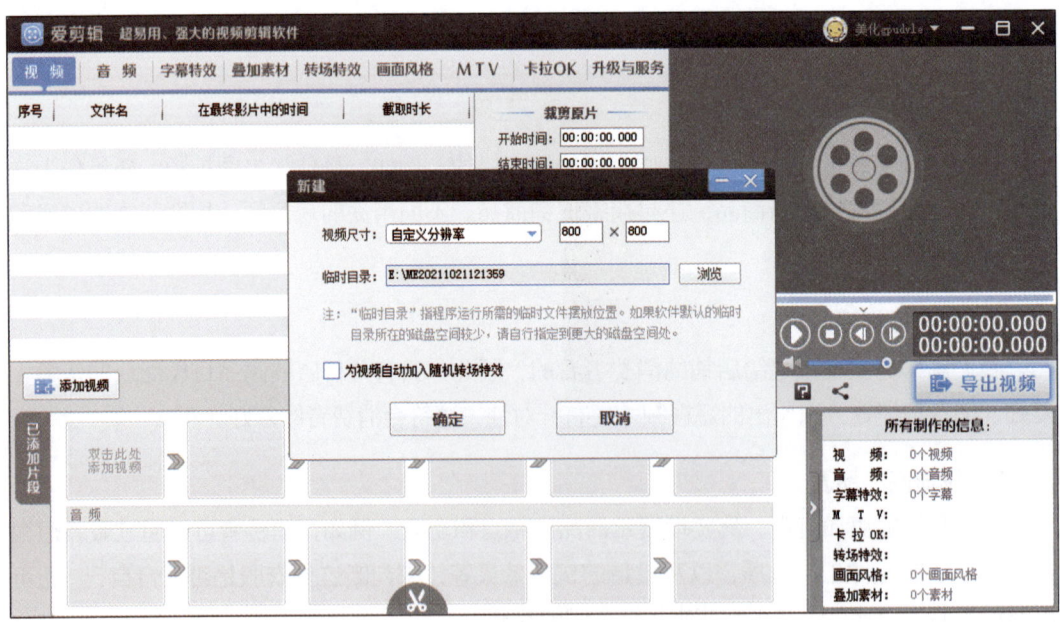

▲ 图11-5

Step 2 在主界面顶部选择"视频"选项卡,在视频列表下方单击"添加视频"按钮,在弹出的"请选择视频"对话框中选择需要打开的视频文件,单击"打开"按钮,如图 11-6 所示。

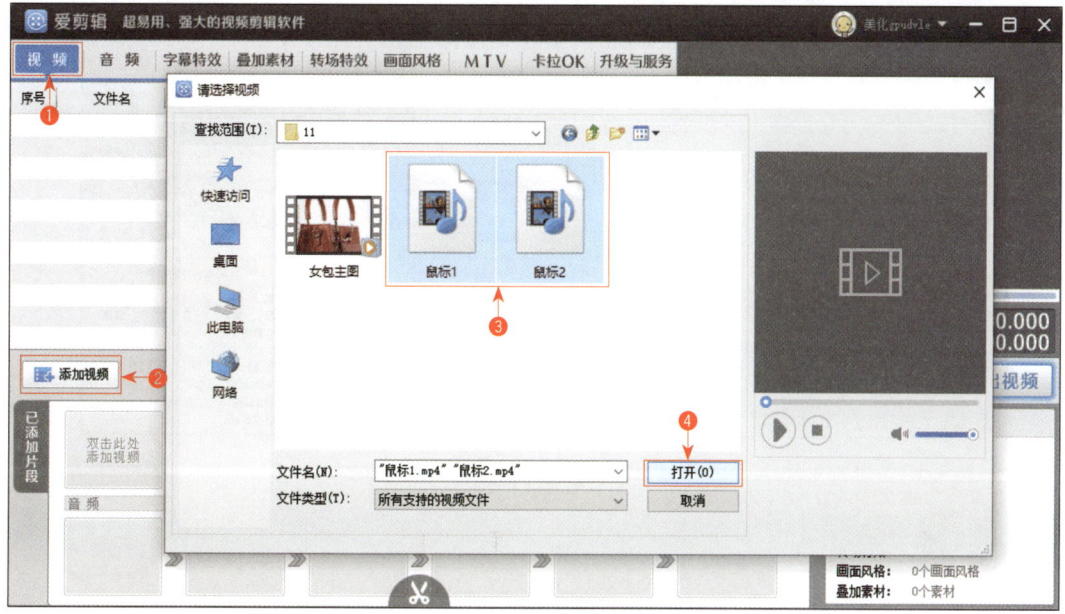

▲ 图11-6

Step 3 在弹出的"预览/截取"对话框中设置视频的截取范围,单击"确定"按钮,如图 11-7 所示。添加视频素材后的效果如图 11-8 所示。

▲ 图11-7

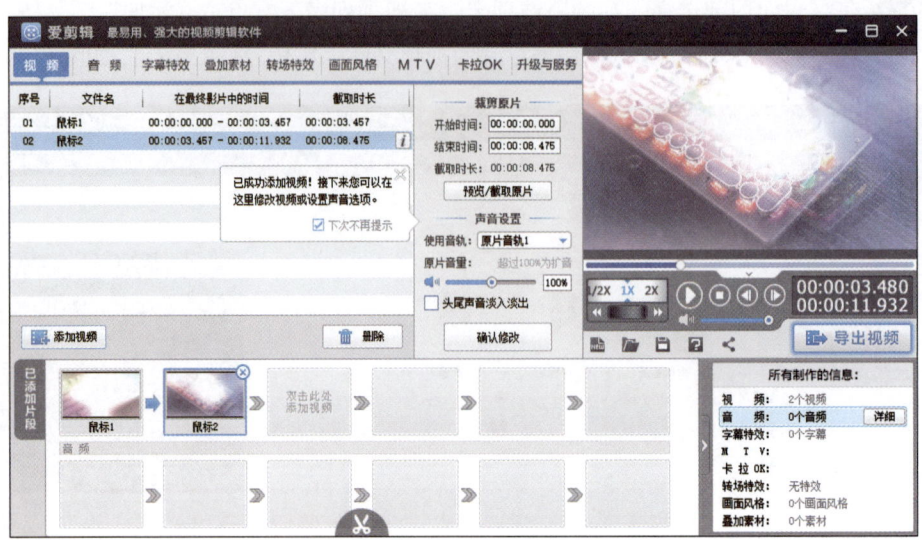

▲ 图11-8

> **专家提点**
> 另外，也可以采用直接将视频文件拖曳到爱剪辑"视频"编辑窗口中的方式来添加视频素材。

11.2.2 给视频配音

使用爱剪辑给视频配音的具体操作步骤如下。

Step 1 添加视频素材后，在"音频"选项卡中单击"添加音频"按钮，在弹出的下拉列表中，根据需要选择"添加音效"还是"添加背景音乐"（这里选择添加背景音乐），如图11-9所示。

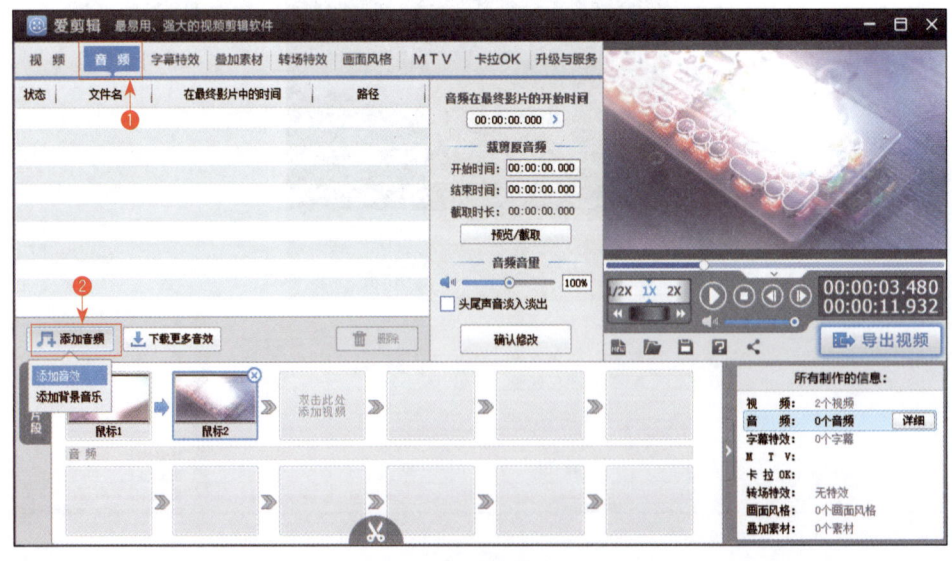

▲ 图11-9

Step 2 选择"添加背景音乐"选项后,在弹出的"请选择一个背景音乐"对话框中选择要添加的音频文件,然后在弹出的"预览/截取"对话框中预览音频片段,在"此音频将被默认插入到"选项中选择插入的位置,最后单击"确定"按钮,如图11-10所示。

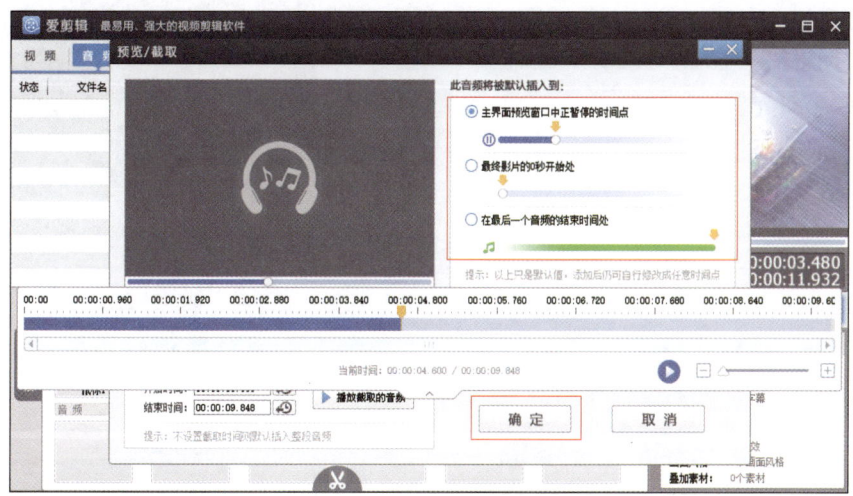

▲ 图11-10

> **专家提点**
>
> 爱剪辑不仅支持各种纯音乐作为背景音乐,而且支持提取视频的音频作为背景音乐。它还支持实时预览视频画面,方便快速提取视频中某部分的声音(如某句台词)。

Step 3 在"音频"选项卡的音频列表中选择要编辑的音频文件,在音频列表右侧的"音频在最终影片的开始时间"和"裁剪原音频"参数栏中设置相应的参数,单击"预览/截取"按钮,如图11-11所示。

▲ 图11-11

Step 4 如果要删除某个音频文件，在"音频"选项卡的音频列表中选择要删除的音频文件，单击音频列表右下角的"删除"按钮即可，如图11-12所示。

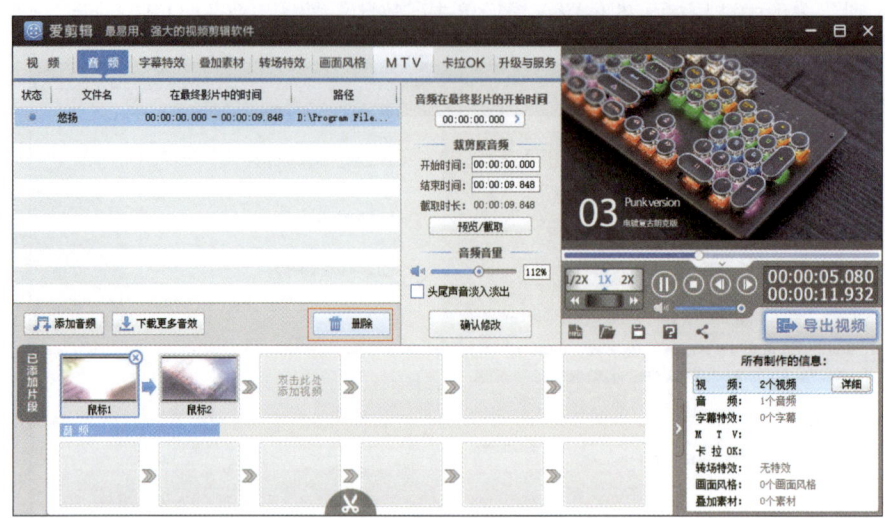

▲ 图11-12

11.2.3 给视频添加字幕

爱剪辑不仅能为视频添加声音，还能添加字幕，并且可以制作字幕特效。添加字幕的具体操作步骤如下。

Step 1 在主界面中单击"字幕特效"选项卡，在右上角视频预览框的时间进度条上单击，即可定位要添加字幕特效的时间点，如图11-13所示。

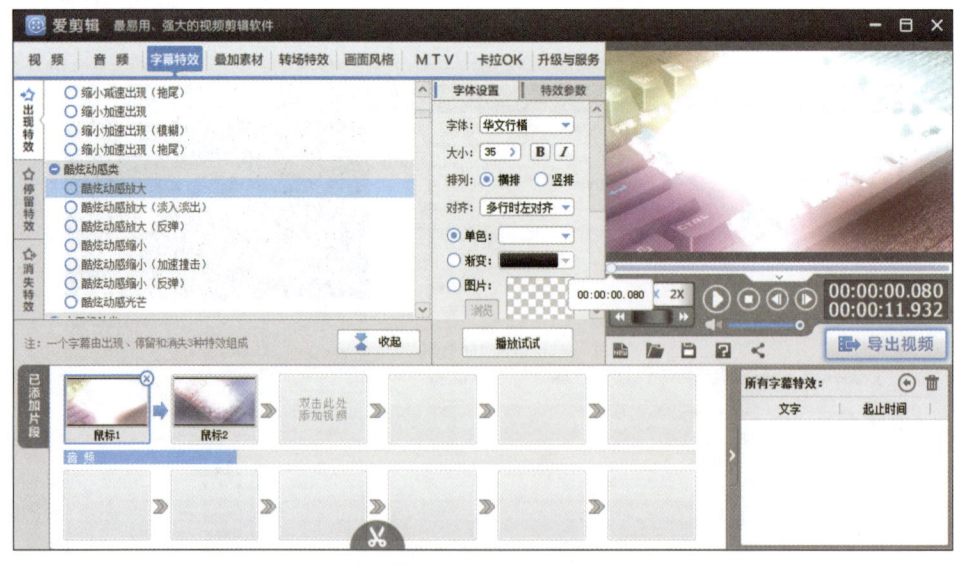

▲ 图11-13

Step 2 双击视频预览框,在弹出的"输入文字"对话框中输入文字内容,单击"确定"按钮,如图 11-14 所示。如果要为字幕配上音效,可单击"顺便配上音效"下方的"浏览"按钮,添加相应的音乐文件即可。

▲ 图 11-14

Step 3 在视频预览框中选择要添加字幕特效的字幕,在"字幕特效"选项卡中选择某一种特效,即可应用此种字幕特效。如果要取消某种字幕特效,则在相应的特效栏中取消选择,如图 11-15 所示。

▲ 图 11-15

Step 4 设置字幕的字体、颜色、阴影等样式效果。在视频预览框左侧的"字体设置"面板中,可对字幕的字体、大小、排列方式、颜色、阴影、描边、透明度等进行设置,如图11-16所示。

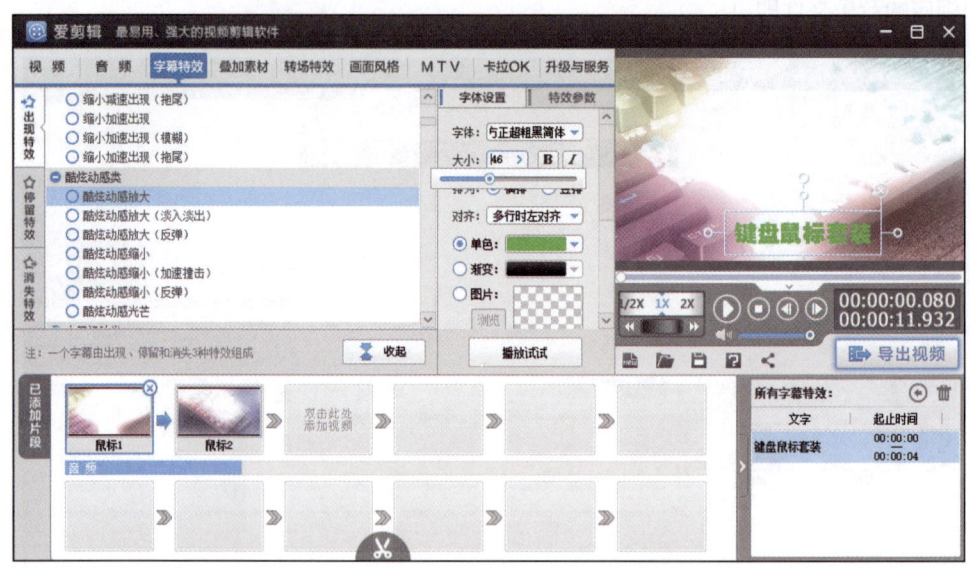

▲ 图11-16

Step 5 在视频预览框左侧的"特效参数"面板中,可对字幕的特效时长进行设置。该设置决定了字幕特效的速度,"特效时长"的参数值越小,字幕特效的速度越快;"特效时长"的参数值越大,字幕特效的速度越慢。同时,该设置也决定了字幕特效的持续时长,如图11-17所示。

▲ 图11-17

第11章 淘宝短视频的拍摄与制作

Step 6 如果想删除字幕特效，在"所有字幕特效"列表中选择该特效，单击右上角的"垃圾桶"按钮即可，如图11-18所示。

▲ 图11-18

11.2.4 给视频添加转场特效

恰当使用转场特效可使不同场景之间的视频片段过渡得更加自然，并能实现一些特殊的视觉效果。爱剪辑提供了数百种转场特效，可以帮助使用者自由发挥创意。添加转场特效的具体操作步骤如下。

Step 1 选择"转场特效"选项卡，在其底部"已添加片段"列表中选择第2个视频片段，在转场特效列表中选择需要应用的转场特效。在右侧的"转场设置"中设置"转场特效时长"的参数值，单击"应用/修改"按钮，如图11-19所示。

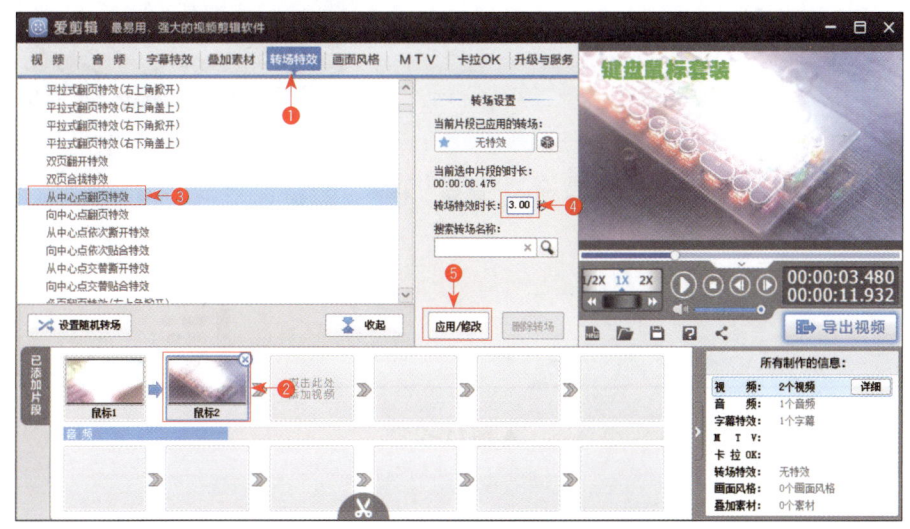

▲ 图11-19

223

Step 2 如果想修改转场特效,在"已添加片段"中选择要修改转场特效的视频片段,在主界面顶部单击"转场特效"选项卡,在转场特效列表中会看到已应用的转场特效(对号标识的转场特效)。如需应用其他转场特效,直接双击其他转场特效即可。然后在"转场设置"面板中修改参数值,单击"应用/修改"按钮,如图11-20所示。

▲ 图11-20

Step 3 如果想删除转场特效,在"已添加片段"中选择要删除转场特效的视频片段,在主界面顶部单击"转场特效"选项卡,在转场特效列表中会看到已应用的转场特效,在右侧的"转场设置"面板中单击"删除转场"按钮,即可删除该转场特效,如图11-21所示。

▲ 图11-21

11.2.5 给视频添加Logo图片

爱剪辑提供了许多贴图素材及各种一键应用的动感特效，使制作个性化的视频变得更加简单。给视频添加 Logo 图片的具体操作步骤如下。

Step 1 导入视频后，切换到"叠加素材"选项卡，单击窗口左侧的"加贴图"选项卡。

Step 2 在右上角视频预览框的时间进度条上要添加贴图的时间点处单击，再单击贴图特效列表左下方的"添加贴图"按钮（或者双击视频预览框），在弹出的"选择贴图"对话框中选择需要的贴图，如图 11-22 所示。另外，还可以单击"顺便配上音效"下方的"浏览"按钮，为贴图配上音效。

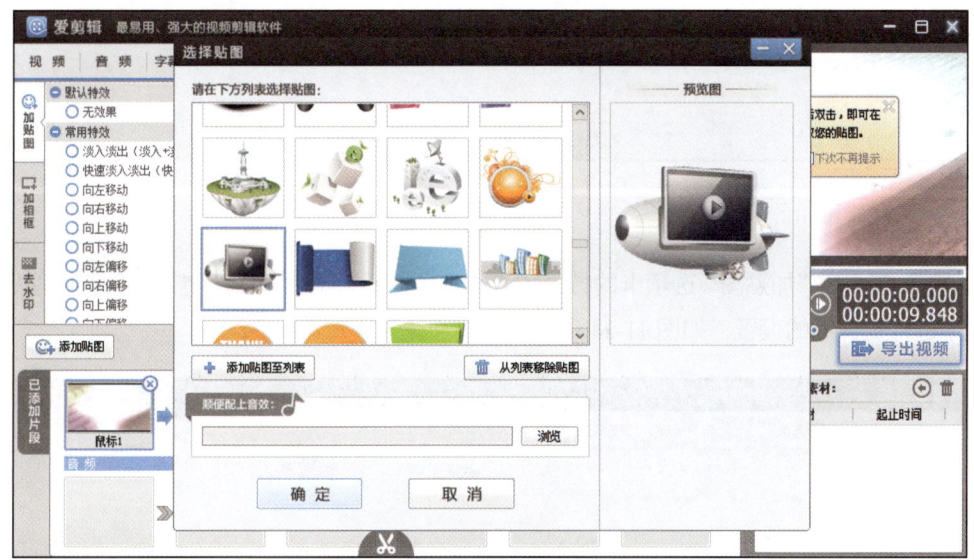

▲ 图11-22

Step 3 添加贴图后回到主界面，此时右上角视频预览框里的贴图已处于可编辑状态，可以通过可编辑方框，实现放大、缩小、旋转、变形、移动以及删除贴图等操作。编辑贴图时，可使用的快捷键如下。

- "Esc"键：将贴图一键居中或复原。
- 上、下、左、右方向键：对贴图位置进行精确到1像素的调整。
- "Shift"+"Esc"组合键：等比例智能缩放，自动居中。
- 九宫格定位框+"Shift"：通过"叠加素材"选项卡中"贴图设置"处的九宫格定位框，可快速定位贴图位置。默认情况下，摆放位置会和视频画面边缘间隔适当距离。当按"Shift"键时，定位框则会紧靠贴图边缘，如图11-23所示。

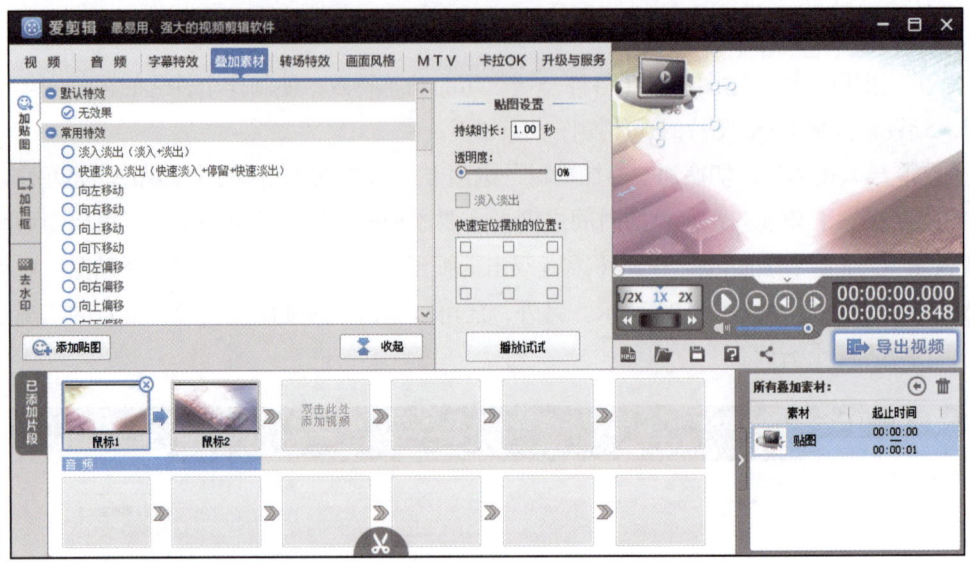

▲ 图11-23

Step 4 在左侧"加贴图"选项卡的特效列表中,选择要为贴图添加的特效,在"贴图设置"面板中进行更详细的设置,如图11-24所示。

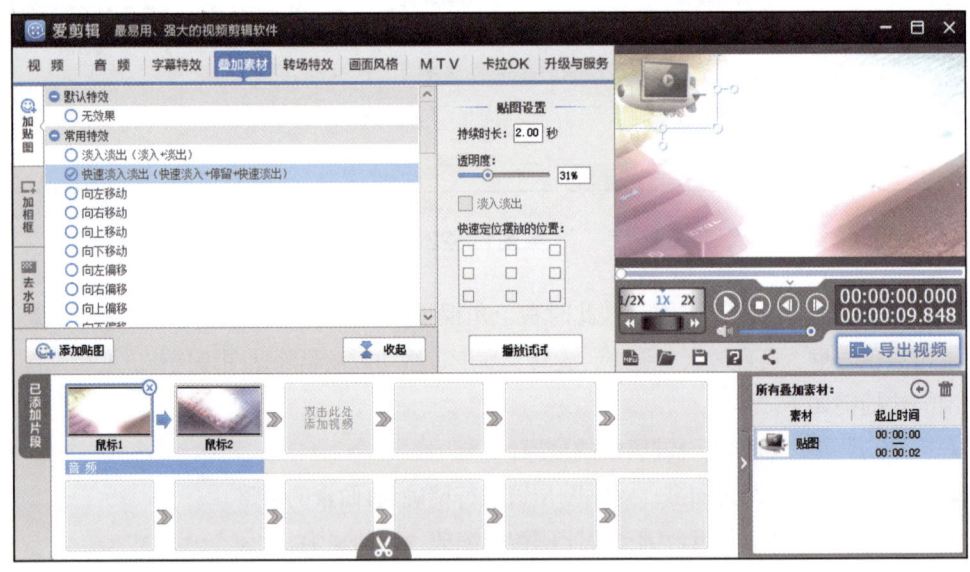

▲ 图11-24

Step 5 如果想删除贴图,可在"所有叠加素材"列表中选择需要删除的贴图,然后单击"垃圾桶"按钮即可,如图11-25所示。

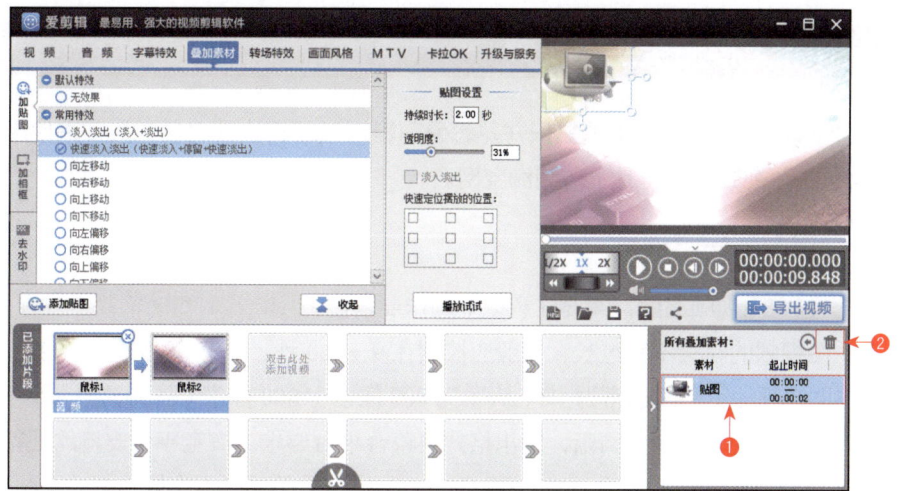

▲ 图11-25

11.2.6 调节视频播放速度

使用爱剪辑调节视频的播放速度，可以轻松实现一些特殊或有意境的视觉效果，具体的操作步骤如下。

Step 1 导入视频后，在"已添加片段"列表中双击要调节播放速度的视频，弹出"预览/截取"对话框。

Step 2 单击对话框下方的"魔术功能"选项卡，在"对视频施加的功能"下拉列表中选择"慢动作效果"选项，设置"减速速率"参数值，如图11-26所示。参数值越大，调节后的视频播放速度越慢。

Step 3 若需加快视频播放速度，则在"对视频施加的功能"下拉列表中选择"快进效果"选项，设置"加速速率"参数值，如图11-27所示。参数值越大，调节后的视频播放速度越快。

▲ 图11-26

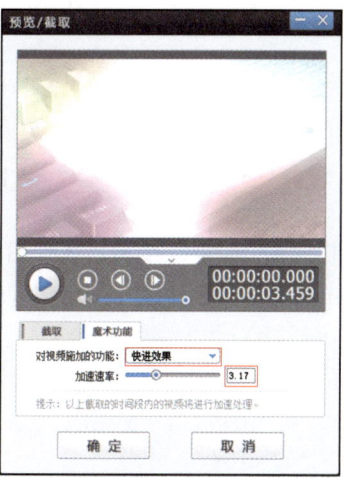

▲ 图11-27

11.3 制作和上传淘宝主图视频

了解了拍摄淘宝短视频的相关知识并熟悉爱剪辑视频编辑软件之后，接下来使用爱剪辑制作一个女包主图视频，并将其上传到淘宝网店。

11.3.1 制作淘宝主图视频

在制作女包主图视频之前，需要注意以下制作要求。

（1）主图视频的时长不宜过长，一般应控制在 9～60 秒，9～30 秒的效果最好。

（2）主图视频的宽高比通常为 1:1，大小为 800 像素 ×800 像素（与其主图大小一致）。

（3）为确保短视频的画面清晰，输出格式要符合平台要求。淘宝平台支持的视频格式为 REAL VIDEO、FLV、AVI、MOV、ASF、WMV、NAVI、3GP 等，但不支持 GIF 动态图片格式。

制作女包主图视频的具体操作步骤如下。

Step 1 启动爱剪辑，新建一个空白文件，具体参数设置如图 11-28 所示。

▲图11-28

Step 2 单击"添加视频"按钮，在弹出的"请选择视频"对话框中选择要编辑的女包主图视频文件，单击"打开"按钮，即可将视频添加到新建文件中，如图 11-29 所示。

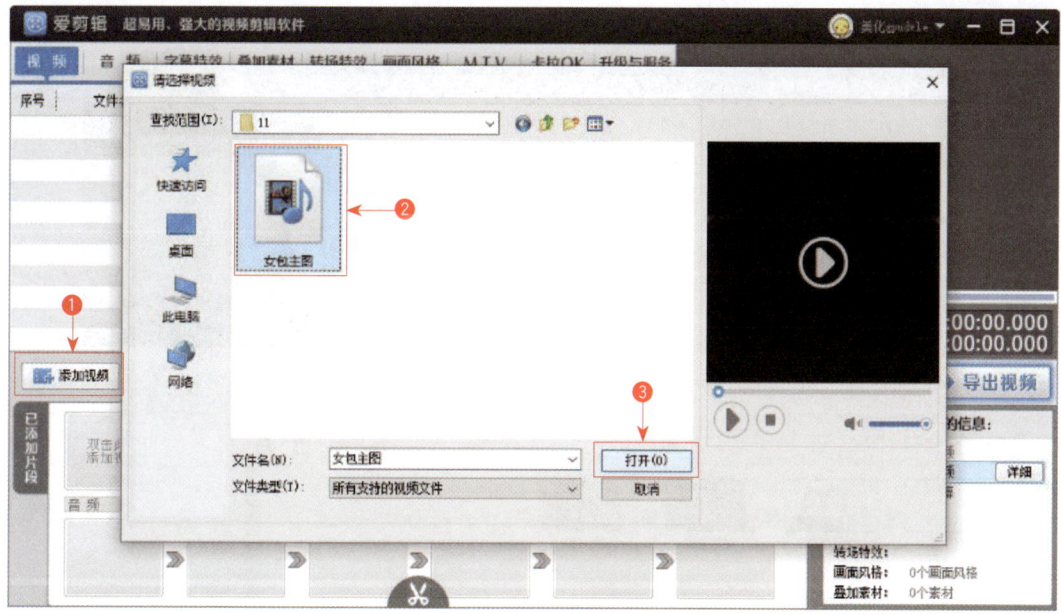

▲ 图11-29

Step 3 双击已添加的视频，弹出"预览/截取"对话框，在该对话框中指定视频的开始时间和结束时间，单击"确定"按钮，截取需要的主图视频片段，如图11-30所示。

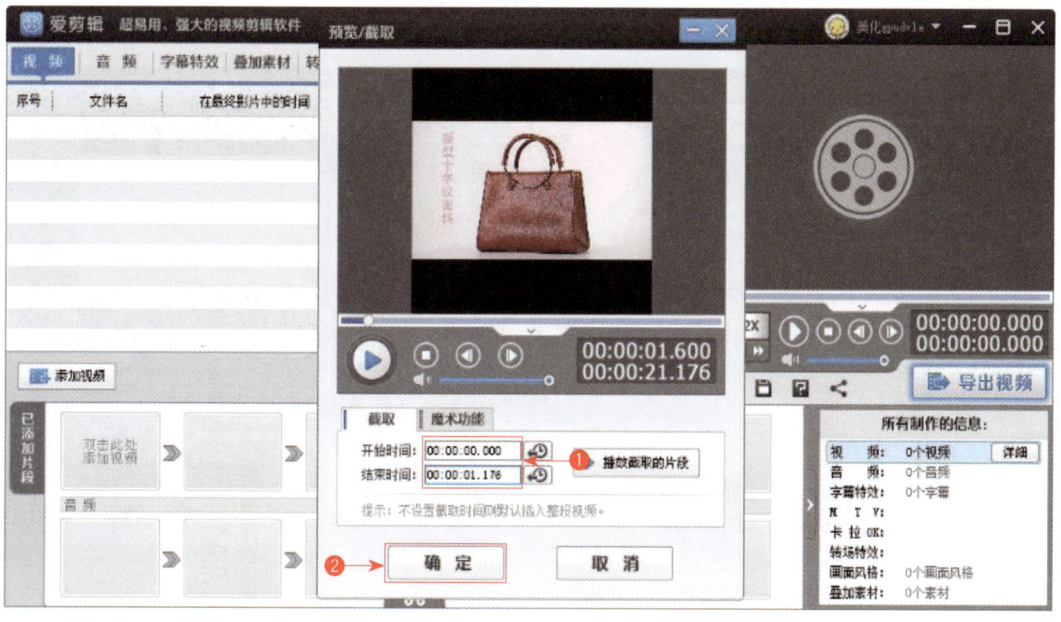

▲ 图11-30

Step 4 重复 Step2 ~ Step3 的操作，添加并截取完主图视频片段后可以看到，视频轨道上有 4 个片段。如果有不需要的视频片段，可将其选中，然后单击"删除"按钮将其删除，如

图11-31所示。

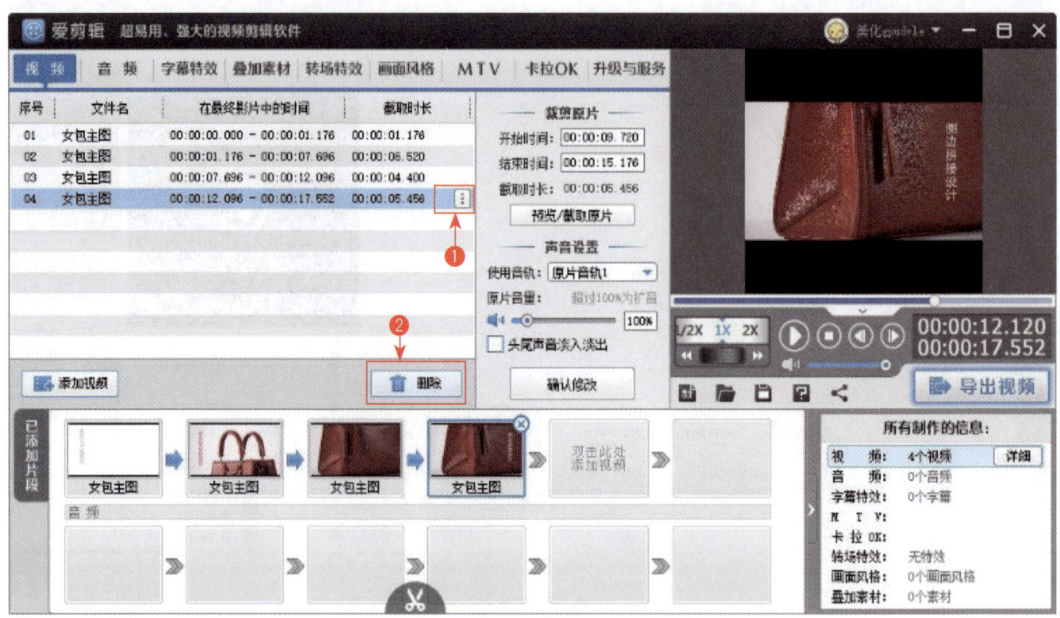

▲ 图11-31

Step 5 删除完不需要的视频片段后，留下的视频片段的总时长要控制在9～60秒。该视频的最终时长约为12秒，如图11-32所示。

▲ 图11-32

Step 6 单击主界面右上角预览窗口中的"导出视频"按钮，在弹出的"导出设置"对话框中设置相关参数，然后单击"导出视频"按钮，导出制作好的主图视频，如图 11-33 所示。

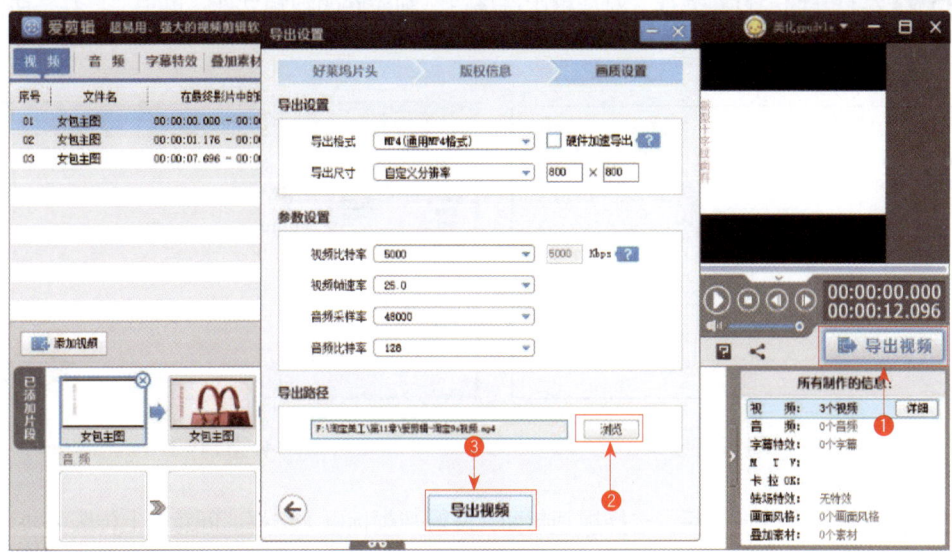

▲ 图11-33

> **专家提点**
> 在制作主图和详情页视频时，还可以添加背景音乐、配音、字幕、特效等。

11.3.2 上传视频到淘宝后台

视频导出后，需要上传到淘宝后台才能应用到店铺中。不管是主图视频，还是详情页视频，都是用同样的方式上传。下面以上传主图视频为例，介绍视频上传的方式，具体的操作步骤如下。

Step 1 进入买家后台，在左侧栏中单击"店铺管理"选项组中的"图片空间"文字超链接，如图 11-34 所示。

Step 2 进入素材中心页面，单击左侧的"视频"按钮，再单击右上角的"上传"按钮，如图 11-35 所示。

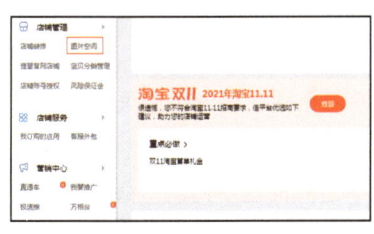

▲ 图11-34　　　　　　　　　　▲ 图11-35

Step 3 弹出"上传视频"对话框，单击"上传"按钮，如图 11-36 所示。

Step 4 在打开的"打开文件"对话框中选择已经制作好的视频文件，单击"打开"按钮，如图 11-37 所示。

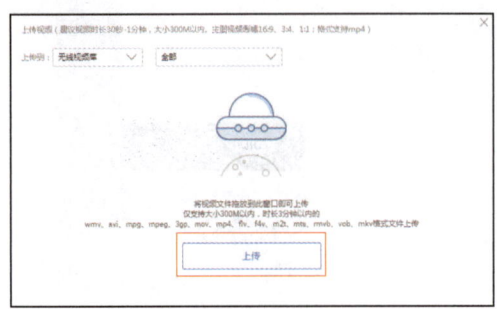

▲ 图11-36

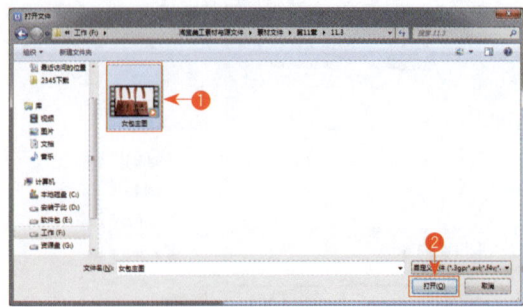

▲ 图11-37

Step 5 待视频上传成功后，选择视频封面，设置视频标题，选择"同意《上传服务协议》"复选框，如图 11-38 所示。

Step 6 单击"确认"按钮，主图视频就上传完成了，效果如图 11-39 所示。

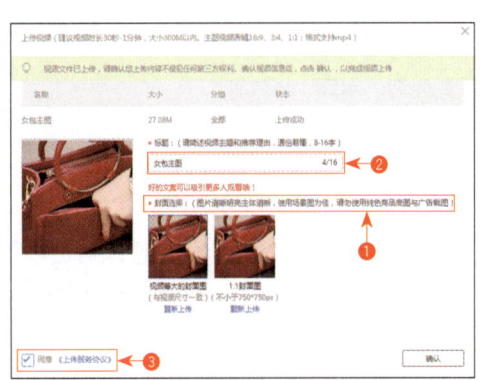

▲ 图11-38

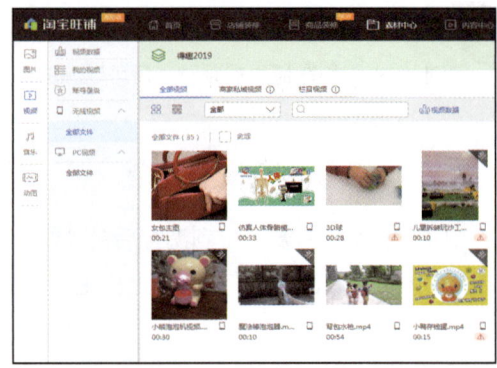

▲ 图11-39

11.4 秘技一点通

技巧1 在爱剪辑中给视频调色

爱剪辑中的调色操作也非常简单，即使是新入门的创作者，无须了解调色原理，也能一键调出满意的视频效果。调色的具体操作步骤如下。

Step 1 在爱剪辑主界面中单击顶部的"视频"选项卡，再单击界面左下方的"添加视频"按钮，在弹出的对话框中选择要导入的视频，将视频导入，如图 11-40 所示。

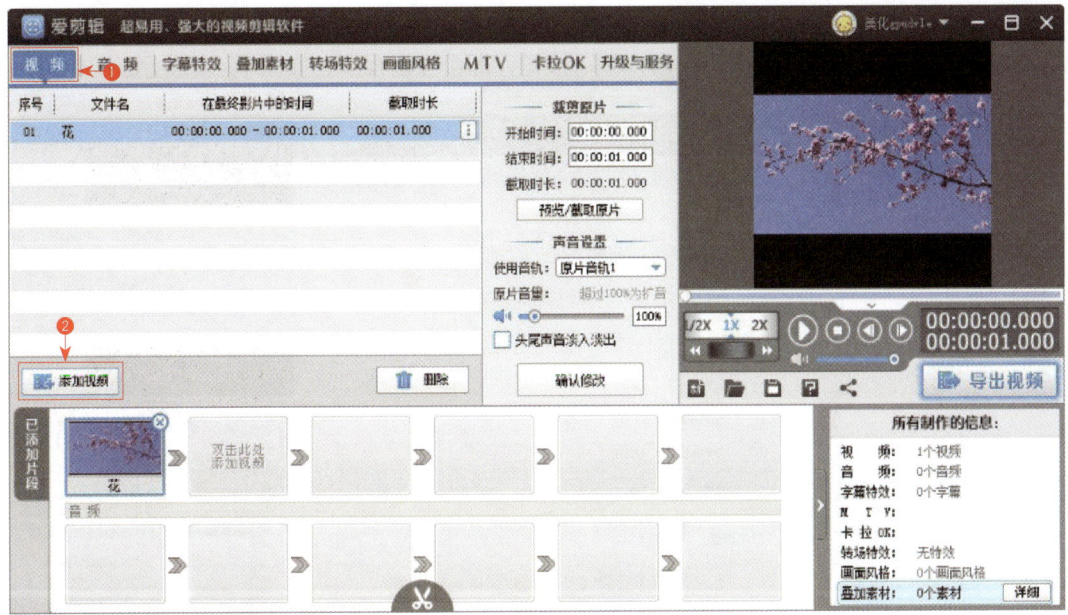

▲ 图11-40

Step 2 单击界面顶部的"画面风格"选项卡，再单击左侧的"美化"选项卡。在"美化"选项卡中有很多调色效果选项，双击需要应用的效果选项，在弹出的"选取风格时间段"对话框中设置画面风格的开始和结束时间，单击"确定"按钮，如图11-41所示。

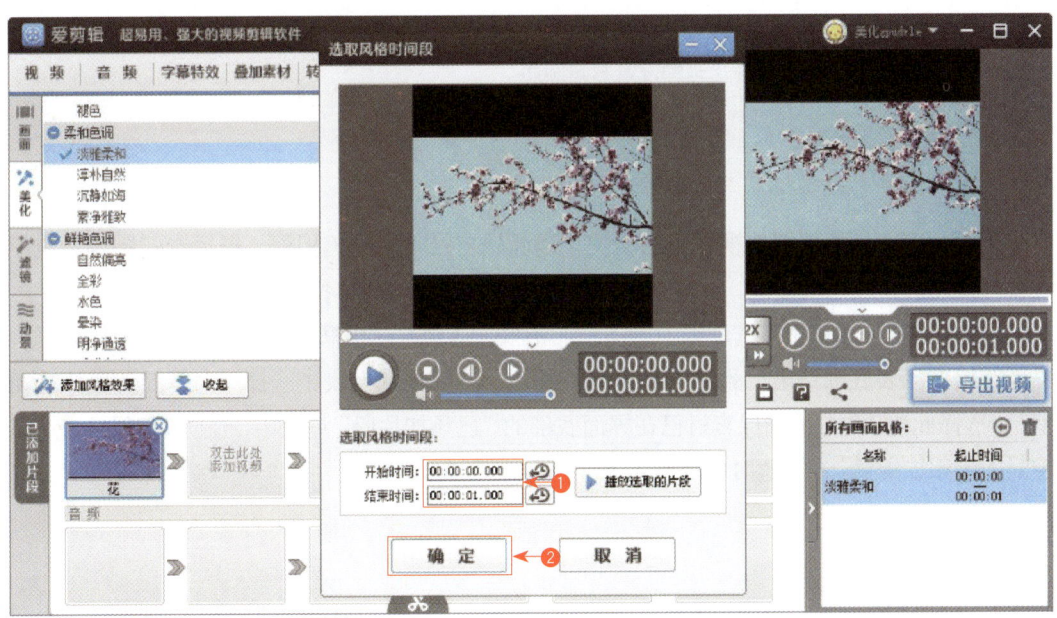

▲ 图11-41

Step 3 应用特效后，单击视频预览框右下角的"导出视频"按钮，在弹出的"导出设置"对话框中设置相关参数，单击"导出视频"按钮，即可导出视频，如图11-42所示。

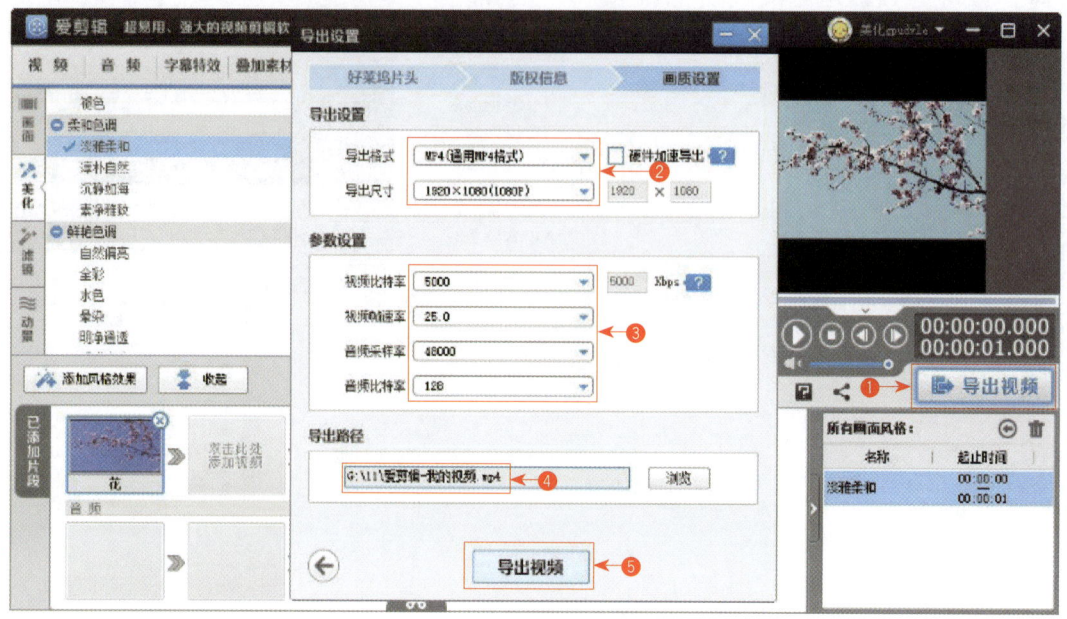

▲ 图11-42

> **专家提点**
> 如果原片足够清晰，可选择导出720P或1080P的MP4或AVI格式，并将视频比特率调至3500kbit/s以上，不要因为不恰当的设置影响画质。

技巧2 在爱剪辑中给视频添加相框

相得益彰的相框能够使视频更加精美，爱剪辑自带大量精美相框，无须专门制作，也能让视频快速拥有漂亮的相框。在爱剪辑中给视频添加相框的具体操作步骤如下。

Step 1 在"叠加素材"选项卡中单击"加相框"选项，在相框列表中选择要应用的相框。然后在相框列表底部单击"添加相框效果"按钮，在弹出的列表中选择"为当前片段添加相框"（选择此选项时，请确保素材已在界面底部的"已添加片段"列表中，并已被选中）或"指定时间段添加相框"，如图11-43所示。

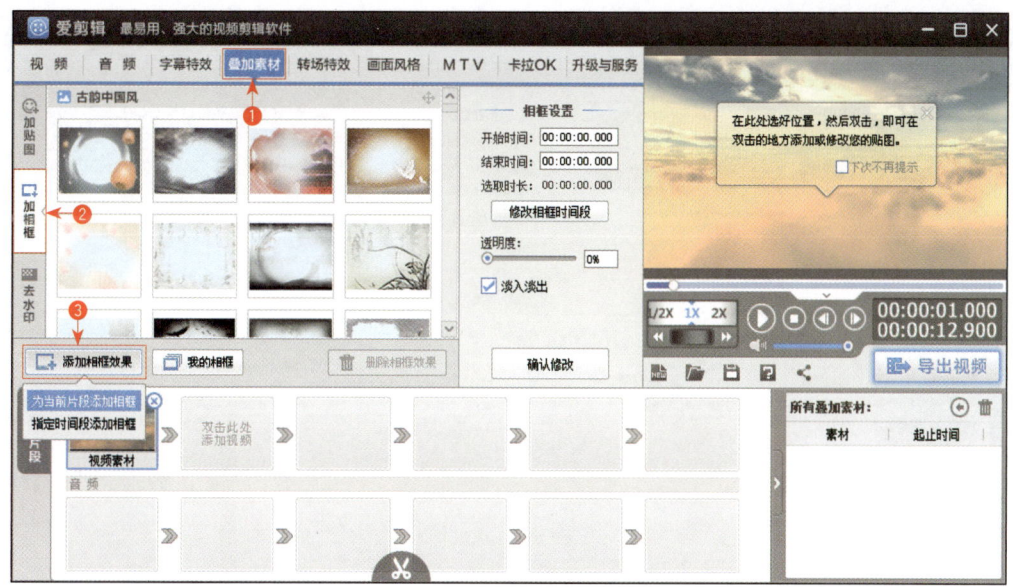

▲ 图11-43

Step 2 在"相框设置"面板中,可以对相框的"开始时间""结束时间""透明度""淡入淡出"等进行个性化的设置,如图11-44所示。

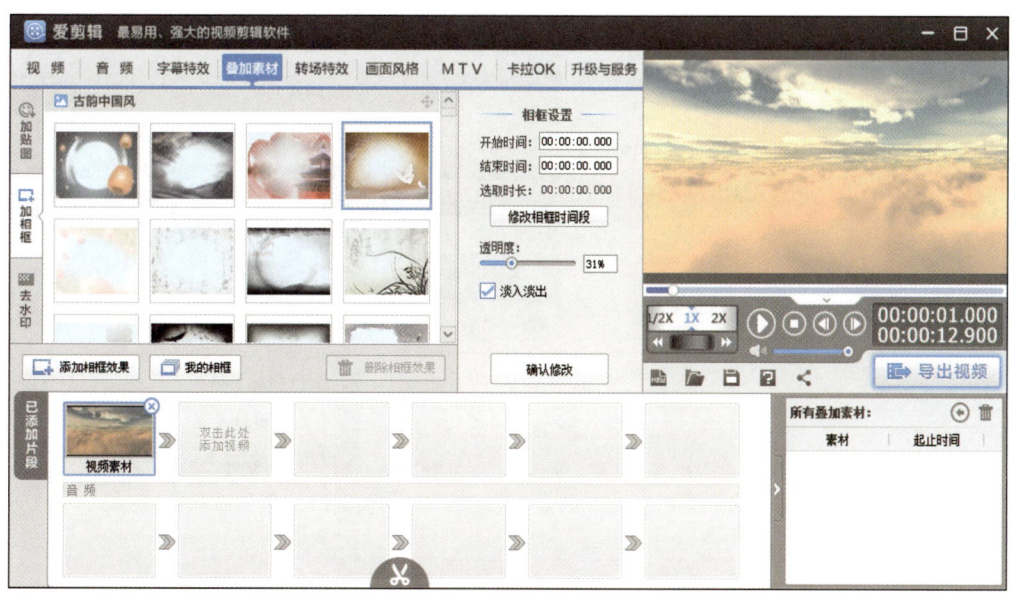

▲ 图11-44

Step 3 应用过的相框会显示为"已应用"。在右下角的"所有叠加素材"列表框中可以看到所有叠加的素材。如果要修改相框,可在列表框中选择需要修改的相框,在"相框设置"面板中重新设置相框参数,如图11-45所示。

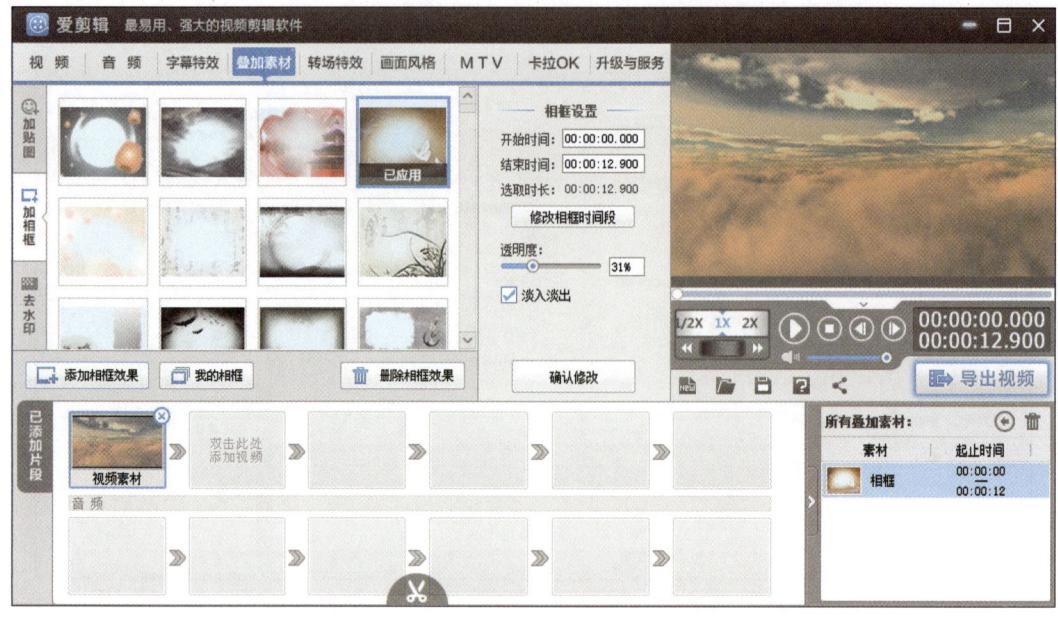

▲ 图11-45

Step 4 如果想删除相框,可以在"所有叠加素材"列表框中选择需要删除的相框,单击右上角的"垃圾桶"按钮将其删除,如图11-46所示。

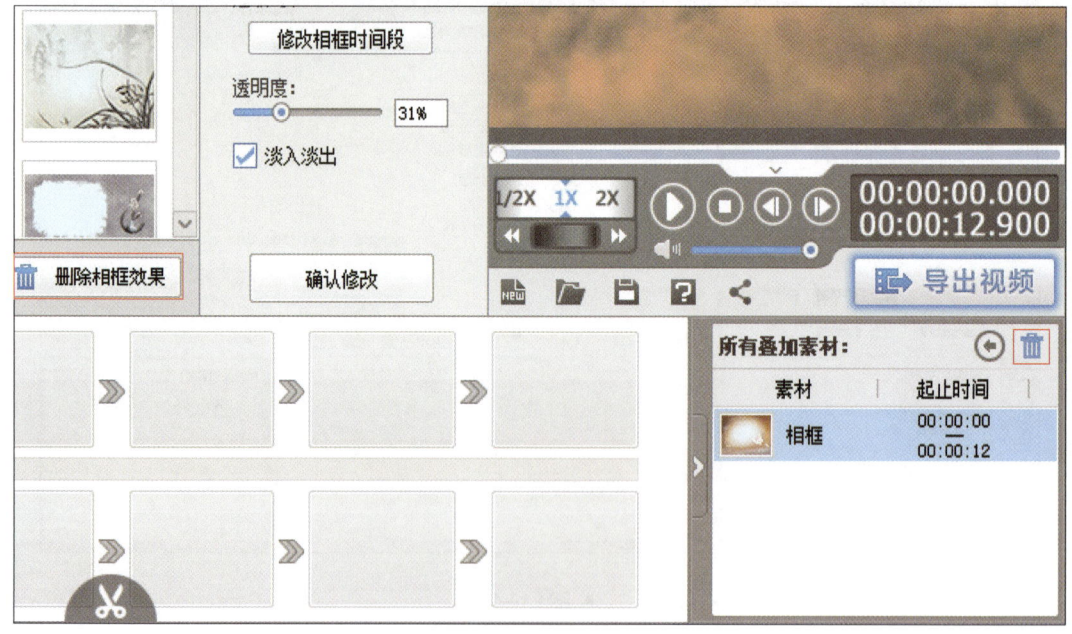

▲ 图11-46

技巧3 在爱剪辑中定格画面

爱剪辑不仅提供了大量的贴图、相框、特效，而且可以实现画面定格效果，具体的操作步骤如下。

Step 1 导入视频后，在"已添加片段"列表双击已导入的视频，弹出"预览/截取"对话框。在该对话框的视频预览框下方单击"魔术功能"选项卡，在"对视频施加的功能"下拉列表中选择"定格画面"选项，如图11-47所示。

Step 2 在"定格的时间点"文本框中手动输入定格时间点，也可通过时间框旁带左箭头的时间拾取工具拾取时间点，如图11-48所示。

▲ 图11-47　　　　　　　　▲ 图11-48

Step 3 在"定格"文本框中设置画面定格的持续时长，如图11-49所示。

▲ 图11-49

第12章
手机端店铺的装修

本章导言 ●●●

随着移动网络的发展和智能手机的不断推陈出新,同时,由于手机网上购物具有方便、快捷等特性,使用手机上网购物现已成为绝大多数消费者的一种网购习惯。那么作为新手卖家,更应该掌握手机端淘宝店铺(以下简称手机端店铺)装修的方法与技巧,以提高店铺的销售额。本章主要介绍手机端店铺的装修,帮助读者快速掌握手机端店铺的装修方法。

本章学习要点 ●●●

- ✪ 手机端店铺的装修基础
- ✪ 手机端店铺轮播图设计与装修
- ✪ 手机端店铺优惠券装修
- ✪ 手机端店铺商品展示装修
- ✪ 手机端店铺自定义页面装修
- ✪ 手机端店铺关联营销装修
- ✪ 手机端店铺搜索词设置

12.1 手机端店铺的装修基础

手机淘宝客户端经过多年的更新换代,其后台的操作越来越简单化和智能化,更加有助于中小卖家和新手卖家对手机端店铺的装修和应用。

12.1.1 手机端店铺装修的特点

如果手机端店铺装修是直接复制淘宝 PC 端店铺的装修页面,则会导致手机端店铺页面打开缓慢,影响消费者的购物体验。

手机端店铺装修的内容和流程与 PC 端店铺装修大同小异,只不过手机端淘宝页面的规格更小、篇幅更短;PC 端淘宝页面则更加灵活,自我设计的空间更大。手机端店铺装修的特点如下。

❶ 图片大小。手机端店招图片的大小是 642 像素 ×200 像素;商品详情页图片的宽度是 480～620 像素,高度小于 960 像素。

❷ 版面布局。版面布局简洁、明了,并且变化不多。

❸ 分类结构。商品分类清晰,主要是以图片来展现商品,进而吸引消费者点击。

❹ 颜色搭配。因手机端页面相对较小,视觉范围有限,故多以鲜亮的颜色为主。

12.1.2 手机端店铺的装修要点

现在越来越多的人使用手机进行网购,用手机网购的人更注重网店的视觉效果与操作的方便性。因此,对手机端店铺的装修就有了更高的要求。下面介绍手机端店铺的装修要点。

1. 总体规划

❶ 装修内容要简洁。手机端页面有限,因此,只需选择重点的内容来展示。

❷ 不能直接使用 PC 端的装修内容。在装修手机端店铺时,不能把 PC 端的装修内容直接应用到手机端,因为手机端图片尺寸小,直接应用会造成图片模糊,从而影响浏览效果。

❸ 页面色调简洁而统一。因为移动设备屏幕规格有限,简洁而统一的页面配色更容易让消费者一目了然,避免视觉疲劳。同时也起到了缩小页面的作用,加快了页面的打开速度,进一步提升消费者的购物体验。

❹ 用好页面中的重要位置。由于手机端店铺页面有限,因此,最好将店铺里的主推商品放在页面中的重要位置上。另外,店铺的促销活动和优惠信息要做好分类,并且宜在首页展示,以吸引消费者关注,提升转化率。

❺ 手机端页面滚动屏幕的设置要适中。滚动屏幕的设置并不是越多越好,过多的滚动屏幕会干扰消费者的浏览,影响其购物体验。因此,滚动屏幕的设置要适中,最好控制在 3 屏之内。

2. 首页装修

❶ 店标颜色要鲜亮，主题要简明，以吸引消费者的眼球。

❷ 店名不宜过长，因为手机端店铺的尺寸小，店名过长可能会显示不全，影响店铺形象。

❸ 可以选择大模块，做出从上到下的排版效果。

3. 图片要求

❶ 图片不要太大。由于手机端淘宝页面空间有限，因此图片要尽量小，色彩太多和太过丰富的图片只会让页面变得更复杂，而且图片的存储容量会增大。另外，尽量使用一些纯色或者浅色的图片来做背景，并且图片设计要符合店铺的风格，还要衬托好商品。

> **专家提点**
> 在确保图片清晰的前提下，可将图片容量压缩到最小，确保页面可以顺利打开，不会影响消费者的购物体验。

❷ 图片不要太暗。建议尽量调高图片的亮度和纯度，以确保消费者可以在各种条件下（省电模式、光线过强等）清晰地看到店铺中的商品。

12.1.3 调整图片大小，以适配手机端商品详情

手机端商品详情的图片尺寸和 PC 端商品详情的图片尺寸不同，因此，需要调整图片大小，以适配手机端商品详情。虽然在 Photoshop 中可以更改图片的尺寸，但图片空间提供了一种更快捷的"适配手机"的功能，能一键将图片调整为适合手机端商品详情的尺寸。

下面介绍如何调整图片，以适配手机端商品详情，具体的操作步骤如下。

Step 1 在图片空间中选择需要调整的图片，单击"更多"|"适配手机"文字超链接，如图 12-1 所示。

Step 2 在弹出的适配手机对话框中单击"确定"按钮，如图 12-2 所示。

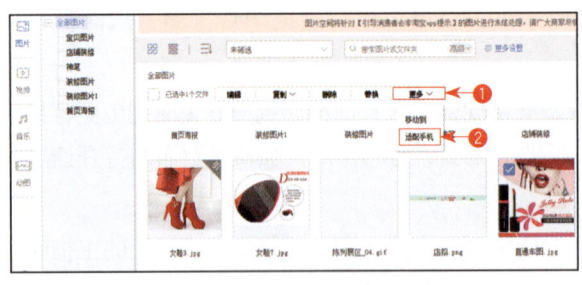

▲ 图 12-1

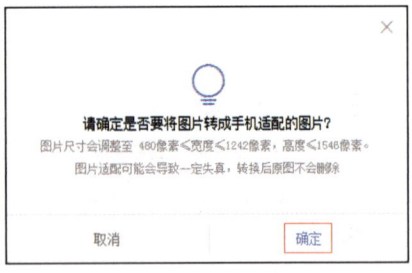

▲ 图 12-2

Step 3 此时，系统将自动复制一张原图，并且复制后的图片尺寸已被调整为适合手机端商品详情的大小。同时，图片名左侧会出现一个手机样式的图案，如图 12-3 所示。

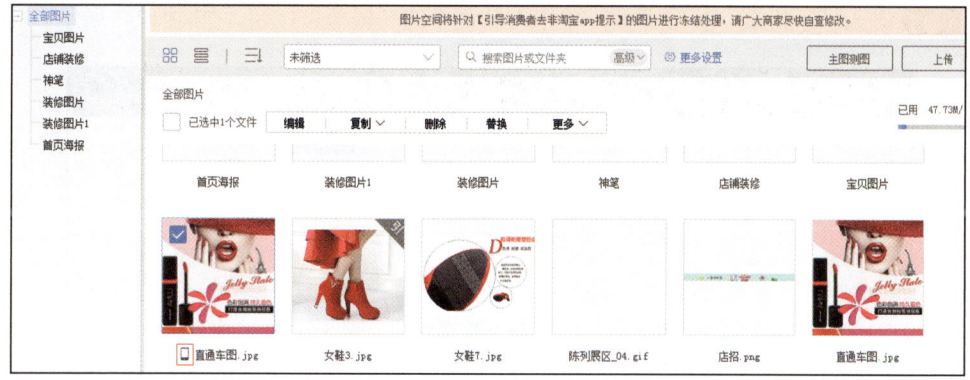

▲ 图12-3

12.1.4 选择手机端店铺的装修模板

手机端店铺的装修模板是以模板为单位进行售卖的。购买单个模板后，可自由选用该模板内所有的设计模块，还可进行位置调整、模块增删等自定义操作。

下面介绍如何选择手机端店铺的装修模板，具体的操作步骤如下。

Step 1 进入卖家后台，在"店铺管理"选项组中，单击"店铺装修"文字超链接，如图12-4所示。

Step 2 进入"淘宝旺铺"装修页面，单击"店铺装修"按钮，如图12-5所示。

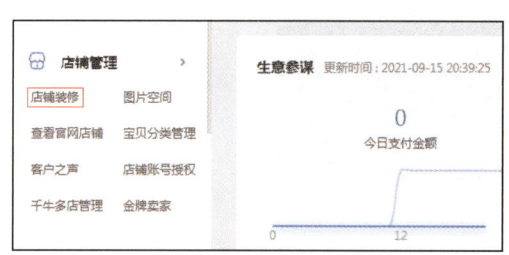

▲ 图12-4　　　　　　　　　　　　　　▲ 图12-5

Step 3 进入"店铺装修"页面，单击右上角的"返回旧版"按钮，如图12-6所示。

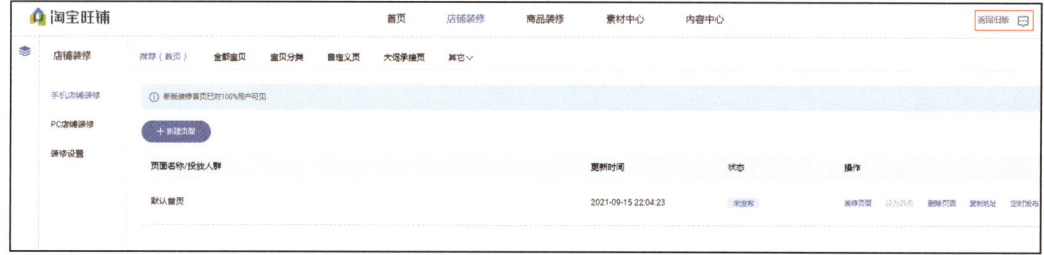

▲ 图12-6

Step 4 进入"手机端"装修页面,单击左侧栏中的"模板"按钮,如图12-7所示。

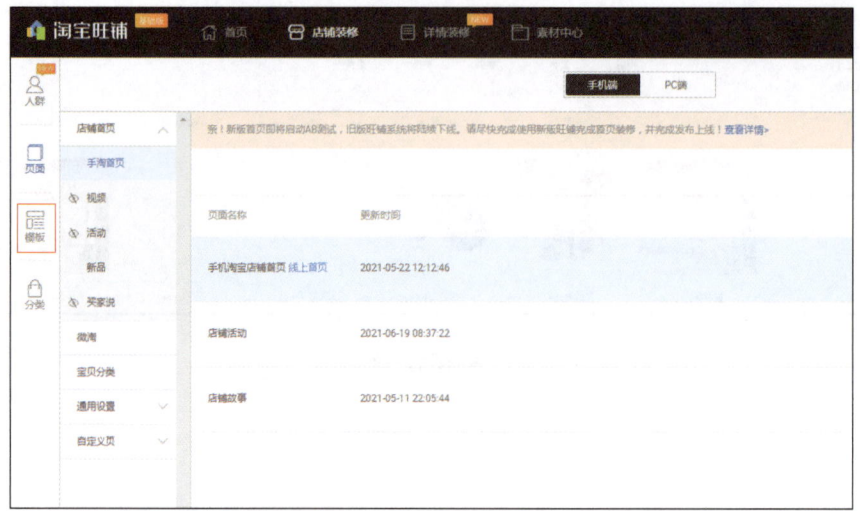

▲ 图12-7

Step 5 在"模板"页面中,单击"设计师模板"按钮,如图12-8所示。

▲ 图12-8

Step 6 在"设计师模板"页面中,单击右下角的"购买模板"文字超链接,如图12-9所示。

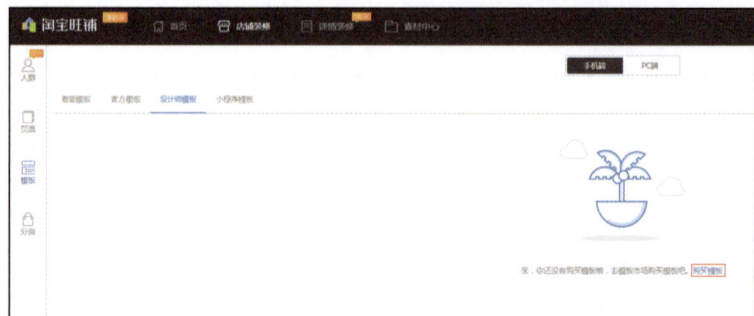

▲ 图12-9

Step 7 在打开的"服务市场–装修市场"页面中，单击"无线店铺模板"选项卡，从中选择自己需要的模板购买即可，如图12-10所示。

（a）

（b）

▲ 图12-10

12.1.5 发布手机端商品详情

发布手机端商品详情有两种方式：一种是在发布一口价商品时，同时编辑好手机端商品详情；另一种是在已发布的商品详情里编辑手机端商品详情，然后再次发布。

下面介绍如何在已发布的商品详情里编辑手机端商品详情，具体的操作步骤如下。

Step 1 进入卖家后台，单击页面左侧"宝贝管理"选项组中的"出售中的宝贝"文字超链接，单击第一件商品右侧的"编辑商品"按钮，如图12-11所示。

Step 2 在弹出的新窗口中找到"手机端描述"一栏，选择"使用文本编辑"单选按钮，单击"文字"按钮，如图12-12所示。

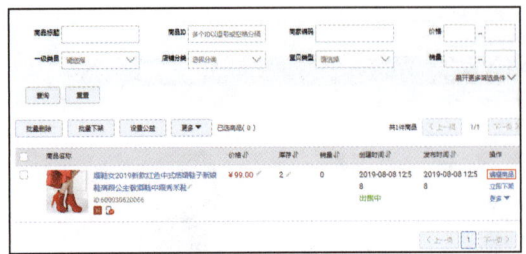

▲ 图12-11

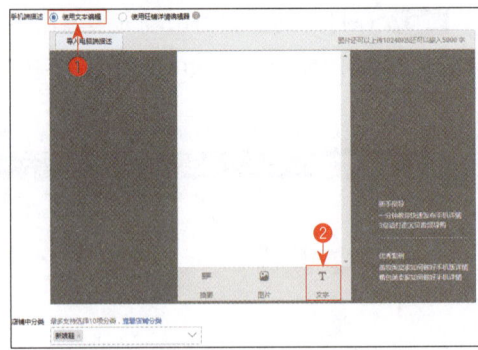

▲ 图12-12

Step 3 在出现的文本框中输入文字，单击"确认"按钮，如图12-13所示。

Step 4 单击"手机端描述"栏下方的"图片"按钮，如图12-14所示。

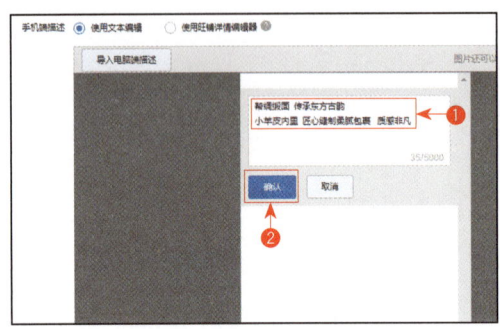

▲ 图12-13

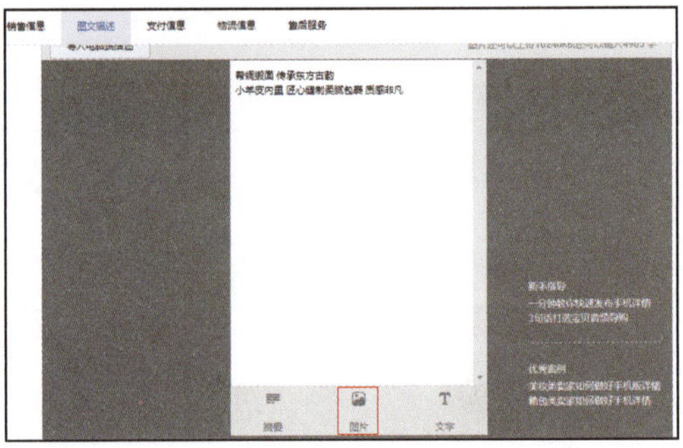

▲ 图12-14

Step 5 在弹出的"图片空间"对话框中选择需要的图片，单击"确认"按钮，如图12-15所示。

Step 6 此时，选择的图片已插入手机端详情描述里。单击页面底部的"提交宝贝信息"按钮，即可完成手机端商品详情的发布，如图12-16所示。

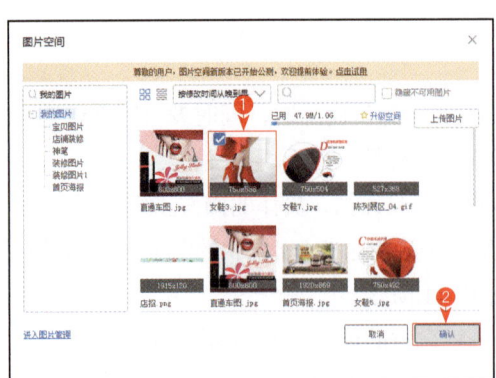

▲ 图12-15

▲ 图12-16

12.2 手机端店铺轮播图设计与装修

手机端店铺轮播图就相当于 PC 端店铺的轮播海报，主要用来向消费者传递店铺最新的商品、优惠活动等信息。

12.2.1 轮播图的设计

手机端店铺轮播图的尺寸为 640 像素 ×320 像素，图片格式为 JPG、PNG。下面介绍如何使用 Photoshop 制作手机端店铺轮播图。

1. 制作轮播图1

具体的操作步骤如下。

Step 1 打开 Photoshop，新建一个空白文档，将其命名为"轮播图 1"，并设置"宽度"为 640 像素，"高度"为 320 像素，"分辨率"为 72 像素，"颜色模式"为"RGB 颜色"，如图 12-17 所示。

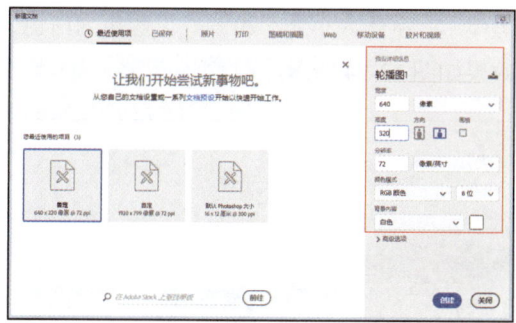

▲ 图12-17

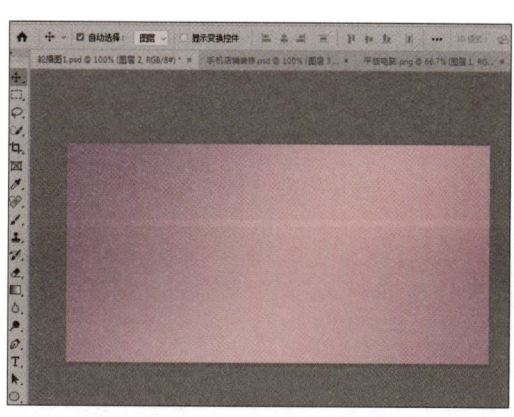

▲ 图12-18

Step 2 将前景色设置为"#a78199"，背景色设置为"#dcb6be"，选择工具箱中的"渐变工具"，在图像上按住鼠标左键并拖曳，填充渐变色，效果如图 12-18 所示。

Step 3 选择"文件"|"打开"菜单命令，打开素材文件夹|第 12 章|12.3|"平板电脑"图片文件，将图片拖曳到"轮播图 1"文档中，效果如图 12-19 所示。

▲ 图12-19

Step 4 选择"图层 2"图层，按"Ctrl"+"J"组合键复制图层，得到"图层 2 拷贝"图层。将该图层移动至"图层 2"图层的下方，并对其进行垂直翻转，然后移至合适的位置，效果如图 12-20 所示。

▲ 图12-20

Step 5 为"图层2拷贝"图层添加图层蒙版。设置前景色为黑色、背景色为白色,选择工具箱中的"渐变工具" ，在图像上按住鼠标左键并拖曳,填充渐变色,效果如图12-21所示。

▲ 图12-21

Step 6 选择工具箱中的"横排文字工具" ，输入主体文本。设置字体为"思源黑体"、字体大小为"42点"、字距为"-20点"、颜色为"#27282d",效果如图12-22所示。

▲ 图12-22

Step 7 选择工具箱中的"横排文字工具" ，输入中间文本。设置字体为"思源黑体"、字体大小为"20点"、颜色为"#27282d",效果如图12-23所示。

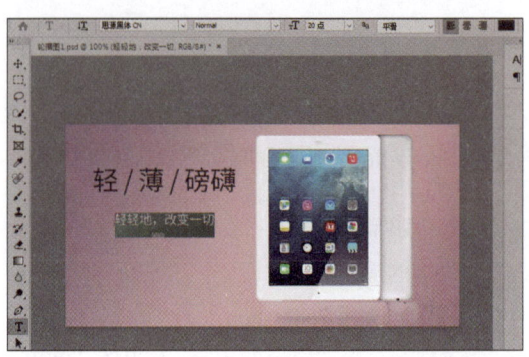

▲ 图12-23

Step 8 选择工具箱中的"横排文字工具" ，输入价格文本。设置字体为"思源黑体"、字体大小为"20点"、颜色为白色,效果如图12-24所示。

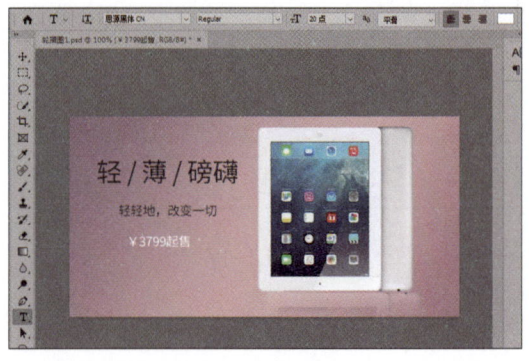

▲ 图12-24

Step 9 选择工具箱中的"矩形工具" ，设置描边颜色为白色、描边宽度为"1点",绘制一个"W"为139像素、"H"为36像素的矩形,效果如图12-25所示。至此,轮播图1的效果制作完成。

▲ 图12-25

2. 制作轮播图2

具体的操作步骤如下。

Step 1 打开 Photoshop，新建一个空白文档，将其命名为"轮播图2"，并设置"宽度"为 640 像素，"高度"为 320 像素，"分辨率"为 72 像素，"颜色模式"为"RGB 颜色"，如图 12-26 所示。

▲ 图12-26

Step 2 将前景色设置为"#25262b"，选择工具箱中的"油漆桶工具"，在图像上单击填充颜色，效果如图 12-27 所示。

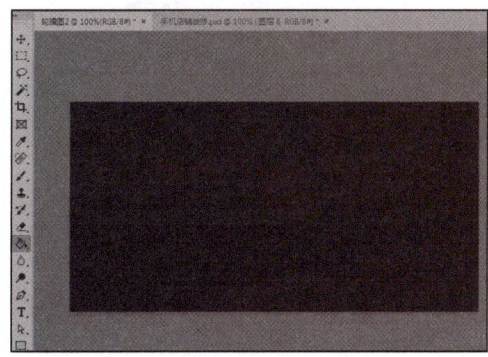

▲ 图12-27

Step 3 选择"文件"|"打开"菜单命令，打开素材文件夹|第 12 章|12.3"耳机"图片文件，将图片拖曳到"轮播图 2"文档中，效果如图 12-28 所示。

▲ 图12-28

Step 4 选择工具箱中的"横排文字工具"，在图像中添加多个文本，并依次设置文本的字体、大小、位置和颜色，效果如图 12-29 所示。

▲ 图12-29

Step 5 在"背景 2"图层的上方新建"图层 2"图层。选择"椭圆选框工具"，在图像上按住鼠标左键并拖曳，绘制一个椭圆选区，效果如图 12-30 所示。

Step 6 设置前景色为黑色、背景色为白色，选择工具箱中的"渐变工具"，在椭圆选区内按住鼠标左键并拖曳，填充渐变色，并为选区添加模糊效果,如图 12-31 所示。至此,轮播图 2 的效果制作完成。

▲ 图12-30

▲ 图12-31

12.2.2 轮播图的装修

将制作好的手机端轮播图上传到图片空间,然后再将其装修到手机端店铺中,具体的操作步骤如下。

Step 1 打开手机端店铺首页的装修后台,在左侧的"图文类"模块中选择"轮播图模块",将其拖曳到中间的装修页面,如图 12-32 所示。

▲ 图12-32

Step 2 在右侧的"轮播图模块"中,单击"上传图片"按钮前面的"+"图标,如图 12-33 所示。

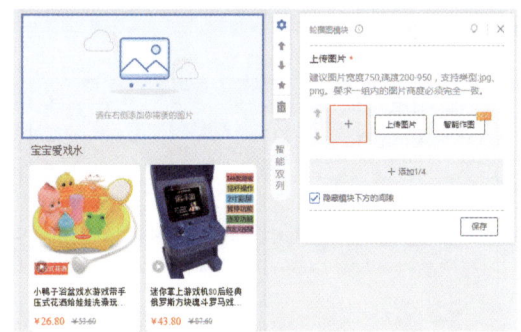

▲ 图12-33

Step 3 进入图片空间,选择制作好的图片,如图 12-34 所示。

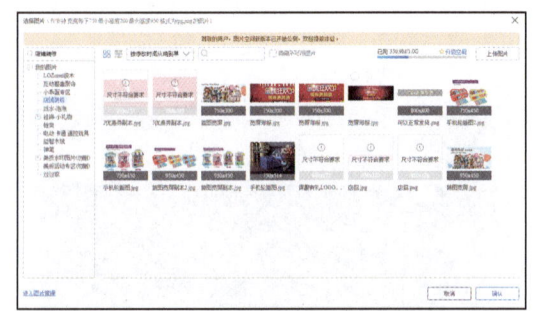

▲ 图12-34

Step 4 在裁剪图片对话框中将整张图片裁剪出来,然后单击"保存"按钮,如图12-35所示。

Step 5 添加完轮播图之后,在"轮播图模块"中粘贴商品的链接,或者单击链接按钮选择合适的商品链接,再单击"保存"按钮,如图12-36所示。

▲ 图12-35

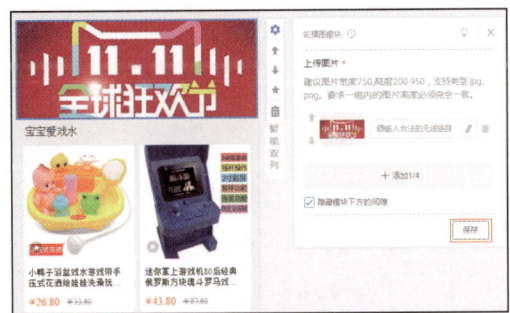

▲ 图12-36

Step 6 用同样的操作方法添加第二张轮播图。将鼠标指针移动到图片左侧的上下箭头上,单击箭头可调整轮播图的顺序。最后单击"保存"按钮,如图12-37所示。这样手机端店铺的轮播图就装修完了。

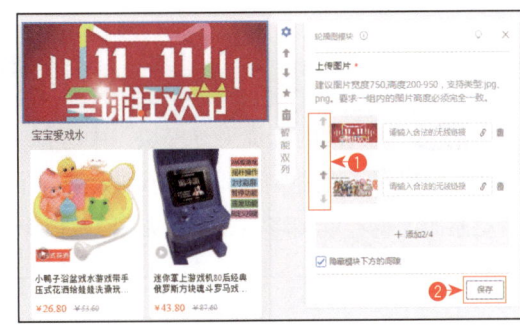

▲ 图12-37

12.3 手机端店铺优惠券装修

店铺优惠券是很多卖家都会用到的促销方式,手机端店铺优惠券的装修有"自动添加"和"手动添加"两种方式,下面分别介绍如何用这两种方式装修优惠券。

12.3.1 自动添加优惠券

自动添加优惠券的具体操作步骤如下。

Step 1 打开手机端店铺首页的装修后台,在左侧的"营销互动类"模块中选择"优惠券模块",将其拖曳到中间的装修页面,如图12-38所示。

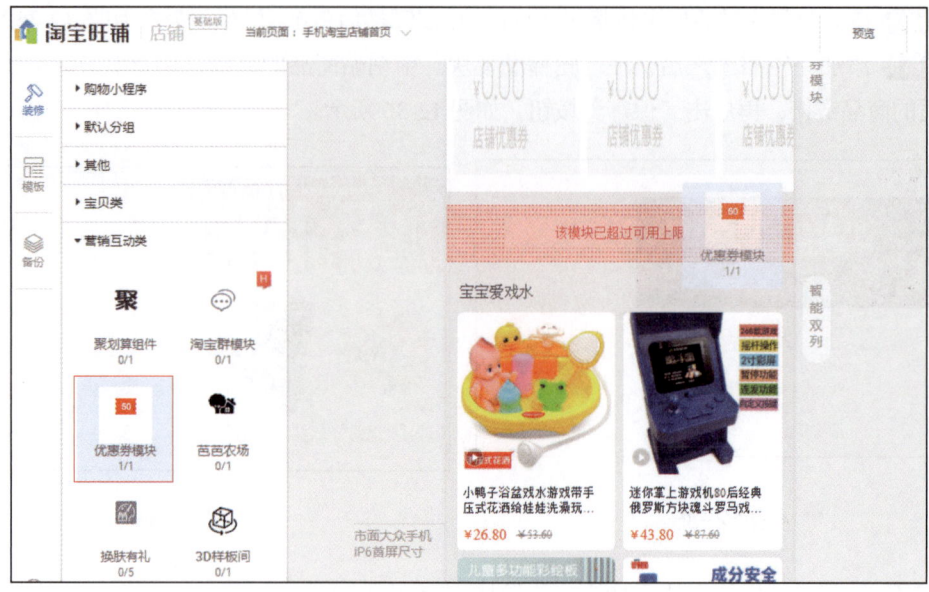

▲ 图12-38

Step 2 在右侧的"优惠券模块"中选择"自动添加"单选按钮,系统会自动抓取店铺已创建的优惠券,将其按照面额由小到大进行排列(最多展示6张优惠券)。单击"保存"按钮,自动添加优惠券就装修完成了,如图12-39所示。

▲ 图12-39

12.3.2 手动添加优惠券

手动添加优惠券的具体操作步骤如下。

Step 1 打开手机端店铺首页的装修后台,在左侧的"营销互动类"模块中选择"优惠券模块",将其拖曳到中间的装修页面,如图12-40所示。

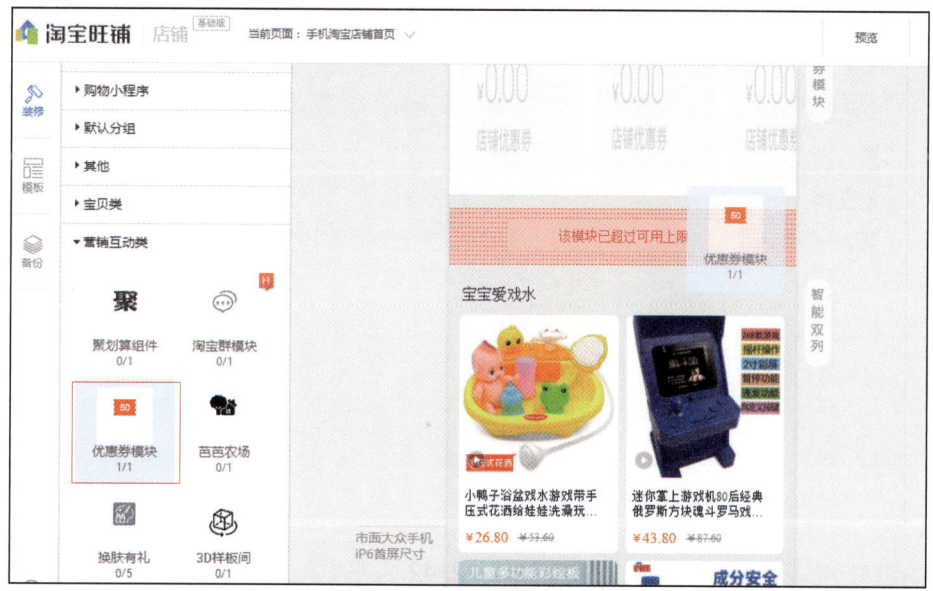

▲ 图12-40

Step 2 在右侧的"优惠券模块"中选择"手动添加"单选按钮,设置展示个数(1~6),如图12-41所示。

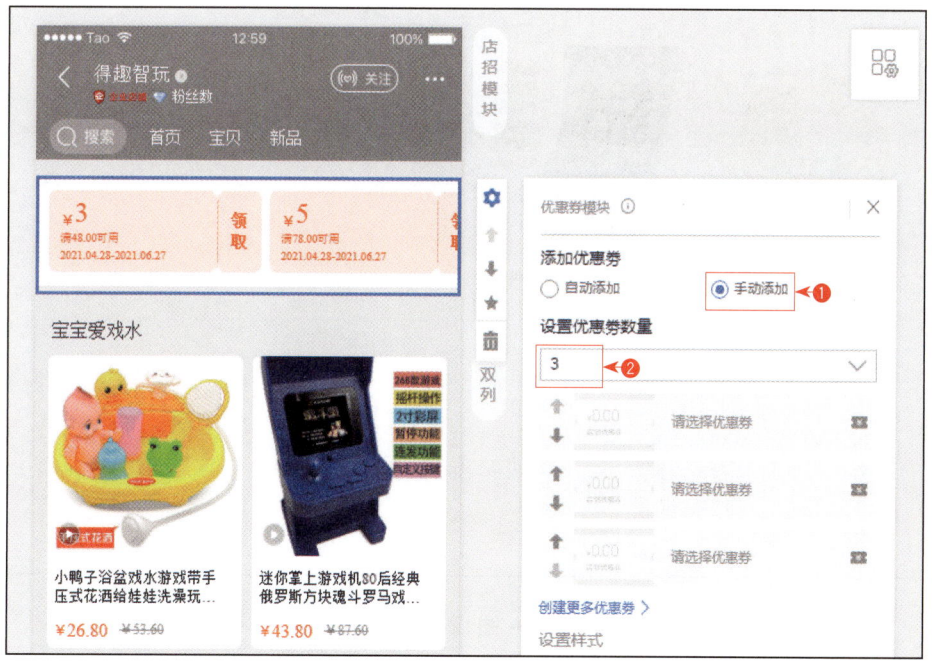

▲ 图12-41

Step 3 选择对应的优惠券，如图12-42所示。

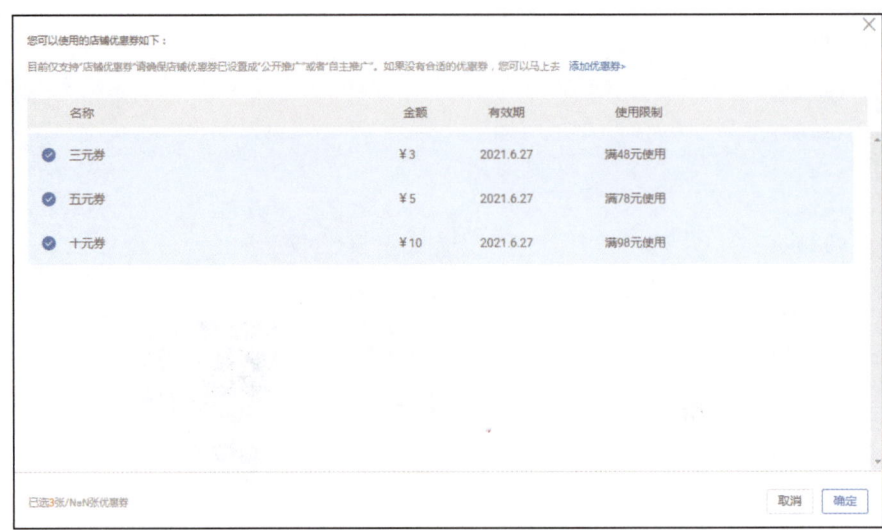

▲ 图12-42

Step 4 优惠券展示样式有"默认样式"和"自定义"两种，"默认样式"是系统自带的一种样式，"自定义"可自由设计样式。

在添加的优惠券中，单击"更换样式"按钮，如图12-43所示。

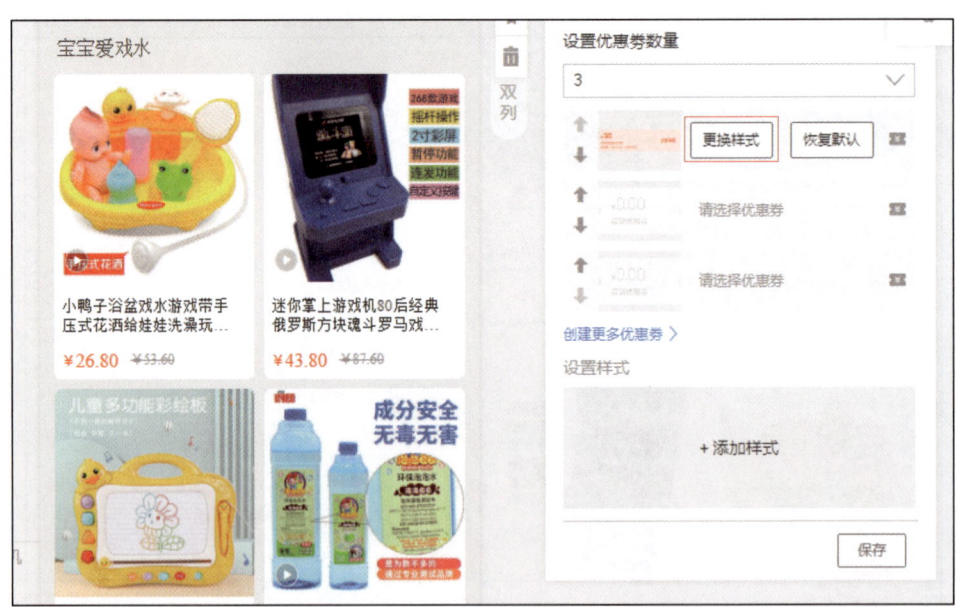

▲ 图12-43

Step 5 进入图片空间,选择要上传的优惠券图片,单击"确认"按钮完成样式更换,如图 12-44 所示。

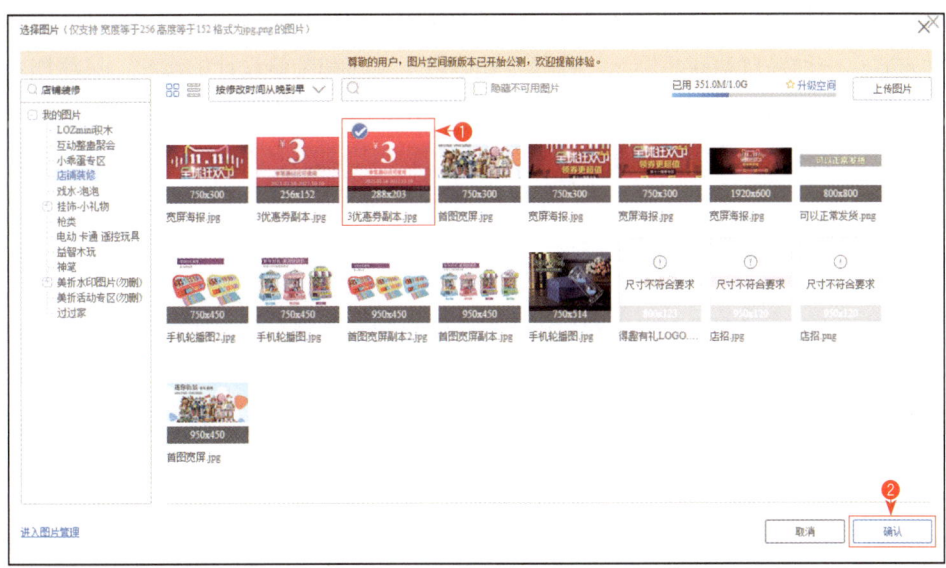

▲ 图12-44

Step 6 单击"保存"按钮,手动添加优惠券就装修完成了,如图 12-45 所示。

▲ 图12-45

12.4 手机端店铺商品展示装修

手机端店铺首页的商品展示区是展示店铺商品的主要区域。目前手机端店铺的商品展示有两种方式：一种是自动商品展示，此种方式适合不会店铺装修设计的卖家，只添加系统自带的展示模块来展示商品；另一种是自定义商品展示，大部分卖家都会选择这种方式，因为可以根据自己的需求来设计商品展示，从而更好地提高店铺的视觉效果。

12.4.1 自动商品展示装修

手机端的商品展示可以通过"宝贝类"模块中的"智能宝贝推荐"模块进行装修。

下面将通过添加"智能宝贝推荐"模块来介绍自动商品展示装修的方法，具体的操作步骤如下。

Step 1 打开手机端店铺首页的装修后台，在左侧的"宝贝类"模块中选择"智能宝贝推荐"模块，并将其拖曳至装修页面，如图12-46所示。

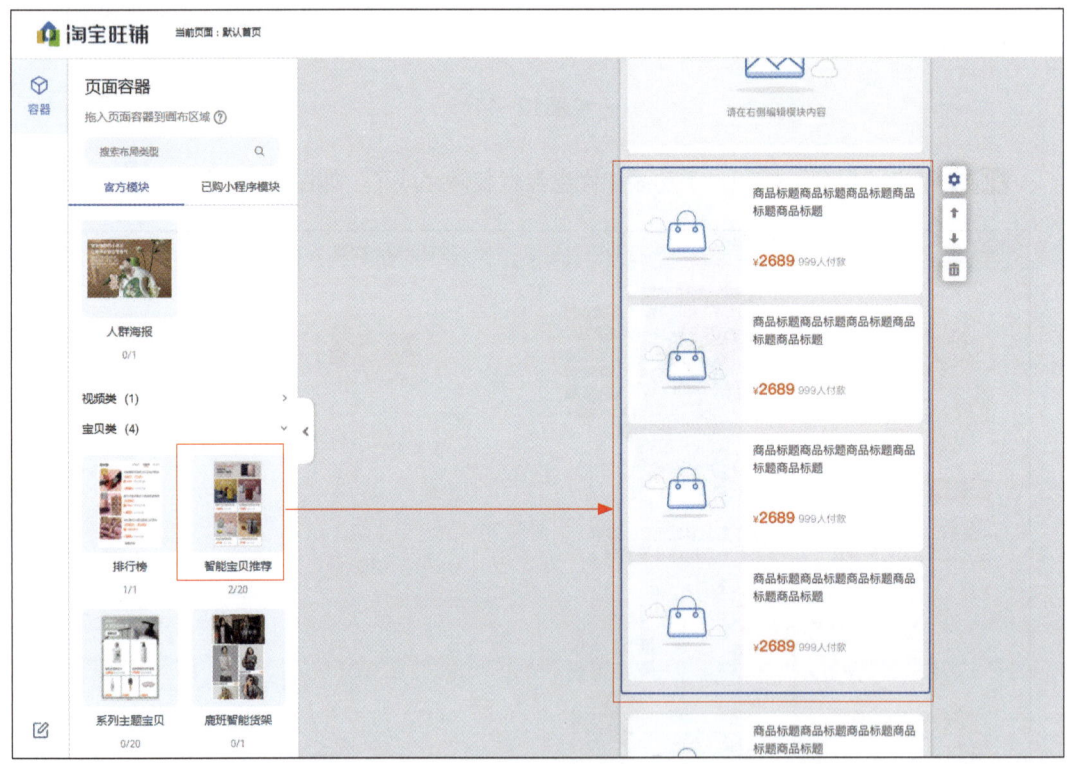

▲ 图12-46

Step 2 在右侧的"模块基础内容"设置中设置其名称，并将模块样式设置为1排2，如图12-47所示。

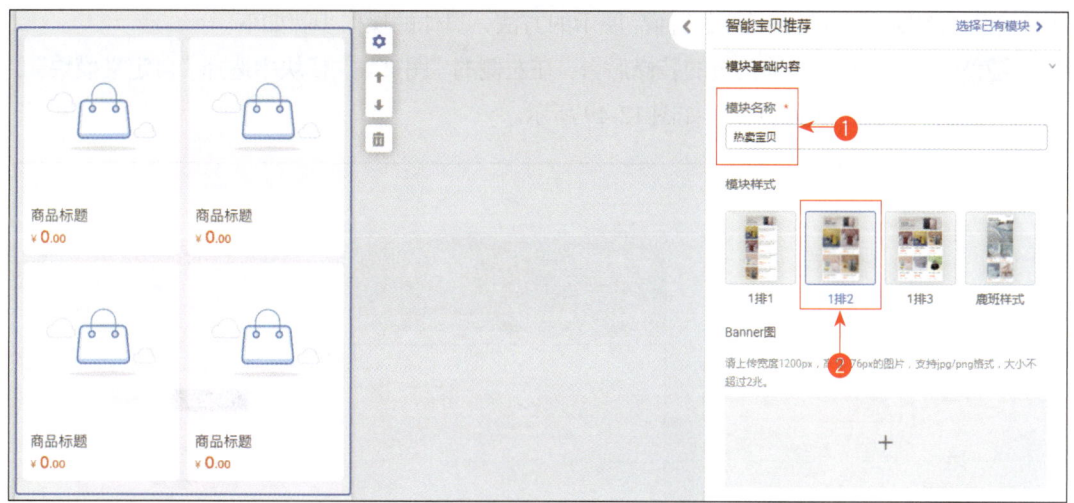

▲ 图12-47

Step 3 上传设计好的 Banner 图,添加商品,单击"保存"按钮,再单击右上角的"发布"按钮即可,如图 12-48 所示。

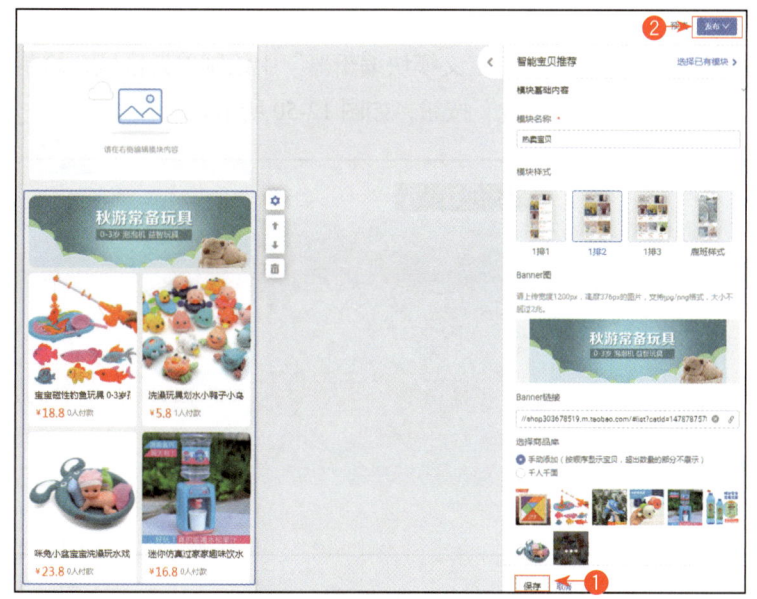

▲ 图12-48

12.4.2 自定义商品展示装修

自定义商品展示装修是通过添加"图文类"模块中的"自定义模块"来装修的。自定义模块可以通过鼠标绘制图像展示区域,我们只需将自定义模块先行规划好,然后在对应的区域上传相对应尺寸的图片即可。

下面介绍通过自定义模块装修商品展示的方法，具体的操作步骤如下。

Step 1 打开手机端店铺首页的装修后台，在左侧的"图文类"模块中选择"自定义模块"，并将其拖曳到中间的装修页面，如图12-49所示。

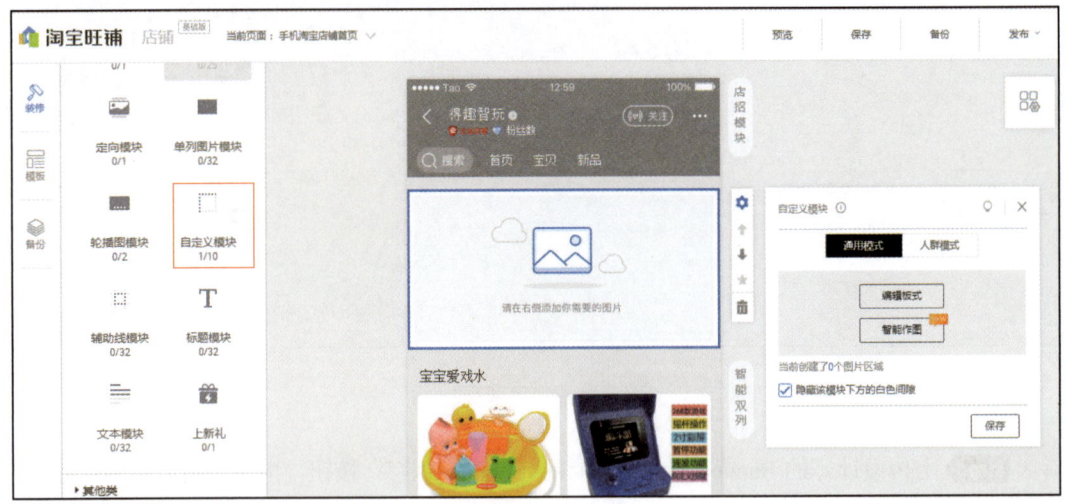

▲ 图12-49

Step 2 根据图片的尺寸，在"自定义模块编辑器"中绘制单元区域，绘制好后双击鼠标确认，然后单击右侧的"＋添加图片"按钮，如图12-50所示。

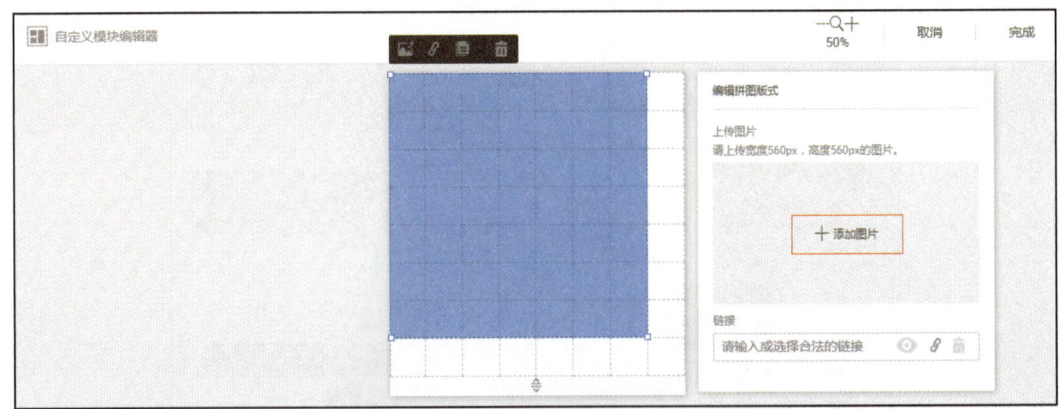

▲ 图12-50

Step 3 进入图片空间选择合适的图片，如图12-51所示。

▲ 图12-51

Step 4 在弹出的对话框中选择上传的商品展示图片，单击"保存"按钮，如图 12-52 所示。

▲ 图12-52

Step 5 在"编辑拼图版式"中的"链接"栏中，单击输入框右侧的链接小图标，或者通过复制、粘贴输入商品链接，如图 12-53 所示。

▲ 图12-53

Step 6 在弹出的"链接小工具"对话框中，在"宝贝链接"选项列表中选择相应的链接，单击"确定"按钮，如图 12-54 所示。

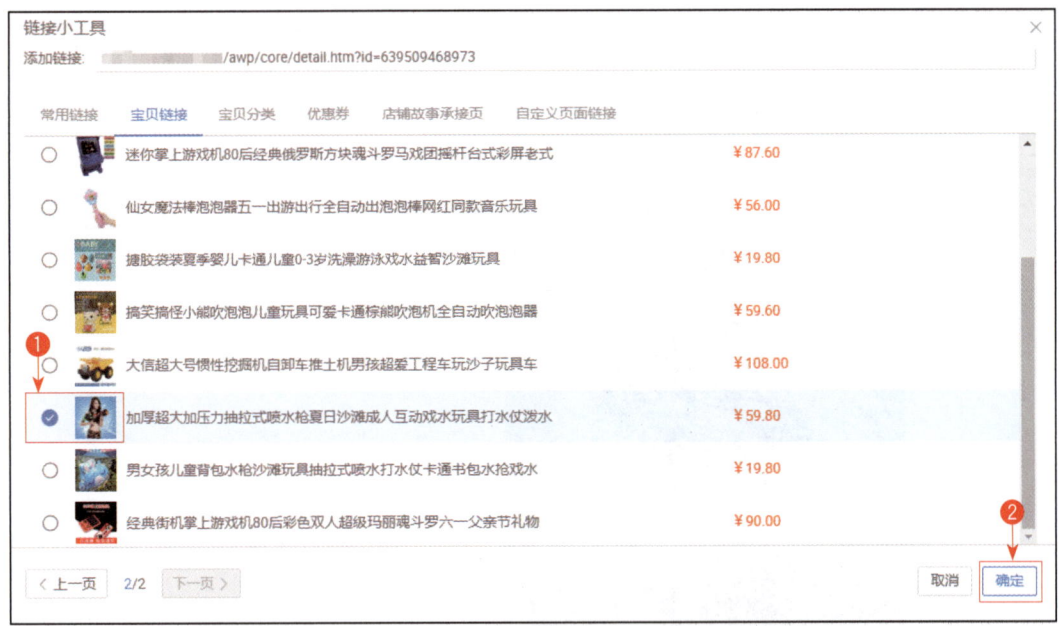

▲ 图12-54

Step 7 用同样的方法添加其他商品图片，然后单击"发布"按钮，如图 12-55 所示。这样，自定义商品展示就装修完成了。

▲ 图12-55

12.5 手机端店铺自定义页面装修

有时候需要在淘宝店铺里添加一个自定义页面作为店铺品牌介绍、VIP 专区、活动专题页等使用，接下来介绍如何装修自定义页面。

1. 创建自定义页面

创建自定义页面的具体操作步骤如下。

Step 1 在"店铺装修"页面左侧的"手机店铺装修"中单击"新建页面"按钮，如图12-56 所示。

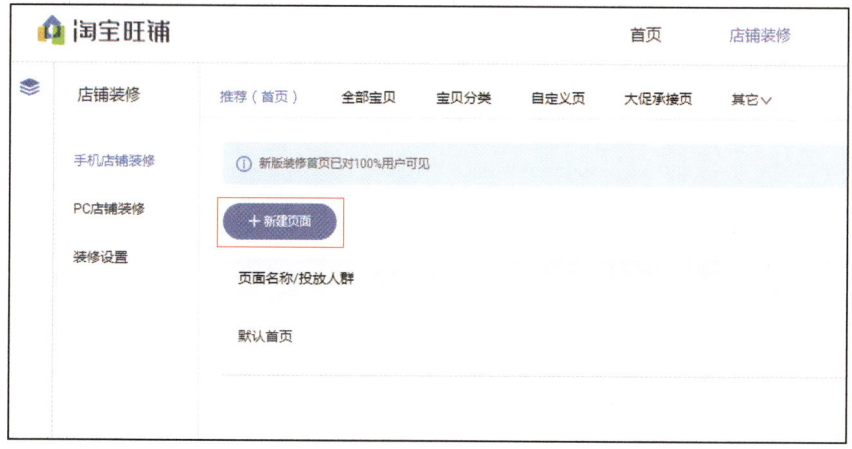

▲ 图12-56

Step 2 弹出"新建页面"对话框,设置页面名称,单击"确认"按钮,如图 12-57 所示。

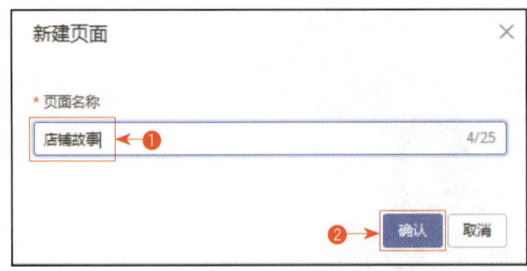

▲ 图12-57

Step 3 如果要对页面进行编辑、修改等操作,在"店铺装修"模块中,单击相应的按钮即可,如图 12-58 所示。

▲ 图12-58

Step 4 如果需要删除创建的自定义页面,单击该页面右侧的"删除页面"按钮,会弹出提示对话框,单击"确认"按钮即可,如图 12-59 所示。

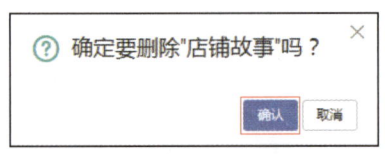

▲ 图12-59

2. 装修自定义页面

装修自定义页面的具体操作步骤如下。

Step 1 创建完自定义页面后,在图 12-58 中所示的"店铺装修"页面中,单击"店铺故事"右侧的"装修页面"按钮,将进入该页面的装修页面,如图 12-60 所示。

Step 2 添加相应的模块并进行相应的设置后,保存并发布即可,如图 12-61 所示。

▲ 图12-60

▲ 图12-61

12.6 手机端店铺关联营销装修

PC 端店铺可以进行活动海报、优惠券、热卖推荐等关联营销设置，手机端店铺同样可以进行关联商品推荐、优惠券及活动海报 3 种关联营销设置。

设置关联营销的好处如下。

- 加深访问深度，提升店铺转化率。
- 引导顾客购买多件商品，提高客单价。
- 增加店内商品的曝光度。
- 可以用来测款，如将新款商品放在爆款商品下面，对该新款商品进行销售测试，通过消费反馈对该商品进行综合评估，为最终定款提供数据依据。

12.6.1 关联商品推荐设置

设置关联商品推荐的操作步骤如下。

Step 1 进入卖家后台，切换到"手机端"装修页面，单击"详情装修"按钮，如图 12-62 所示。

▲ 图12-62

Step 2 进入"宝贝详情"页面，选择需要装修的商品，单击其后的"装修详情"链接，如图 12-63 所示。

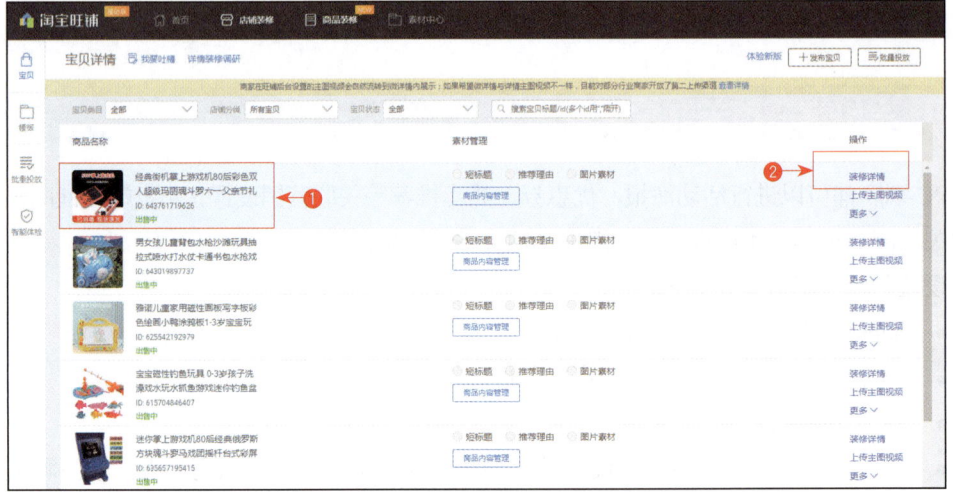

▲ 图12-63

Step 3 进入该商品的"详情"页面，单击左侧"营销模块"中的"店铺推荐"模块，如图 12-64 所示。

▲ 图12-64

Step 4 在"店铺推荐"模块中选中 3 件需要推荐的商品，如图 12-65 所示。

Step 5 单击"发布"按钮，即可在手机端详情页面的上方显示推荐的 3 件商品，如图 12-66 所示。

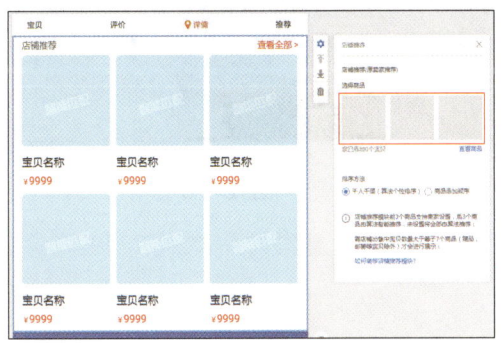

▲ 图12-65

▲ 图12-66

12.6.2 优惠券设置

设置优惠券的操作步骤如下。

Step 1 在"详情"页面，单击"营销模块"中的"优惠券"模块，如图 12-67 所示。

Step 2 此时手机详情页面会显示优惠券模块，单击该模块中的"＋添加优惠券"按钮，如图 12-68 所示。

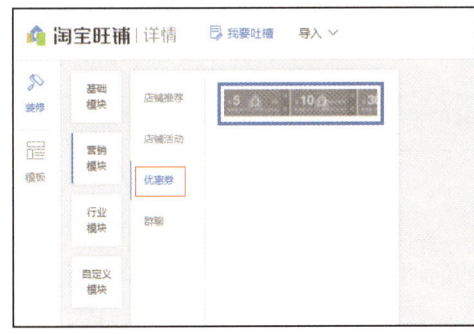

▲ 图12-67

▲ 图12-68

Step 3 在弹出的"优惠券"对话框中选择创建好的优惠券，如图 12-69 所示。

Step 4 单击"确定"按钮，即可看到添加的优惠券，如图 12-70 所示。

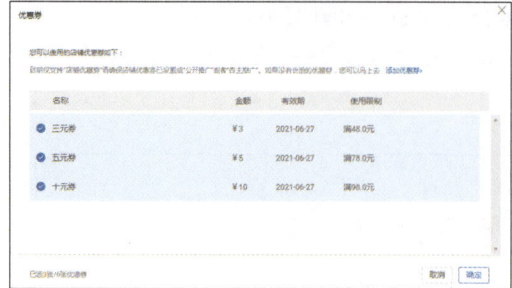

▲ 图12-69

▲ 图12-70

12.6.3 活动海报设置

设置活动海报的操作步骤如下。

Step 1 在"详情"页面中,单击"营销模块"中的"店铺活动"模块,如图12-71所示。

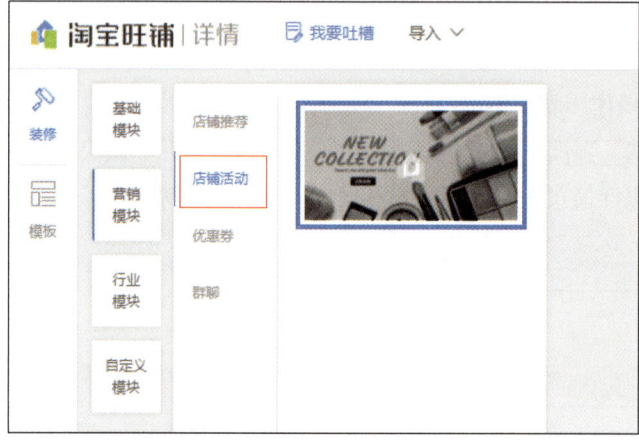

▲ 图12-71

Step 2 此时手机详情页面的上方会显示添加好的活动模块,单击该活动模块,然后添加活动地址和活动图片,如图12-72所示。

▲ 图12-72

第12章 手机端店铺的装修

Step 3 添加活动地址和活动图片后的效果如图 12-73 所示，确认无误后发布即可。

▲ 图12-73

12.7 手机端店铺搜索词设置

在手机端店铺搜索店内商品时，系统会自动在搜索框下方出现相关的搜索词。这些搜索词是可以在手机店铺装修页面中设置的，卖家可以根据热卖商品的常用关键词来设置。

手机端店铺搜索词设置的操作步骤如下。

Step 1 进入手机端"店铺装修"页面，在"其他"选项中选择"店铺搜索"选项，如图 12-74 所示。

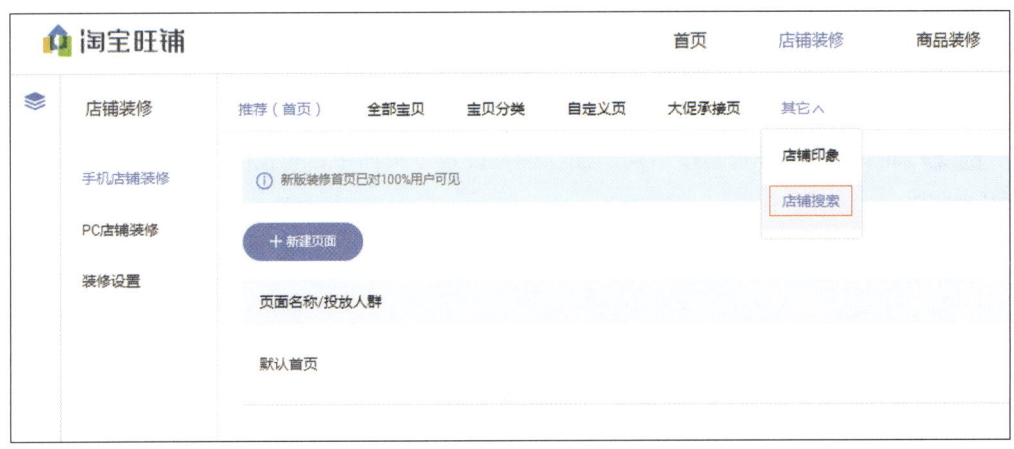

▲ 图12-74

Step 2 在"搜索设置"页面中设置相关的搜索词，如图 12-75 所示。

265

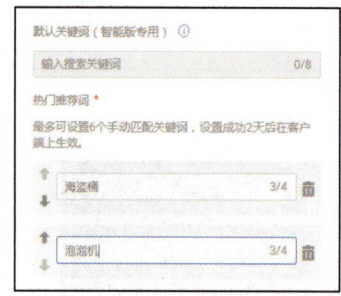

▲ 图12-75

Step 3 搜索词设置完成后，单击"确定"按钮即可。在左侧的预览窗口中，可以查看设置好的效果，如图12-76所示。

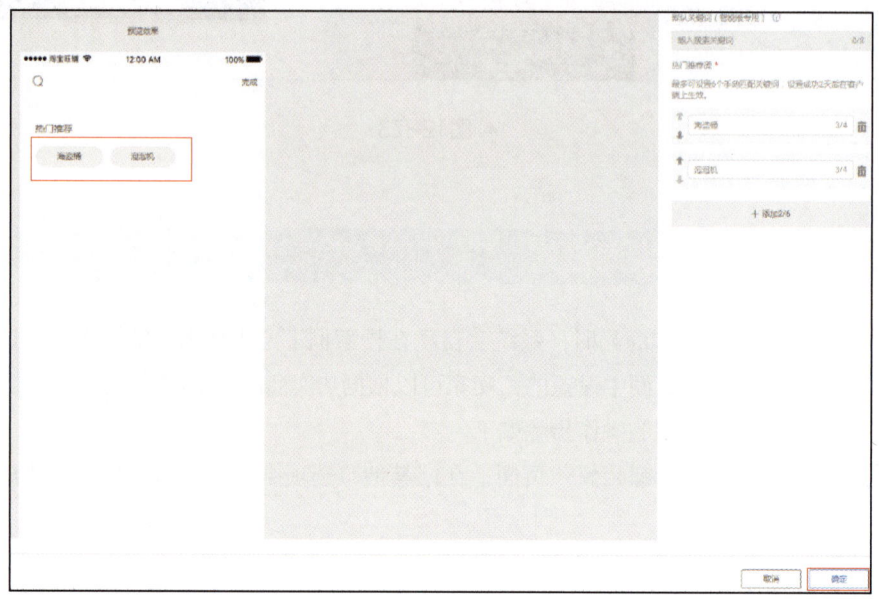

▲ 图12-76

Step 4 如果要删除多余的搜索词，在"搜索设置"页面中，单击关键词右侧的"删除"按钮 🗑 即可。

12.8　秘技一点通

技巧1　手机端店铺首页的设计

手机端店铺首页的主要作用是聚焦和引流。

（1）聚焦。

店铺首页好比店铺的门面，有视觉冲击力、设计个性化的店铺首页往往更能吸引消费者，给消费者留下深刻的印象，进而提高店铺的点击率。

（2）引流。

好的店铺首页可以为店铺其他页面引流，让消费者愿意花费时间去了解更多的商品信息，如图12-77所示。

▲ 图12-77

由于手机端店铺首页受屏幕尺寸的限制，为了促进店铺点击率和转化率的提升，在首页上应优先放置促销活动、新品上架、热销商品等信息。

技巧2　手机端店铺装修小技巧

1. 店铺色彩、风格要一致

店铺整体的色彩、风格要保持一致，使用的颜色不宜过于鲜亮，颜色种类也不宜过多，否则容易引起消费者视觉疲劳。

2. 点击按钮放右侧

由于大部分消费者都是用右手滑动手机屏幕并产生点击行为的，因此将点击按钮放在右侧会更方便消费者点击。如图12-78所示，右边图片中的按钮设计更符合消费者的点击习惯。

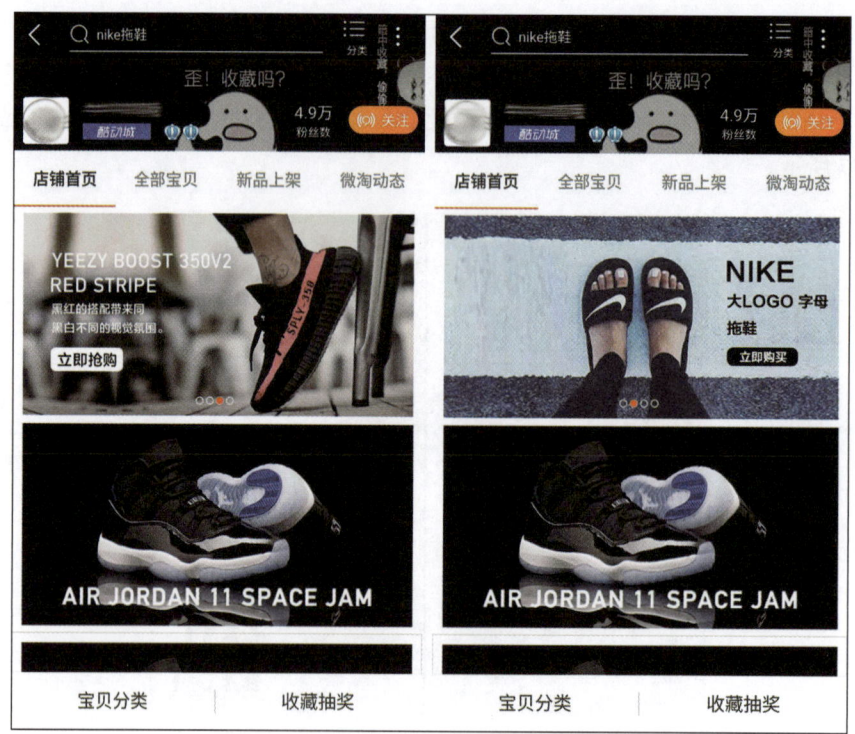

▲ 图12-78

技巧3 手机端店铺单图海报装修

手机端的单图海报相当于 PC 端的大图轮播海报。由于它的显示面积较大，因此可以用来展示重要的店铺活动信息或重要的商品推广信息等。手机端店铺单图海报装修的操作步骤如下。

Step 1 在淘宝旺铺装修页面中，单击右侧的"装修页面"按钮，如图 12-79 所示。

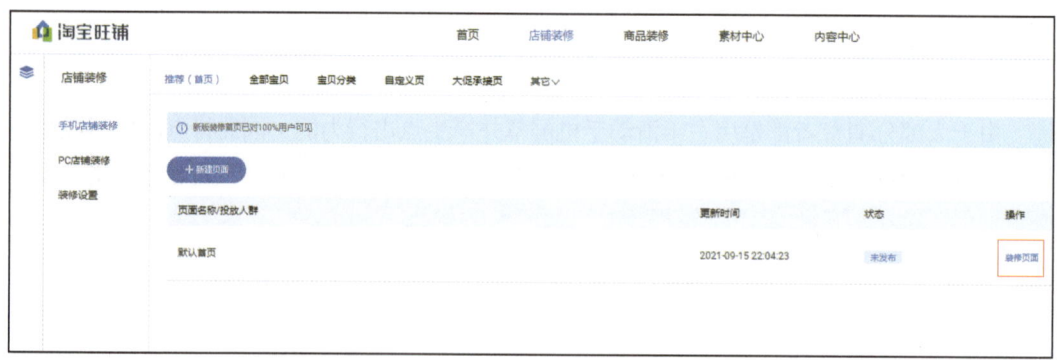

▲ 图12-79

Step 2 选择"页面容器"模块中的"单图海报"模块，并将其拖曳至右侧的装修页面中，如图 12-80 所示。

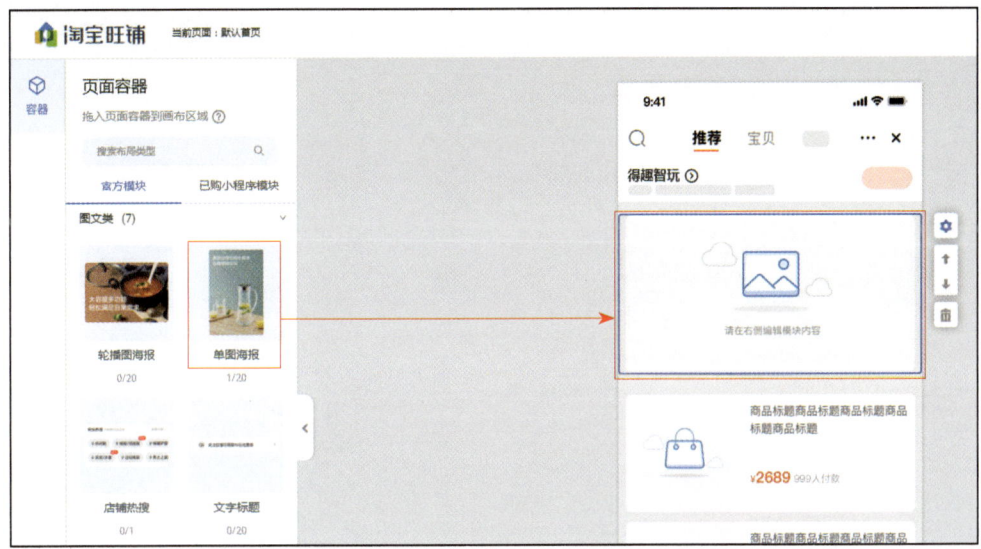

▲ 图12-80

Step 3 添加好"单图海报"模块后，选中此模块，在右侧逐一设置模块名称、上传图片、二级承接页、流量分配方式等选项，最后单击右上角的"发布"按钮，如图12-81所示。

▲ 图12-81